QIYEJIA LUNYU

# 企业家论语

程冠军◎著

企业管理出版社
ENTERPRISE MANAGEMENT PUBLISHING HOUSE

图书在版编目(CIP)数据

企业家论语 / 程冠军著. — 北京:企业管理出版社,2014.6
ISBN 978-7-5164-0721-9

Ⅰ.①企… Ⅱ.①程… Ⅲ.①企业家–访问记–中国–现代 Ⅳ.①K825.38

中国版本图书馆 CIP 数据核字(2014)第 036376 号

---

书　　名:企业家论语
作　　者:程冠军
责任编辑:杜　敏
策　　划:徐隆浩
统　　筹:王守国
书　　号:ISBN 978-7-5164-0721-9
出版发行:企业管理出版社
地　　址:北京市海淀区紫竹院南路 17 号　　　邮编:100048
网　　址:http://www.emph.cn
电　　话:总编室(010)68701719　发行部(010)68701816　编辑部(010)68414643
电子信箱:80147@sina.com
印　　刷:北京明月印务有限责任公司
经　　销:新华书店
规　　格:170 毫米 ×240 毫米　16 开本　27 印张　344 千字
版　　次:2014 年 6 月第 1 版　2014 年 6 月第 1 次印刷
定　　价:68.00 元

## 卷首语

# 拥 抱 思 想

为什么会有这样的题目？

因为 2014 年是中国企业家的思想元年。

中国经过 35 年的改革开放之后，随着中共十八届三中全会的举行，中国的改革终于到了又出发的时候。从全会通过的《决定》可以看出，这次改革力度前所未有，这是自党的十一届三中全会以来的又一次思想大解放。改革开放 35 年来，中国的企业家从无到有，从小到大，从少到多，从弱到强，今天已经到了从富到贵的时候，这个时候也就到了该有思想的时候了。

思想引领时代，时代催生思想。

今天，我们生逢其时——我们有幸生活在这样一个以互联网为引擎的全球化、网络化的"大时代"。有人说这是一个"小时代"，其实这也是一个由一个个的"小"所汇集成的"大时代"，"大数据""云计算""云服务"已成为这个"大时代"的关键词，互联、互动、互生，共享、共治、共赢已经成为这个"大时代"最显著的特征。

今天，我们生逢其势——党的十八届三中全会《决定》指出，"全面深化改革的总目标是完善和发展中国特色社会主义制度，推进国家治理体系和治理能力现代化"，并提出"要使市场在资源配置中起决定性作用"这一社会主义市场经济理论的新论断。社会主义市场经济理论的重大创新，预示着企业家大显身手的时刻已经到来。

今天，我们生逢其境——以习近平为总书记的党中央，不断丰富中国特色社会主义理论体系，坚持中国道路、坚持改革开放、坚决从严治党、坚定理想信念，提出了实现中华民族伟大复兴的中国梦。中国梦是中华民族的梦，也是每一个中国人的梦，更是每一个企业家的梦。立产业报国之志，塑民族工业之魂，同心共铸中华民族伟大复兴的中国梦，企业家——舍我其谁。

如果没有思想的引领，我们怎么会有其时，其势，其境！也正是其时，其势，其境，才使我们变得更有思想。

2013 年 9 月 2 日，世界著名经济学家罗纳德·科斯在美国去世，享年 103 岁。科斯出生在英国，后移居美国，幼年患有腿疾，1991 年，获诺贝尔经济学奖。科斯不仅创立了新制度经济学，发明了"科斯定理"，而且是"产权理论"的奠基人。科斯对中国的改革和中国经济的发展高度关注。科斯认为"中国的奋斗就是全人类的奋斗，中国的经验对全人类非常重要！" 2008 年 7 月，98 岁高龄的科斯亲自倡议并组织在美国召开了中国经济制度变革 30 年研讨会，对中国 30 年的经济改革进行研讨，在闭幕词的最后，科斯这样说："我今年 98 岁，垂垂老矣，不知道还能够活多久，随时都可能离你们而去。希望在你们，希望在中国。我相信你们是不会让我失望的！"科斯还认为，"中国经济面临着一个严重缺陷：缺乏思想市场。"科斯把造成这个缺陷的一个重要原因归结为私营企业与国有企业的地位不平等。科斯强调："要抛开为私企设置的种种限制。只要私企（或任何企业）是依法运营，就该享有自由。如果一些经济行为体不遵守市场原则，市场经济就不会成功。必须去除所有加诸国企的特权，让私企得以自由竞争。""不管是政治改革、法制改革，还是体制重建，叫法无所谓，中国必须让其政治权力服从于法制。"

不仅如此，科斯还对著名的"钱学森之问"作过深入思考。我国已故科学家钱学森曾提出过一个发人深省的问题——为什么中国的大学在1949年后没有产生一个世界级的原创性思想家或有创见的科学家？对于这个问题，科斯给出的答案是："钱学森之问帮我回答了中国读者向我提出的问题。而就钱先生的问题，我却有个答案，那是因为中国缺乏一个开放的思想市场。"

科斯带着对中国经济未解的难题走了。让科斯没有想到的是，仅仅两个月之后，具有划时代意义的中共十八届三中全会在北京召开，此次会议的核心议题就是全面深化改革。不仅如此，这次改革是继1978年中共十一届三中全会之后的改革的又出发。从会议出台的改革决定可以看出，这次改革力度之大、范围之广、层次之深，史无前例。

十八届三中全会以来，一直沉浸在欣喜和振奋之中的中国经济学家们似乎还没有来得及发现一个令人惊喜的现象，这就是：这次改革破解了"科斯难题"。这是因为，十八届三中全会决定提出了推进国家治理能力和治理体系的现代化，提出了发挥市场在资源配置中的决定作用和更好地发挥政府作用，提出了公有制经济和非公有制经济都是社会主义市场经济的重要组成部分，提出了公有制经济的财产权不可侵犯，非公有制经济的财产权同样不可侵犯等一系列重大改革措施。此外，十八届三中全会《决定》同时指出，"到2020年，在重要领域和关键环节改革上取得决定性成果"。前不久，中共中央总书记、国家主席、中央军委主席、中央全面深化改革领导小组组长习近平强调，"凡属重大改革都要于法有据"。可以说，上述种种，恰恰是科斯认为影响思想市场的主要因素。如果上述改革措施能完全到位，那么，权力服从于法制，民营企业与国有企业地位平等，市场的决定作用得到充分发挥，如此，中国还会缺乏思想市场吗？

如果说，1978 年的十一届三中全会使中国打开了思想解放的闸门，那么，35 年之后的十八届三中全会则开启了中国的思想市场；如果说，2014 年是中国的全面深化改革元年，那么，2014 年也是中国经济的思想元年。由此，我们想起习近平同志在两会期间引用的一句古语："百舸争流，奋楫者先"，思想之舟在这个春天已经起航，也唯有奋楫者才能到达遥远的彼岸。

中国经济的思想元年就是中国企业家的思想元年。2014 年的春天也是中国企业家的一个不同寻常的春天，因为这个春天还送来了一份原汁原味的思想大餐——《企业家论语》。当你打开这本书的时候，你会看到：思想的芦苇已挥毫写下行进的序曲——我思故我在，我在故我思。

一场前所未有的大变革正横扫全球，这场变革需要企业家，更需要思想者。

哲学家帕斯卡尔说："人只不过是一根芦苇，是自然界最脆弱的东西；但他是一根能思想的芦苇。"

文学家林语堂说："人生的盛宴已经摆在我们的面前，现在唯一的问题是我们的胃口怎么样？"

今天，我们可以说：思想之树已在成长，现在唯一的问题是我们以怎样的热情去拥抱她。

2014 年 5 月于中央党校 82 楼

程冠军

# 自序

古人云：半部《论语》治天下，《论语》的力量可想而知。那么《论语》到底是什么？《论语》是儒家最重要的经典著作，它是由孔子的弟子及其再传弟子编撰而成，它以语录体和对话文体为主，记录了孔子及其弟子的言行，集中体现了孔子的政治主张和思想。我把这本与诸多著名企业家的对话录命名为《企业家论语》，一方面本书都是我与中国著名企业家的对话和访谈录，这是出于题材和体例的考虑；更为主要的则是想把这些著名企业家的思想更好地传播，让他们的思想火花更多更好地影响业界。一部作品、一场讲座或一席谈话，读过或听过之后，如果能有一句话震颤我们的心灵并能影响我们的行为和方向，就足够了。

《企业家论语》是我近年来与著名企业家们的对话精选，这些企业家当中，大部分是民营企业，也有少数国有企业，特别要说明的是，本书还收录了与两位退休的国有企业的领导者的对话，这是为什么呢？笔者在长期的采访、调研当中发现了一个规律：一个企业的崛起关键在一个好的领导者，一个企业的衰败关键是失去了一个好的领导者。从这个意义上讲，如果这个企业是一个民营企业，创业者功成身退之后，第二代接班人会把第一代创业者的精神和文化继续传承，接下来第三代接班人会把第一代创业者的精神和文化奉为圭臬，并传承和发扬第二代的精神和文化，如此薪火相传，延绵不息。这也是为什么世界上一些家族企业能够传承百年的一个重要因素。再看国有企业，由于体制机制原因，创业者功成身退之后，继任者一般不愿意按照前任的路子继续往前走，不管原来的模式如何好。也许，继任者有可能再创造一个新的成功模式，但是原有的成功模式却就此被尘封，其典型带动的效应也就此终止，这无疑是一种浪费，甚至对这个企业本身也是一种危险，这是多么令人遗憾的事情啊！思想不会因为时间而失去光辉。因此，我就产生了一个这样的想法，如果一个优秀的国有企业的领导者创造了一个好的经营管理模式，即使他退休了，也会推广传承，人是可以退休的，模式的借鉴意义是不受时间限制的。

另外，本书选录的企业家对话，并没有因人而限制篇幅，也没有按照企业家的身份和地位进行先后的排列。在本书中有的企业家对话是 1 篇，有的是 2 篇或 3 篇，甚至 5 篇。同一个企业，有的掌门人对话只有 1 篇，而副总却有多篇。这样做的目的就是有多少米就煮多少米，绝不掺水；有多少金子就淘多少金子，最终的目的是一定要淘出金子。

本书还专门辑录了我与 5 位著名管理学家的对话。他们分别是世界"学习型组织理论之父"彼得·圣吉教授，"U 型理论"的创始人奥托·夏默博士，国内学习型政党和学习型组织首席专家、中央党校报刊社总编辑钟国兴教授，著名经济学家、浙江工业大学浙商创新发展研究院院长程惠芳教授，日本大学终身教授、日本企业研究专家李克先生。他们从不同的研究方向和视角，对企业的成长和治理提出了很多真知灼见。

有必要说明的是，本书的对话更接近于口语化，因为大部分对话都没有采访提纲（这也是我工作的一个习惯），正因为如此，绝大多数对话都是原汁原味，都是我与被采访对象的聊天式的交流。每每回想起这些交流，我都有如沐春风的感觉，这次把它结集出版是想把这些企业家和管理学家的智慧拿出来分享。有必要说明的是，由于多次与这些著名企业家面对面，本书所选的企业家的照片基本上都是我所拍摄，希望通过这些照片也能展现中国企业家的风采和神韵。

中国人习惯把企业家叫做老板，在中国古代老板也叫掌柜的。企业家"entrepreneur"一词是从法语中借来的，其原义是指"冒险事业的经营者或组织者"。后来，世界著名经济学家熊彼特则把企业家比喻为"经济增长王国里的国王"。是的，企业家的头上闪烁着耀眼的荣光，但平常我们大多只看到和羡慕企业家的财富，一般却很难体会到企业家为之所付出的艰辛。其实企业家并不好当，因为创造财富必须冒险。中国的民间有一句诙谐的谚语：只看见贼吃肉，没看见贼挨打。企业家是社会财富的创造者，同时也是社会创新的重要推动者，创造财富和推动创新不仅仅需要行动的能力，更需要思想的引领。冒险是企业家的创业精神，而思想才是企业家的经营智慧。中国有没有企业家？过去没有，经过35年的改革开放，现在终于有了。

2014年2月6日，有"全国著名厂长"之称的"国企承包第一人"马胜利辞世，在向马胜利先生致敬的同时，我们也发现马胜利的辞世标志着中国厂长经理时代的终结，同时也标志着中国企业家时代的真正到来。

企业家是什么？在我看来，企业家就是有思想的老板。《论语》半部可以治天下，但愿这部《企业家论语》能为您带来有益的启示，哪怕只有一点点。

程冠军

2014 年 5 月于中央党校 82 楼

# 目 录
DIRECTROY

## 理论篇
### THEORY
### / 313

# 实践篇
## PRACTICE

　　懂哲学的可以不懂企业，但是搞企业的不能不懂哲学。企业家不一定能成为哲学家，但是他不能不懂哲学。我搞了这么多年的管理，总结出来几个字就是：企业借人，管理借力。这就是我的心得。有的管理者注重人，主张借人来发展。有的管理者会更多地注重企业的资产、设备等。资产是死的，人是活的。因此，我主张借人。管理借力，就是更多的借助外部的力量，从哲学上说就是开创精神。为什么说同样的企业会因为领导人的不同而兴衰？中国有一句俗话叫作"死店活人开"。店开得好坏关键在人。

——张瑞敏

# 对话张瑞敏 1：
# 社会主义先进文化语境下的企业哲学

**编者按：** 中国著名企业海尔集团首席执行官张瑞敏曾两度到中共中央党校学习，期间，作者与张瑞敏先生进行了深度交流，撰写了《对话张瑞敏系列访谈》之一：社会主义先进文化语境下的企业哲学；之二：转型升级背景下的企业创新；之三：互联网时代的"云服务"和"能本管理"。

**程冠军：** 海尔文化也是社会主义文化里的一分子，你怎么看社会主义先进文化建设中的企业文化？

**张瑞敏：** 关于文化体制改革，我个人的理解是中国的一次文化复兴。因为我们的目标是实现中华民族的伟大复兴，这个伟大复兴既有经济的也应该有文化的。关于经济复兴，目前我们的经济是蒸蒸日上，这是无可非议的。但是在文化方面我们应该怎么做，这是一个值得思考的问题。我们是一个文化古国、文化大国，但我们却不是一个文化强国。党中央这次高度重视文化问题，这让我们很振奋。如果说到文化的纲目，我认为这个"纲"应该是社会主义核心价值观。至于如何发展社会主义先进文化，我们应该根据时代特征，把我们的文化陈述得更通俗、更精练一些，让老百姓能够看得懂、记得住，喜闻乐见。社会主义先进文化应该是全民的。关于文化体制改革，我们不能理解为单纯的文艺团体改革。文艺团体不吃皇粮，这只是其中的一小步，或者说，文化团体改革只是一个狭义的文化，广义的是全民族文化发展和繁荣。核心价值观具体到企业文化，就是要从中国制造上升为中国创造。这才是企业文化的支撑点。

中国的企业文化到底应该是什么？关于这一点我们一直没有一个非常明确的表述。日本和欧美的企业文化都非常明确。如日本的企业文化就是团队精神，团队精神以及它所表述的那种年终序列工资，日本的薪金制度可以凝聚人，把人的能力发挥出来，日本员工在工作中对产品是精益求精。美国的戴明发明了全面质量管理，但戴明的学说在美国却没有市场，日本的质量管理搞成了世界一流，全世界都在学习，原因就在于日本企业具有良好的团队精神。因为质量管理是团队系统的产物，美国是一个崇尚个人主义的国家。但美国有自己独特的企业文化，美国的企业文化是创新精神。美国是以委托代理激励企业，委托人就是所有者，代理人就是管理者。所有者向管理者要利润，你给我利润我给你期权，为了得到期权，管理者自会努力工作。当然，这种模式也有其负面，有时候当管理者拿不出利润，无法得到期权，他就会造假。这就是华尔街丑闻的一个重要根源。他为什么要造假呢？因为造假之后股票上去了，期权就兑现了。这是其丑陋的一面，但也有积极一面，积极的一面就是创新，期权文化带来了美国企业的创新文化。为了得到期权我就要努力去创新，只有创新我才能创造利润。

**程冠军**：企业文化决定企业家精神，您认为值得我们学习的是日本的企业文化，还是美国的企业文化？您认为中国的企业文化应该是什么样的？

张瑞敏：企业文化决定企业家精神，是这样。企业家精神说到底是企业家能不能创造一种新的资源，或者说同样的资源在你手里是否能生产出新的东西。日本企业文化所决定的企业家精神是精益求精，但这对创造性是一种阻碍。以日、美两国对比，我更推崇美国的企业家精神，如乔布斯，他之所以成功，就是源于美国的创新文化。

我自己搞了这么多年企业，我也不知道中国的企业文化应该是什么样的。近年来，我自己在探索一种"人单合一"的企业文化，这种"人单合一"模式是企业搭建一个平台，把每个人的潜力充分发挥出来，让每个人把他自己的目标和用户的需求完全一致起来。关于中国企业家精神的培育，我认为从大环境上讲，首先要改变没有诚信的状态，建立诚信文化，这是必要的基础和前提。市场以诚信为基础，如果造假可以多得好处，做虚假广告的可以有更多的用户，长此以往我们的社会价值观就会改变，就会形成一种非诚信文化。因此，建立诚信文化是当务之急。

程冠军：我感觉有一个非常奇怪的现象，在中国传统文化里，诚信讲得比较多，相反，在这方面西方国家倒不如我们。但为什么我们现在会出现一些地沟油和假牛奶等这么多非诚信的东西？

张瑞敏：中国儒家文化中诚信的元素很多，但这种诚信更多的是建立在封建社会的人治的基础上，好多东西并没有形成一种制度。所以现在我们最大的挑战就是怎么把诚信规范成一种制度。当然，这并不是说要像封建主义那样，而是一种新的时代条件下的诚信。在市场经济发展过程中，我们有很多东西跟不上，尤其是法律法规各方面都跟不上，跟不上就会出现问题。所以，我们必须尽快跟上。儒家文化中说，穷则独善其身，达则兼济天下。我认为现在我们对儒家文化不可以全盘接受，因为它毕竟是当时的历史背景下以小生产家庭为背景产生的，"百事孝为先"，在家庭里以"孝"把这个家庭巩固住了；在国家，皇帝就是最大的家长，对父母要孝，对皇帝要忠，这就是"忠孝两全"，"忠孝两全"了，社会就稳定了。但是，这种文化最大的缺点是无法营造团队精神。忠孝文化当然有它好的一面，但在当今全球化和信息化时代，传承传统文化需要扬弃。

程冠军：中国传统儒家文化中忠孝文化的主旨是人的修养，"修齐治平"说到底讲的也是人的修养。您刚才说的是企业文化实际上是一种管理哲学，企业文化说到底关键也是人。

张瑞敏：懂哲学的可以不懂企业，但是搞企业的不能不懂哲学。企业家不一定能成为哲学家，但是他不能不懂哲学。我搞了这么多年的管理，我总结出来几个字就是：企业借人，管理借力。这就是我自己的心得。有的管理者注重人，主张借人来发展。有的管理者会更多地注重企业的资产、设备等。资产是死的，人是活的。因此，我主张借人。管理借力，就是更多的借助外部的力量，从哲学上说就是开创精神。

为什么说同样的企业会因为领导人的不同而兴衰？中国有一句俗话，叫作死店活人开。店开得好坏关键在人。海尔现在探索的"人单合一"，也就是"人店合一"。现在，美国管理协会与我们共同来搞合作研究。当前的企业和经济学界有一个现象就是，全世界都在学管理，但是现在大家都感觉往前走不动了。在了解了海尔的试验和探索之后，美国管理协会认为，我们的"人单合一"可能是管理界一种新的突破。

程冠军：有人说您就是中国的稻盛和夫。稻盛和夫所推崇的依然是人本管理，应该也属于"借人"的范畴。稻盛和夫对您的观点有什么看法？

张瑞敏：说我是中国的稻盛和夫，过誉了。我与稻盛和夫第一次见面是在一次大会上，我们两个人面对参会代表发表各自的观点，当时他并不太认同我的观点，他认为我的观点有些市场从我主义，从我主义就是完全以从我为主，他认为这样不行。后来他到了海尔，去了以后我们再交流，他就对我们比较认同了。

我与稻盛和夫专门探讨过我们的"人单合一"模式下的"自主经营体"。稻盛和夫有个阿米巴哲学，就是细胞不断的分裂理论，化小组织范围，他认为小的组织更能体现人本管理。原来是很大的组织，现在三个人变成一个小组，三个人可以努力发挥积极性，小组然后再到大组，这可以体现凝聚力和团队精神。我更多的主张是能本管理。我们"自主经营体"管理模式的能本管理可以把正三角变成倒三角，倒三角就是员工到第一线，直接面对用户，员工提出用户需求。领导从原来的指挥者成为员工的协同者，共同满足用户的需求。过去如果一线满足不了，原来的领导可以指责一线员工，可以扣他薪水，但现在不行，现在首先你要负责。试举例，青岛总部派一个人到云南进行销售，过去他的上司对他规定说这个月你要销售多少，销售完了之后你可以拿多少钱。现在是倒过来了，派到云南的这个人说我必须要什么样的产品，因为云南地区是这样的需求，你如果不能提供我需要的产品，不是我负责任而是你负责任。但是提供了之后如果卖不掉，这个员工要全部负责，这样两个人就是一个协同体，不会扯皮，因为完不成的结果是两败俱伤。"自主经营体"可以说是海尔的一个创造，目前国内和海外好像都没有，它是一个全新的组织结构，我们也一直在探索。我们的路子是对的，是一个创新，但是面临的困难也非常大。

目前，美国、欧洲还有日本的商学院都在探讨我们的模式，日本一个商学院还主动把我们的模式与稻盛和夫的模式进行了比较研究，最终他们选择了我们。这并不是说我们的模式有多么高明，而是稻盛和夫的模式是信息化时代之前的产物，现在信息化时代到来了，这个"小组"不管你用什么精神激励或物质激励，只要是它不直接与用户联系，不直接和市场联系，它就很难持续。因为用户的变化太快了，你必须抓住。

程冠军：稻盛和夫的理念，我感觉很多也是借用了中国的传统思想。世界管理在不断地发展，海尔的"自主经营体"，是对传统管理的一种挑战，一种革命。这种管理模式是如何推行的？

张瑞敏："敬天爱人"是稻盛和夫的核心思想，这也是中国儒家文化的核心。最近国外有一本书叫《管理 3.0》写得很好。《管理 3.0》一书认为，管理走过了 1.0 时代，2.0 时代，现在是 3.0 时代。1.0 时代就是相当于科学管理时代，2.0 时代就是后来出现的各种各样的管理包括全面质量管理。管理 3.0 时代是一种复杂性的时代，在这种复杂性的时代，面对用户各种各样的需求，你必须编制出一个网络。3.0 时代的管理呈现出多样化，组织管理是一个网络，而不是孤立的。组织是一个网，社会也是一个网，这两个网要联起来。关于"自主经营体"，我们是先在内部共同探讨，搞出样本再推进，由点到线、到面，一个样本就是一个点，这个点纵向联到了相关部门，形成一条线，这条线如果是能够推开，再推到面，这个面将来一定是以矩阵式相互联系起来。

程冠军：近几年中国很多企业在推行彼得·圣吉的学习型组织理念，从学习型组织、学习型企业，到我们党的十七届四中全会提出建设马克思主义学习型政党和学习型党组织。彼得·圣吉有一次到中央党校演讲，他说他做梦也没有想到，他的学习型理念在中国会有这么大的市场。您怎么看彼得·圣吉的学习型组织理论？

张瑞敏：彼得·圣吉和海尔有过联系，希望和我们共同探讨和实验一些东西，但由于种种原因一直没有实施。他关于学习型组织的专著《第五项修炼》写得不错，但他的学习型组织依然停留在人本管理上。现在，我们不能满足于人本管理，而是要把企业组织划小，我们内部是把大企业做小，把小企业做大。海尔这么一个大企业可以做成两千多个小企业，然后再把每一个小企业做大。这样，就不再是一般系统的原则，而是总体大于各部分之和。其中，很重要的一点就是，每一个小组织都能独立自主地面向市场，都能和市场产生共鸣。彼得·圣吉的学习型组织更多的还是把大组织变成很多的学习型组织，而这个组织是不能直接面对市场和用户的。他的很多理念都非常好，但是我们已经进入了互联网时代，在互联网时代最重要的就是捕捉到或者创造了用户需求，这才是最主要的。我们面对的最大问题是用户的个性化需求。换句话说，学习型组织肯定需要，但是这个学习型组织不完全是怎么提高素质，最终一定要体现为用户创造价值。为用户创造价值是第一项要素。

程冠军：您刚才用"捕捉"这个词很好，它形象地表达了信息时代的特征。

张瑞敏：检验一种商业模式的成功与否，第一条就是你是不是抓住了客户价值主导。如果连客户价值主导是什么你都不知道，那你这个学习是什么样的学习？儒家文化的核心归结起来就是 4 个字"内圣外王"，我把它倒过来叫"外王内圣"。我们先把目标定好，以此来提高自身的修养。学习型组织的目标首先也应是"外王"，这样，学习的目的就非常清楚了。否则，如果只是以问题为导向，这样就没有意义了。你的问题是不是与目标相对应，这个非常关键。我们要以市场的机会为导向，而不是以问题为导向。市场的机会就是用户的需求，就是客户价值。

**相关链接：**

张瑞敏，全球享有盛誉的著名企业家，创建了全球白电第一品牌海尔，现任海尔集团董事局主席兼首席执行官。因其对管理模式的不断创新而受到国内外管理界的关注和赞誉，被誉为互联网时代 CEO 的代表。张瑞敏连续当选第十六届、十七届、十八届中央委员会候补委员。

　　1984 年，张瑞敏临危受命，接任当时已经资不抵债、濒临倒闭的青岛电冰箱总厂厂长。28 年创业创新，张瑞敏始终以创新的企业家精神和顺应时代潮流的超前战略决策引航海尔，持续发展。2012 年，海尔集团全球营业额 1631 亿元。据消费市场权威调查机构欧睿国际（Euromonitor）统计，海尔已连续四年蝉联全球白色家电第一品牌；并进入美国波士顿管理咨询公司（BCG）评选的 2012 年度"全球最具创新力企业"前十名，排名消费及零售类企业第一。

　　在海尔持续创新不断壮大的过程中，张瑞敏确立的以创新为核心价值观的企业文化发挥了重要作用。在管理实践中，张瑞敏将中国传统文化精髓与西方现代管理思想融会贯通，"兼收并蓄、创新发展、自成一家"，从"日事日毕、日清日高"的 OEC 管理模式，到每个人都面向市场的"市场链"管理，张瑞敏在管理领域的不断创新赢得全球管理界的关注和高度评价。"海尔文化激活休克鱼"案例被写入美国哈佛商学院案例库，张瑞敏也因此成为首位登上哈佛讲坛的中国企业家。

　　张瑞敏认为，没有成功的企业，只有时代的企业，所谓成功只不过是踏准了时代的节拍。在互联网时代，张瑞敏的管理思维再次突破传统管理的桎梏，提出并在海尔实践互联网时代的商业模式——人单合一双赢模式，让员工在为用户创造价值的过程中实现自身价值；通过搭建机会公平、结果公平的机制平台，推进员工自主经营，让每个人成为自己的 CEO。西方管理界和实践领域对海尔和张瑞敏的创新给予了较高评价，认为海尔推进的创新模式是超前的。2012 年 12 月，张瑞敏应邀赴西班牙 IESE 商学院、瑞士 IMD 商学院演讲人单合一双赢模式，收到热烈反响。2013 年 8 月，获邀出席美国管理学会（AOM）第 73 届年会并作主题演讲，是本届年会演讲嘉宾中唯一的企业家。因其在管理领域的创新成就，张瑞敏获得"全球睿智领袖精英奖""IMD 管理思想领袖奖"，并荣获"亚洲品牌永远精神领袖奖"。

# 对话张瑞敏 2：
# 转型升级背景下的企业创新

我们在海尔集团的大楼前设计了一个《易经》的卦形，就是《易经》第六十四卦。六十四卦是"未济卦"，"未济"的意思就是未成功。第六十三卦是"既济卦"，六十三卦就是成功，"既济"就是成功，"未济"是未成功。所以我们制作了"未济卦"卦形放在了办公楼前，目的是告诫大家：我们每天都在追求成功，但世界上根本就没有成功这两个字。这如同一个奥运冠军站到领奖台上，挂上金牌那一刻之后他就已经不再是冠军，他如果再想成功，就要去竞争下一届。

——张瑞敏

**程冠军**：转变经济发展方式是党中央、国务院的一个重要战略，转变经济发展方式首先是企业必须转型升级，下面请您从企业家的角度谈谈转型升级所存在的问题与对策。

张瑞敏：企业转型升级是一个制高点。企业的创新，包括产品、技术创新，也包括商业模式的创新。我们目前的转型还是存在一些问题，首先是市场创新的机制。也就是说，创新机制能不能使我们真正产生一些超前的东西。在欧美经济的发展进程中，美国曾经被日本逼的很难受，日本人曾经一度骄傲地说，我们可以对美国说不。但是到了后来，美国的一个信息产业起来了，像英特尔、微软，一个产业就把日本整个产业都打败了。这个历史教训值得我们借鉴。

我们目前的创新，方向都是对的，是好的，但是我们的创新环境和创新机制有问题。能不能真正实现创新，关键在创新环境。我们看一下国外创新机制的东亚模式，东亚模式以日本、韩国为代表，在电视机还是显像管时代的时候，韩国就开始研发液晶屏，为了研制液晶屏，他们是国家出钱，科研机构、大学和企业出力。其中"三星"参与了这个项目，成功之后，最后以企业的形式推向市场。由此可见，国家主导的产、学、研很有效，这就是大环境。另外，我们再来看互联网时代的创新，美国最大的网络电子商务公司亚马逊刚上市就严重亏损，但是他们不停地向股民释放信号：我的前景非常好，我就是方向，我会引导出一个新的产业。股民最终相信了它，亚马逊终于成功了。当前，我们的问题是，研发资金很多，但很分散，不像韩国这么集中，也不像美国是以市场为准则。现在我们的情况是，很多企业申请了国家的资金去干别的，根本不是搞研发。

程冠军：我也听到一些企业的苦恼，申请科研经费比较烦琐，因此，申请一次之后就不愿意申请了。

张瑞敏：国家投入的研发资金是很大，但是太分散。因此，作为企业来讲我们等不起，也拖不起，我们的想法是，与其费这么大的精力来申请资金，还不如自己抓紧时间先行一步。举个例子，我们现在的出口产品经常被欧美卡脖子。为什么？因为我们没有专利，我们的标准不够。现在，我们的彩电出口到美国，美国用他们的标准卡住，你可能就要交专利费 20 多万美金。那么，我们马上搞出个专利行不行？不行！因为专利不是马上就能搞出来的，因为专利有超前性，有一个研发过程。目前，国外比较流行专利池（Patent Pool），专利池是一种由专利权人组成的专利许可交易平台，平台上专利权人之间进行横向许可，有时也以统一许可条件向第三方开放进行横向和纵向许可，许可费率是由专利权人决定的。"专利池"（联合许可）平台上的各个专利权人之间依然有专利许可问题。"专利池"并不是一个企业，而是好多企业结成一个联盟，大家都把专利放进来。比如，我们三家企业，你放 10 个专利，我放 5 个专利，他放了 2 个专利，最后要收益的时候，各家按专利比例分成。如我们目前有个无线传输专利，这个专利使用后，家用电器不插电源就可以使用。这个专利大大方便了人们的居家生活。这个专利，前些年我们已经加入到国外的专利池。我们贡献专利之后，这个无线传输就成为一个标准。

程冠军：除了创新机制之外，目前中国的创新环境还有没有其他因素的影响？

张瑞敏：有，另外一个创新的瓶颈，就是我们中国的人均效率和效益都达不到国际化水平。现在中国的工资在不断地上涨，应该不应该上涨，当然应该上涨，但是大多数人忽略了一个关键性的节点：保证工资持续上涨的基础——人均效率的提高。如果人均效率低下，你靠什么来涨工资呢？就以海尔为例，海尔现在有 20 多个工厂，除了在美国和欧洲的工厂比我们中国的工资高，其他地方基本上都比中国低。今年以来，有些欧美企业都把原来在中国生产的产品拿回本土生产了，原因是中国的工资上涨之后，加上人均效率和物流等因素的问题，已经没有成本优势了。

关于人均效率和效益，其核心是技术的制高点，不占据技术的制高点，就没有效率和效益。去年，我在旧金山专门和战略大师迈克尔·波特进行了深度交流，他非常认同海尔的创新战略。

程冠军：您认为我们国家的转型升级应该走一条什么样的道路？

张瑞敏：首先要看我国企业掌握了多少高新技术，掌握了多少品牌。如果这个没有的话，很难实现转型升级。比如耐克，我是品牌，我当然拿利润的大头。那么我们国内的企业，定位就是给耐克打工，你不管怎么干，利润都不会高。耐克已经给你算透了，让你死不了也活不好。你要有高新技术就不用说了，像"苹果"，我拥有高新技术，所有人服务于我，因此主要利润都在我这里。中央提出来转变经济发展方式之后，地方党委政府也都在积极响应，但方向到底怎么走？一些地方党委政府基本上还是走招商引资的路子。如果招商招来的是一些代工企业，你说我这个出口的高新产品比例已经很大了，你是给"苹果"加工出口，你统计的时候说是"苹果"的产品，当然是高新产业、高新产品，然而这个高新产品对我们的转型升级又有多大意义？

程冠军：前不久，您在北京获得了"世界睿智领袖精英奖"，这也是中国的企业家首次获得这个奖项，请您谈谈获奖的感受。

张瑞敏：这个奖项每年评选一个人，评选到哪个国家的企业家，就在哪个国家开会。这次评选到我们，主要原因是他们侧重于海尔在行业或事业中所做的创新，这也是对我们过去的肯定，今后我们应该在一个新的征途上再去努力。应该说，成功是失败之母。因为成功对一个人最大的伤害在于：你会用那种已经过去的成功的思维模式来考虑新的问题。人又不是神，很难摆脱这个思维。世界500强的平均寿命在二三十年，中国企业的寿命大概就是四五年，企业抓住机遇成功了，然后再往前走就走不下去了。所以，我感觉，企业做大以后，能否继续走下去，关键就是自己和自己斗争，看自己能否战胜自己。

程冠军：人最难战胜的就是自己。记得您常说的一句话就是"每天战战兢兢，每天如履薄冰"。

张瑞敏：对！我们在海尔集团的大楼前设计了一个《易经》的卦形，就是《易经》第六十四卦。六十四卦是"未济卦"，"未济"的意思就是未成功。第六十三卦是"既济卦"，六十三卦就是成功，"既济"就是成功，"未济"是未成功。所以我们制作了"未济卦"卦形放在了办公楼前，目的是告诫大家：我们每天都在追求成功，但世界上根本就没有成功这两个字。这如同一个奥运冠军站到领奖台上，挂上金牌那一刻之后他就已经不再是冠军，他如果再想成功，就要去竞争下一届。

我接受"世界睿智领袖精英奖"的时候，在上台发言的时候我拿上去一本《财富》杂志，这期《财富》的封面画的是一艘巨轮，就像泰坦尼克号一样正在沉没，沉没到三分之二的程度，下面写了一行字：企业破产的主要责任就是CEO。现在，我已经把这期《财富》杂志的封面做成一个相框放在我的办公桌上。这幅画面的下面还有一行字，大意是说船在沉没的时候 CEO 会找出种种理由来解释原因，但是根源就是他自己。我又给它加了一个备注，备注是德鲁克说的一句话：当你的企业要破产的时候，你可能会找出很多理由，但是最根本的就是你自己的责任。什么责任呢？就是你的思维没有跟上外部世界的变化。

程冠军：如此看来，一个成功的企业家首先要学会从自身找原因。

张瑞敏：正是这样，所以我们用《易经》第六十四卦来警示自己和海尔这个团队，每天都告诫自己。天地运行和人生自有其规律，一个人只有你真正掌握了这个规律，你才能运用自如。作为一个企业来讲，不管你从战略还是从哪个角度来讲，时代性都是第一位的。比如说海尔，海尔在开始的时候抓住改革开放这个机遇，不仅仅海尔成长起来了，成千上万个企业都成长起来了。但是现在，很多曾经名震四海的企业现在都消失了。为什么呢？就是你抓住了这个时代的机遇，下一个时代的机遇就不一定能抓住。比如柯达，前几年国外媒体说它是活着的死人，在胶片时代的时候它是全世界的霸主，但是数码相机和信息化到来的时代，你如果再不创新就不行了。再看"苹果"，手机行业开始诺基亚是世界老大，但是"苹果"起来之后很短的时间超越它，为什么？我觉得就是时代变迁，诺基亚给我们提供了一个非常好的通信工具，它虽然做得很大，但一直停留在通信工具这个时代，但是乔布斯的"苹果"手机，已经不再是单纯的手机，而是互联网的一个工具，或者是"云计算"的一个终端，这个差别就很大。所以，我认为不管有什么荣誉也好，什么所谓的成功也好，最多是对你过去工作的肯定，或者对你思维的一种肯定。荣誉其实对我本人来说是提出了一个更大的挑战：你的下一个时代到底是什么？

# 对话张瑞敏 3:
# 互联网时代的"云服务"和"能本管理"

🎤 精彩语录

"人本管理"比较有代表性的是日本，日本重视人的感情，但是"人本管理"有一个很大的问题，重视人的感情，与人沟通，这一点非常好，但是怎样把人和目标更好地结合起来，这是个不好解决的难题。因此，我们下大力气推行"人单合一"模式的"自主经营体"的管理模式，这种模式我把它定性为"能本管理"。"能本管理"是革命性的创新，现在哈佛商学院、意大利商学院都在探讨和研究，都觉得这是很有创意的一件事，能不能把它做好，还需要进一步检验。

——张瑞敏

**程冠军：**互联网行业由"云计算"派生出了"云服务"理念，最近微软、苹果等相继推出了"云服务"平台，作为制造业的海尔也提出了"云服务"的理念，请您谈谈"云服务"。

张瑞敏：在互联网时代，所有的企业都应该从制造业向服务业转化，从卖产品向卖服务转化。我们开始提出来这个概念的时候，很多人都置疑，说海尔是怎么了？不搞制造，搞服务。他们认为的服务，是传统的服务，但是现在不是了，用户要什么样的你就要能给提供什么样的，我什么时候要，你就要什么时候给我。我们现在正在做的就是虚实网融合。虚网就是互联网，所谓的实网就是派送网络。

我们现在的电子商务做得很不错，但是现在我们感到比较大的问题，或者下一步的挑战，着重要解决的问题主要是诚信问题。因为虚拟的东西看不见、摸不着，还有派送的问题。我感觉现在虚拟网络对中国传统行业和传统产业的挑战非常大。第一是诚信，本质上来讲，电子商务并不是打价格战，电子商务很重要的

◉ 作者与张瑞敏对话

特色是给用户提供价廉物美的商品，但这并不是它的全部，它的全部是把用户的需求和你的创造结合在一起。例如 facebook 网站可以很快地超过谷歌，原因就在谷歌是满足需求，facebook 是创造需求。所谓创造需求，就是 facebook 上面有很多的社交网站，社交网络，把用户的想法和企业完美结合在一起去。过去的企业，最大的一个问题就在于不知道用户要什么，不知道用户是年轻还是年老。过去我为了了解顾客对产品到底有什么需求，是想要红的还是要黄的、要蓝的，要大的还是要小的？只有搞问卷调查。现在就不需要这种手段了。现在，在互联网上马上就可以做到。

家电行业，我认为在中国企业里面海尔算是做得比较深入的。无论是城市社区，还是在县城甚至到村，我们的服务无处不在。如，我们在很多城市推行 24 小时送货服务，即用户从订货开始如果 24 小时之内我们不能送货到门，我的产品就无条件免单。这个承诺已经出现了案例，有一例送货，途中车突然出现了故障，货送到顾客家中的时候正好刚超过 24 小时，那么，结果顾客购买的该款产品只有免单。不要说是一台冰箱，就是 10 台冰箱也是全部免单。

"卖服务"应该体现在两点上，一是利用互联网这个优势，可以把用户需求和企业所要创造的需求结合起来，用户需求加入到我们的设计阶段。另外就是在派送阶段，用户什么时候要，我一定是什么时候送到。这就是互联网的特点，你想要什么我就制造什么，你想什么时候要，我就什么时候送到。

程冠军：谈到"云服务"这个理念，我突然想到了近期的一个热词"物联网"，请您结合"云服务"谈谈"物联网"。

张瑞敏："云服务"具体到企业来讲，就是要推进物联网，也就是要实现"人机对话"。所谓"人机对话"就是指家里面所有的电器互相之间互联并与人相通。即使我不在家中，通过手机摄像头，我就会知道家里现在有没有问题，家用电器是否安全，小孩、老人在家是否安全等。这也是我们目前正在做的，挑战非常大，因为目前消费者对此还没有太大的兴趣。比如冰箱可以智能化，自动感知，冰箱里有十瓶牛奶，我喝掉了五瓶，你想再补充五瓶，不用你去超市，超市马上就给你送来了。而我们现在的社会配套也不行，它涉及了超市和联网。另外，现在有很多人已经很习惯网购而不到商店去了。未来物流会减少很多不必要的环节，但是必要的环节还是需要的。虽然物联网还有个过程，但从整个世界预测来讲，互联网下一步的发展就是物联网，物联网肯定会是大趋势。

程冠军：对于"云服务"，除了"人机对话"以外就是服务理念和手段的更新。而对于企业来讲，重要的不是你制造什么，而是你制造出来产品一定是用户需求的，对吗？

张瑞敏：对。因为互联网颠覆了企业和用户之间的关系。其实企业和用户之间永远是信息不对称的，过去这个不对称的主动方是企业，现在不对称的主动权在用户。比方说，过去企业生产出来某个产品，就会做广告，用很多的营销、促销活动告诉用户，我多么多么好，让你来购买，因此这个主动权是在企业手里。但是现在主动权完全是用户，用户到互联网上去看，信息太丰富了，你再宣传的多么好，我不要你的，等于零。

目前，互联网服务大部分还主要停留在城市，但是农村的潜力是巨大的。这一点，海尔已经认识到了，而且现在我们在农村已经做得比较深入，从县到乡，一直到村，已经形成了一个巨大的网络。中国的农村有2800多个县，有35000多个乡，有64万个村庄。现在我们要做的，就是怎么样把农村的需求充分挖掘出来。因为我们有一个大网，所以对农民的很多需求，我都会很快发觉和发现，然后会很快满足他们。所以家电下乡一开始我们就占30%以上的份额，其中一个很重要的原因，就是我们会单独为全国某个地区的农民生产适合他们要求的产品。

农民的需求太分散，北方和南方的农村不一样，一个省里各个县也不一样。农村还有一个非常现实的问题是电压不稳，电费太高。为了适应这个，我们就只有改变自己的产品。这就像改革开放初期日本电器到中国一开始就不适应，当时中国的电压波动的很大，而日本产品的电压精确度过高。再如，美国著名的家电品牌 GE，现在已经把它在中国的家电销售权都交给我们，现在中国市场上所有的 GE 家电，都是由我们销售，原因就是 GE 在中国搞了十几年，网络建不起来，而农民的需求它又不明白，所以它制造产品再好农民也不会欢迎。

程冠军：谈到服务，我感觉这些年来海尔的品牌和海尔的服务就像海尔的广告语那样"真诚到永远"，一直做得非常好。服务与管理是企业永恒的主题，过去海尔推行"日清日高"以及"市场链"管理模式，互联网时代到来以后，海尔在管理方面有没有新的模式？

张瑞敏：互联网时代对原来的管理理论提出了很大挑战，过去的 200 年时间里，所依据的管理主要是亚当·斯密的理论，一是亚当·斯密提出了"分工理论"，分工理论在福特汽车的流水线上得到了验证。再一个就是亚当·斯密的"层级结构"，就是官僚制。除此之外虽然还有很多其他的管理模式，但是基本都是以这两个为基础。但是互联网颠覆了这种理论，互联网形成了"合工理论"，从"分工"到"合工"，这是一个重大变革。按原来的生产线和科层制度，生产出来产品再推荐给消费者，现在的情况是消费者互联网一点，我今天就要，你今天不能给我，我就不要了，所以你必须改变，把很多力量集中起来，把很多工序合起来马上满足消费者需求，这就是"合工理论"。

程冠军：我的理解"合工理论"就是更加合理地分工，它打破了"分工理论"的桎梏。它是根据用户需求把优秀的员工或工序进行合并，组合成一个工作团队或工作流程，以降低成本，提高效率和效益。这是不是海尔推行的"人单合一"理论？

张瑞敏："合工理论"与"人单合一"是异曲同工。过去的"分工理论"是每个员工来了之后，部门长叫他干什么他就干，至于市场有什么需求与他无关。"人单合一"是每个人必须要有自己的市场目标，每个人都要有自己的用户。我们有一句话叫"我的用户我创造，我的增值我分享"，每个人都有自己的用户，这个用户就是你的，你必须为用户创造需求。这对企业管理是一个非常大的颠覆。海尔差不多8万人马，一下子就变成2000多个"自主经营体"，这个等于说是一下子翻了一个个儿。就拿原来的销售举例，销售当然有中国市场，也有美国市场，比如说中国市场，一个省有一个人负责，省下边有市，市下边有县。假定我发现某个县，甚至某个村有问题，我不会直接找那个人，而是找省市。当然，某个地方有什么需求，也是一层层地反映上来。那么，互联网时代这个速度就太慢了。而现在我一下子把它变成了2000多个"自主经营体"，比方说一个县就是一个"自主经营体"，那么这个县的用户需求，这个县怎么样创造市场，都是你的。每一个县都这么做起来，这个力量大得不得了。过去有了问题找省市，现在底下有问题就直接找县。2000多个"自主经营体"，10%有问题，就有200个有问题，200个问题集中去解决是不可能的，现在它能够自我创新。我们在2000多个"自主经营体"推行"官兵互选"，就是说目标定下来了，这个"官"觉得有些"兵"不好，你可以找好的或者把不好的提高起来。如果"兵"觉得这个"官"不行，他可以把这个"官"罢免。比如说我们有一个县，7个人是一个小组，这7个人就是利益共同体，如果这个"官"带着大家完成不了目标，大家的利益都受到损失。大家就觉得这个"官"不行，就选了邻近县的一个人过来，新"官"过来之后业绩提高了一倍，人员也从7个人裁到了4个人，人员减少，效益提高很多。

程冠军：您有没有为"合工理论"与"人单合一"定性，它到底是一种什么类型的管理？

张瑞敏：管理从开始到现在分成三段，第一段叫"物本管理"，第二段叫"人本管理"。"物本管理"阶段就像卓别林主演的电影《摩登时代》，生产线重物轻人，中国现在其实还有很多这种模式，很多流水线，流水线跑得有多快，人就要跟着跑得多快。后来，人们发现"物本管理"有很大的问题，人的积极性不高。后来就出现"人本管理"，"人本管理"比较有代表性的是日本，日本重视人的感情，但是"人本管理"有一个很大的问题，重视人的感情，与人沟通，这一点非常好，但是怎样把人和目标更好地结合起来，这是个不好解决的难题。因此，我们下大力气推行"人单合一"模式的"自主经营体"的管理模式，这是第三段，这种模式我把它定性为"能本管理"。"能本管理"是革命性的创新，现在哈佛商学院、意大利商学院都在探讨和研究，都觉得这是很有创意的一件事，能不能把它做好，还需要进一步检验。

　　中国文化的商道精神是汇通天下、货通天下。这才是公司追求的最高目标。公司不是不要挣钱，而是在自身发展的同时，兼顾社会和他人利益。在现实生活中，你可以赚钱，但不能伤害公共利益，不能以给社会带来伤害的代价换取商业利益。因此，今天，我们呼唤新的商业文明，呼唤新的公司。海航用自己成功的商业模式揭示了一种新的商业文明，我认为，这就是海航人的使命，海航人的历史责任，也是给中国、给人类带来新文化的责任。

——陈　峰

# 对话陈峰：海航的责任与梦想

**程冠军**：陈董事长您好，您是党的十六大、十七大、十八大连续三届的代表，用自己的亲身经历见证了党和国家、民族的十五年发展历程，见证了党领导中国人民实现百年梦想的伟大事业。您所执掌的海航也是在中国改革开放的历史进程中成长起来的民族企业，请您谈谈海航的发展。

## 海航之路

**陈峰**：中国共产党领导中国走出了一条自己的路，这条路是一条希望之路、成功之路，之所以成功有两个重要因素：一个是我们的党有立党为公、执政为民的执政理念。不管我们遇到什么样的困难、什么样的挫折，在成绩和困难面前我们始终保持造福于社会、造福于人民的根本宗旨。二是中国共产党是与时俱进的马克思主义执政党，她不断地自我革新、自我反省，不断地总结经验，来适应时代的变化。所以才能取得今天这样巨大的成就。

海航是在改革开放 30 年中，在海南大特区的建设和发展中成长起来的，我们从一个偏于一隅的小岛小省的地方航空公司，经过 19 年的发展壮大，今天，已成功从一个航空企业转变为一个现代服务业的综合运营商，终于走出中国、走向世界。

关于海航的发展，我想以这样几句话形容。第一句话，今天的海航集团的英文缩写 HNA（海航）是专用域名，它既不是海南也不是航空，而是海航集团。现在，我们的员工人数已超过 10 万之众，总资产 3000 多亿，今年的收入过 1000 多亿，今年我们已经在世界五百强的伯仲之间了。第二句话，海航主导产业已经从单一的航空转型为现代服务业综合运营商，我们拥有三大主导产业：航空旅游、现代物流和海航特色的现代金融服务业。第三句话就是我们的产业已经构成现代服务业的六大要素——吃、住、行，游、购、娱。

海航集团旗下共有五大产业集团。

一是海航的航空集团。航空集团旗下拥有 8 家航空公司，比较著名的是海南航空，我们是中国第一家世界级的五星级航空公司，世界上被称为一流服务的航空公司只有 6 家，其中就有海航。我们用了 19 年的时间打造了海航这个品牌，把中国的民航推到世界级水平。海航旗下的金鹿航空是亚洲第一大公共级公司。海航的香港航空，现在位居香港第二，为香港航空公司事业的发展和稳定做出了贡献。一个月以前，我们刚刚结束了国际上兼并的两大战役：一个是成功地收购法国第二大航空公司——蓝鹰的相当大的股权；另一个是响应我们国家"走出去"的号召，在非洲投资，与非洲中非基金合作成立了加纳环球航空公司。这是中国航空有民航事业以来，新中国成立以来的第一次。这是中国航空走出国门的历史性的一步。

二是海航的旅业集团。海航旅业现在已进军中国旅游集团的第一集团军序列。现在我们的构架是以旅游为龙头，配置航空酒店等资源。说到酒店行业，海航的酒店业在中国酒店业也位居前列，我们有 68 家酒店，其中北京的唐拉雅秀就是我们一个品牌，这是我们在原来燕京饭店的基础上改造的。唐拉雅秀是唐古拉山之神。大家都知道香格里拉是国外的酒店品牌，香格里拉在藏语里是"吉祥如意的地方"或"天国"的意思。正是国外的香格里拉这个品牌让我思考一个问题，今天的中国已经进入品牌时代，国外的酒店品牌可以用中国的藏文的含义，中国人自己的酒店为什么不可以用藏文的含义呢？因此，我们就打造了一个唐拉雅秀，我们的目标是：未来中华民族的酒店品牌就是唐拉雅秀系列。现在，我们已经在欧洲的布鲁塞尔、美国纽约各建了一个唐拉雅秀。我们决心打造百个唐拉雅秀。

三是海航的现代物流。我们有自己的海运，海陆空联运，我们的供应链叫批发市场的供应链，以及我们围绕着现代物流的各种要素。

四是海航的实业，我们的实业中包含了物业、地产、商业、金融服务业、信托租赁、保险等。目前，海航的商业从业人员已经超过两万人，海航的飞机租赁业很发达，海航租赁集团的规模居中国第一，也是世界第一。近年来，我们积极兼并重组，先是兼并了澳大利亚的世界第九大飞机公司，去年底我们又一举吃掉了 GE 旗下的世界第五大集装箱租赁公司，这也是去年在全球最大的兼并案之一。今日海航已经构建了一个现代服务业运营商的基本格局。

## 海航之未来

程冠军：请您结合十八大提出的经济、政治、文化、社会和生态文明五位一体的发展战略，谈谈未来海航的发展目标。

陈峰：2020 年中国将全面建成小康社会。我个人解读，2020 年，按照 7% 的增长速度，2020 年中国的 GDP 总量将超过美国，成为世界第一大经济体。这绝对是一个新的时代。按照中国的大同世界理念，中国的发展将带动数十亿和几十个国家的经济发展，成为世界经济的重要力量。中国的文化理念是对今天人类新的文化文明的重要贡献。这种贡献解决了天人合一的宇宙观，解决人与自然的关系。中国文化的核心是包容，和谐社会和而不同是解决今天国家矛盾、宗教矛盾，建设和谐世界最重要的理念。因此，我认为到 2020 年中国全面实现小康社会的同时，也是中华民族给人类做出巨大贡献的时候。

在这个伟大时代，作为一个民族企业，海航响亮地提出创造世界级的跨国公司的口号。按照这个目标，我们将打造世界级卓越企业。世界级卓越企业有三个基本标准：第一个基本标准是要进入世界五百强的一百名左右，收入在 6000 亿到 1 万亿之间。没这种规模免谈世界跨国公司。未来中国要有一大批企业进入世界巨无霸行业，这是对中国经济可持续发展和人类发展的一大贡献。第二个基本标准是品牌管理和文化。改革开放造就的中国企业如群星灿烂，这些企业也创造了丰富的企业文化，海航在文化建设上堪称企业之典范。第三个基本标准是造福人类的社会责任感。自欧洲文艺复兴以后，人类提倡思想解放，提倡科学和发展，追求物质文明，创造了公司组织，公司给人类社会带来巨大发展，它用了百分之零点一的时间创造了 8% 的财富，创造了 80% 的就业。世界 100 家经济体，51 家是公司。公司成为今天社会重要的文化和形式。但公司也给人类带来了问题。公司把人的贪婪和自私不断放大。数次金融危机、经济危机，背后黑手都是公司。一个问题摆在我们面前：人类需要什么样的公司？我认为，中国文化的商道精神是汇通天下、货通天下。这才是公司追求的最高目标。公司不是不要挣钱，而是在自身发展同时，兼顾社会和他人利益。在现实生活中，你可以赚钱，但不能伤害公共利益，不能以给社会带来伤害的代价换取商业利益。因此，今天，我们呼唤新的商业文明，呼唤新的公司。海航用自己成功的商业模式揭示了一种新的商业文明，我认为，这就是海航人的使命，海航人的历史责任，也是给中国、给人类带来新文化的责任。

## 海航之文化

程冠军：近几年海航在国际化上一直走得很快。海航国际化战略的目标到底是怎样的？党的十八大制定了新的发展目标，海航的发展会不会有新的调整？

陈峰：我的第一个感受就是我们正处于一个伟大的时代。10年来，中国发生了巨大变化，实现了中华民族的百年梦想。不仅如此，10年的发展还奠定了一个指引未来中国发展的理论基石——中国道路。再有，就是我们成功处理了发展中的各种矛盾和危机，使中国这么一个人口众多、幅员辽阔的国家实现平稳较快发展。十八大报告内容非常丰富，有很多重大的理论创新，十八大报告全面总结了改革开放30年发展的历程，找出了中国道路的理论基础。我觉得中国道路，实际上与中华文明、中华民族文化历史的传承有密切联系。改革开放以来，从邓小平理论、"三个代表"重要思想，一直到科学发展观，中国特色社会主义理论不断创新。科学发展观不仅对中国发展道路进行了总结，而且为未来中国奠定了正确的发展方式，同时给人类的发展带来了新思考。消费刺激生产的理论给人类带来了巨大的问题，人类如果都高消费，地球也受不了。因此，人类再也不能穷凶极恶地开发资源，我们必须建设节约型社会、环境友好型社会。科学发展观是对人类发展的一大贡献，它是人类需要走的一条新路。

中国的发展没有改变社会主义初级阶段的基本国情。我们必须保持清醒的头脑，对中国发展的长期性、复杂性、艰巨性要有充分认识。十八大报告对未来发展任务、目标非常清晰，它将指引我们全面实现小康社会，完成中华民族的百年梦想。

在国际化进程当中，海航迈出了中国民航业海外投资的第一步。在响应国家走出去战略中，应当说我们是一个先行者。我想，海航的国际化进程仅仅是个开始，虽然刚刚开始，但也标志着一个时代的到来。我们清醒地看到，无论是国际化的管理，人才的储备和驾驭世界级企业的能力，我们都是小学生。我们还有很长的路要走，我们需要在发展中付出代价，但是要我们努力把学习的时间缩短一点，发挥好中国人的聪明才智，使我们能够快一点解决前进中的困难。

程冠军：海航最近几年扩张有点太快，有人说，海航的资金链即将断裂，你怎么回应这些传言？

陈峰：关于资金链的问题，不瞒大家讲，大家如果是老媒体的话都知道，传言我们资金链紧张，媒体都说了20年了。而事实上，我们不是天天都还过得很好嘛！你看我的气色哪像不好的样？一个企业高速发展，肯定会有资金压力。但是海航的信誉、海航的现金流在金融界一直都非常好。当然，说我们的资金一点都不紧张也不是事实。像我们买法国的380飞机，买美国的787飞机，买飞机还得了一个法兰西共和国的奖。试想，如果我们没钱敢做这么大的采购吗？在高速发展中，我们的资金受到外部环境的影响，这很正常。海航现金流的能力、负担能力都是非常好的。再如，我们在国际兼并中70%左右都是国际融资。如果我们没有好的信誉，人家敢借钱给我们吗？能借钱给你，说明你有信誉。没有人借钱给你，说明你已经危险了。所以，关于传言海航的资金链即将断裂这个问题说了都快20年了，但我们依然很从容，很健康。

程冠军：党的十七届四中全会正式提出建设马克思主义学习型政党。我们看到，十八大报告中对学习型政党又有新的阐述，提出要建设学习型、服务型、创新型的马克思主义执政党。学习型、服务型、创新型，非常符合海航的特点，海航是一个学习型企业，请您谈一谈海航是如何做学习型企业的？另外，海航的文化是中西合璧、中西包容的文化，请您谈谈中西文化如何在海航实现相互交融的？

陈峰：我们党和国家大力倡导的学习型政党、学习型企业、学习型社会建设，是一个非常好的战略思想。我觉得这是一个国家、一个民族的基本要求。时代在变，一个人只有不断地学习、不断地提高自身修养，才能应对社会的变化。海航在发展过程中，始终把自身的学习、自身的发展作为必修的功课。在我们发展历程当中，始终注意建设自身的企业文化。比如说我自己，我每天都坚持学习，每天坚持写读书笔记，而且坚持用毛笔写。这样一来可以练字，二来可以提高修养，三还可以凝神聚气。如何学习？我有两句话：以经典为伴，与圣人同行。学习的关键是要提升智慧。圣人是伟大的，我们不可能都当圣人，但我们可以他们为榜样。我觉得我们党之所以能领导中国人民实现伟大理想，能够90多年屹立不衰，不断进步，关键就是我们的党能够不断与时俱进，不断改造自身来适应时代的要求。也可以说是学习的成果。

海航的企业文化是"内育中华传统文化之精粹，外兼西方现代的管理之思想"。中华民族的文化就是一个包容的文化，中华民族文化今天形成三大主流，也是包容人类其他文化。你像佛法就是从印度来的，当和中国文化融为一体的时候，它就变成中国文化的内涵。所以海航企业文化就是把中华民族文化自身加上西方人类一切优秀文化作为自己发展的内涵，形成海航的价值观。所以我们的价值观是：共同的理想，共同的心想，共同的理念，共同的追求。我想海航变成跨国公司以后，必须兼容人类不同民族、不同的宗教信仰。不仅仅是中国文化和西方文化，而是人类一切文化的融合，才是使企业发展、人类发展的真正动力。中西文化的融合是海航企业文化鲜明的特色，它过去在海航发展当中发挥着重大作用，未来仍是海航的软实力，仍然会对我们产生巨大的作用。十八大关于建设文化强国的论述，我认为是一个时代的呼唤。一个大国，不只有经济的贡献，真正大国还有文化的贡献。任何一个民族都必须通过学习的办法才能提高文化的力量。因此，学习是个大题目，应该成为全社会共同的一个认知，这样中华民族的素质就会比较快地提高起来。

程冠军：海航的企业文化有没有海南本土文化的影响？海航本身的体制改革也是我们深化改革的一个标杆，海航在海南的改革开放中发挥了什么样的作用？

陈峰：海航植根于海南。海航用了不到 20 年时间，在海南这片热土上成长起来，海南人民和社会给了我们很多支持和帮助。我们一切的发展，应该说都要回馈这片热土和这里的人民。基于这个认识，海航在自身发展、创造品牌同时，积极创造就业和税收。另外，我们还在海南做了很多公益事业、慈善事业等。在海南人们心目中，没有海航他们会感到非常孤独。在海南有这样一种现象，如果家里有人在海航工作，大家都会投来羡慕的眼光。我们跟海南人民是血肉联系。这跟我们长期以来坚持发展不忘这片热土、不忘造福人民的社会责任有关，跟我们的发展理念有关。

海航的企业文化是海航的软实力。我们之所以能荣获"五星航空"这个世界级的航空品牌，离不开我们的企业文化的支撑。在以人为本文化的支撑下，我们对待旅客充满爱心，我们的乘务员眼神都与一般的服务人员不一样，她们都带着发自内心的笑。只有做到这种服务，旅客才能感觉到温暖。旅客至上，一切围绕旅客的需求做好服务工作，是我们近 20 年间始终坚持的基本原则。十几年来，我们建立了为社会、为他人、为自己的基本宗旨，还有我们的四大理念：大众认同、大众参与、大众成就、大众分享。在大众分享文化的影响下，海航的员工都热爱海航。我们已经把热爱企业、为企业做贡献、实现企业理想的精神融入每一个员工的心目当中，这样的文化就变成了强大的力量。海南正在建设国际旅游岛，海航就是它的一扇窗口，同时，我们也决定把国际旅游岛建设融入海航现代服务业的链条当中，把我们的文化理念和五星级标准的航空服务标准融入我们海航所有产业当中，造福于海南。

海南是养育我们海航的热土。海南八百万人民是我们最重要的群众基础。自从国际旅游岛建设上升为国家战略以来，海南找到了新的发展方向。因此，保护环境，保护海南这片青山绿水，让这里成为全国人民乃至世界人民的度假天堂——海南人民守土有责，海航也责无旁贷。我们能够给大家提供非常好的服务，不仅有硬件服务还有软实力。我们的目的是让这儿的旅客拥有快乐感和幸福感。海南的发展成就巨大，任重道远。因此作为海南本土企业的海航来说，我们有义不容辞的责任。在未来的海南发展当中，我们要扮演重要的角色，尽我们一切力量投身海南旅游岛建设，同时为海南的经济、政治、文化、社会、生态文明的协调发展做出我们应有的贡献。

**相关链接：**

陈峰，海航集团董事局主席、海南航空股份有限公司党委书记、海南航空股份有限公司董事长。在其领导下，海南航空经过 18 年时间，总资产由最初的 1000 万元，发展到今天的 3400 亿元，实现了 34000 倍的扩张，海航通过大规模的兼并重组，目前拥有 500 多条航线，并形成了由海南航空、新华航空、美兰机场、长安航空、酒店集团以及其他子公司组成的大型企业集团——海航集团。1994 年被评为"海南首届十大功勋企业家"。1996 年被评为"全国优秀企业家"

并当选全国劳动模范，荣获"五一劳动奖章"。1997年获美中友好协会、美国中小型企业联合会等联合颁发的"国际优秀企业家贡献奖"。2000年再次当选全国劳动模范，并再次获"海南功勋企业家"称号。2002年4月荣获中国企业联合会等三家单位联合颁发的"企业家创业奖"，并再次获得"海南功勋企业家"称号。2002年4月当选为中国共产党第十六次全国代表大会代表，2007年当选中共十七大代表，2012年当选中共十八大代表。

　　我们的文化自觉主要表现在与员工共享企业发展成果。娃哈哈的文化是"家文化"，在"家文化"的指导下，实行了全员持股，娃哈哈已经不是一个家族式的企业。每个员工都有股份，都是娃哈哈的股东。全员持股之后，员工既是员工又是企业的主人；既是劳动者，又是财权的所有者。如果没有股份的话，工人怎么能当家做主呢？有的企业家没想到这个问题。只有这样员工才会更加努力，企业才会产生更好的效益。

——宗庆后

# 对话宗庆后 1：首富是这样炼成的

编者按：2012 年 3 月 6 日，《胡润全球富豪榜》发布，宗庆后以 105 亿美元位列全球第 78 位，并成为唯一上榜的中国内地首富。全国人大代表、娃哈哈集团公司董事长兼总经理宗庆后以其卓越的领导才能和经营能力，经过 20 余年的励精图治，缔造了娃哈哈在饮料行业的霸主地位。在一年一度的全国两会期间，作者与宗庆后先生进行了多次交流，撰写了《对话宗庆后 1：首富是这样炼成的》《对话宗庆后 2：浙商升级之变》。

## 娃哈哈"家文化"的魅力

程冠军：娃哈哈的企业文化是"家文化"，这种"家文化"是什么时候开始建立起来的？

宗庆后：娃哈哈创业初期，我们的文化是：艰苦奋斗、自强不息、勇于开拓。

那个时候，之所以确立这种文化，因为我们很小，由小变大就要有信心，所以初期我们的文化主要是树立信心。后来，我们慢慢做大了，就把企业文化演变为"家文化"了。这种文化的转变是从 1991 年开始的。1991 年我们兼并了杭州市罐头厂，我们是一个只有 100 人的小企业，一下子兼并了 2000 多人的大企业，而且又收了 500 多名退休工人。企业由小家变为了一个大家，所以就开始实行"家文化"了。

娃哈哈"家文化"的核心是：凝聚小家，发展大家，报效国家。凝聚小家，就是要关注员工的家庭，解决他们的后顾之忧，这样员工才能与企业共同发展。我们着重关注员工两个方面：第一，使员工收入不断增加，生活更好；第二，满足员工的职业生涯需求。员工有目标才会不断进步，员工进步就等于企业进步；第三，报效国家，这个报效国家是针对企业自身而言的。企业做好以后就报效国家，去年娃哈哈实现税收 54 亿元，同时，我们还解决了很多人就业问题。这就是对我们报效国家理念的最好诠释。娃哈哈是农产品深加工企业，解决了很多农民的生活问题。我们每年要采购几百亿元的农产品，在很大程度上解决了农民的农产品出路问题和就业问题。我们一年使用 50 万吨白糖，15 万吨奶粉，上万吨茶叶。如此庞大的产业链可以解决大量蔗农、奶牛养殖户、茶农的产品销售问题。我们建起了一个庞大的销售网络，庞大的供应商、经销商体系，解决了很多社会人员的就业问题。另外，娃哈哈还做了很多慈善工程。我们做慈善的方法是在贫困区、革命老区、少数民族地区建厂，这是一种长期造血的慈善。我们帮助农民致富，也带动当地的经济发展，在每一个建厂的地方，我们几乎都是当地的利税大户。之所以这么做，目的是帮助农民和贫困地区走共同富裕之路。我们是享受国家改革开放政策先富起来的一批人，小平同志说过，要让一部分人先富起来，让一部分地区先富起来，然后先富帮后富，实现共同富裕。我们一直在实践着小平同志的这个理论。

程冠军：在娃哈哈的企业文化里，除了"家文化"以外，还有没有其他方面的文化？娃哈哈的名字是怎么来的？从创办之初发展到今天，娃哈哈这个名字有没有被赋予新的内涵？

宗庆后：娃哈哈文化还有一层含义，就是我们要让全国人民笑哈哈。我们生产目的是为消费者提供真正有价值的产品，也就是说，生产的产品一定要使消费者得到益处，一定要生产健康安全的食品。娃哈哈开始很小，当时第一个产品是儿童营养液，营养液老少皆宜，但是这种老少皆宜的产品全国很多，我们刚开始既没名气又没实力。经过考察市场发现，市场上缺乏专门给儿童吃的营养液，这个市场是个空白。全国有3亿儿童，这个市场很大。开始有人说，你把这个销售面积做窄了。但是我却不这么看，3亿的数量放在世界上看足以抵得上是一个大的国家，因此这个市场已经够大了。我们就把产品取名叫娃哈哈。当时在儿童这个消费人群的产品领域中，还没有这类产品。再加上我们的产品确实比较好，因此一下子就推开了市场，并迅速扩大。

应该说我们一直坚持打造娃哈哈这个牌子，也有人对我一直打造娃哈哈这个牌子提出异议，认为瓶装水是大家都在喝，不光是儿童喝，用娃哈哈这个牌子会让消费者认为是小孩子专用品牌。这种担心是不必要的，事实上经过我们这么多年的努力，娃哈哈已经成为市场上信得过的，质量可靠的一个品牌。在娃哈哈品牌的延伸上我们比较成功。现在，娃哈哈产品在饮料行业是品种最多、产量最高、效益最好、纳税最多的，实现了四个第一。目前在乳饮料市场我们已经稳坐全国第一把交椅，我们的营养快线全国第一。我们的瓶装水处在第二位，原因是我们不做低价倾销，不搞低价竞争，不求产量求质量。低价竞争在短时间内有效果，长此以往对企业没好处。娃哈哈在全国知名度很高，在国际上知名度也很高。我们的目标是希望能够打造出中华民族的世界名牌。现在中国几乎没有世界名牌饮品。世界品牌是一个国家实力的体现，因此我们想努力创建世界名牌。现在娃哈哈在国外已经有销售，但是还没有重点开拓。在中国市场上，一些世界大品牌都跟我们竞争。目前，娃哈哈在国内市场竞争中应该说已经胜出了，在国际市场还有很长的路要走。

程冠军：一个时期以来，有人对小平同志共同富裕理论的理解有些片面，只看到让一部分人先富起来，对先富帮后富，最终达到共同富裕理解的不够，我感觉您的认识是比较全面的。

宗庆后：小平同志的共同富裕理论绝不能割裂开来理解。在改革开放之前，全国老百姓都是没有财富的无产者，平均主义大锅饭，大家一起过穷日子。但贫穷不是社会主义，市场经济不仅仅是资本主义的专利，社会主义也可以搞市场经

◈ 作者对话宗庆后

济。小平同志的改革开放理论打破了平均主义大锅饭，调动了社会积极性。一部分人在改革开放理论的指引下，通过勤劳创业创造了财富，成为先富起来的人，先富起来之后，就要帮后富。因为只有大家都富起来了，才会安定，国家才会繁荣富强，社会才会和谐。我们公司的员工之所以都很忠诚，因为企业发展了，也跟着发展了，生活水平大大提高。娃哈哈现在全员持股，员工在企业里既是老板又是员工，尽管员工占的股份比较小，但是至少能在企业受益，责任心自然增强。如果全国的企业都这么做，我们的社会也就会和谐了，中华民族的伟大复兴也会早一天到来。

# 娃哈哈文化与共同富裕

**程冠军：**过去，我们企业的文化大部分都是"艰苦奋斗、团结奋进、争创一流"之类的语句，这是中国企业早期的文化。随着市场经济体制的逐步规范，企业越来越重视管理，越来越重视文化，经过近几年的培养和发展，慢慢地就成为有自己企业特色的文化。这里面，我认为企业家有个文化自觉问题。您怎么看企业家的文化自觉？

**宗庆后：**企业家要根据自己企业的发展阶段考虑适合自己企业的文化。每个企业的创业经历不同，文化也会不一样。为了统一思想，发展文化，我们专门在企业设立了政治部，负责企业思想文化建设。设立政治部的目的是做好政治思想工作，推动企业文化建设。我们每年都举办运动会，每年都搞文艺演出。这些年来，我们为职工投资建设了大量的娱乐文化设施。我认为，企业文化的目的是凝聚精神。人有了物质基础以后，才需要精神文明，但前提是首先要有物质文明，如果吃不饱，穿不暖，不可能讲精神文明；但物质丰富之后，如果不讲精神文明，也会出问题。有了这个认识，就是具有了文化自觉。我们的文化自觉主要表现在将企业发展与员工共享。在"家文化"的指导下，娃哈哈已经不是一个家族式企业模式，实行了全员持股。每个员工都有股份，都是股东。全员持股之后，员工既是员工又是企业的主人。既是劳动者，又是财权的所有者。如果没有股份的话，工人怎么能当家做主呢？有的企业家没想到这个问题。只有这样员工才会努力，企业才会产生更好的效益。对于员工，单凭管理是不行的，关键要调动内在的积极性。企业利润不好，员工分红就会减少；企业利润好了，员工分红自然会提高。因此，这是激励机制跟竞争机制相结合。单凭激励，也会产生惰性，因此要鼓励竞争，能者上，庸者下。优胜劣汰，员工就会永远努力，这样的团队才会永远有动力。物质激励和精神激励两者不可偏废，有了物质文明还要有精神文明，但没有物质文明，单搞精神文明，根本就不可能。如果员工饭都吃不饱，衣服都穿不暖，他怎么会听你的？如果他听了你以后，生活水平年年提高，他肯定继续跟着你干，也会对企业忠诚，甚至在企业干一辈子，因为在这里有前途。

# 中国"可乐"与中国式管理

程冠军：在中国的饮料业，您是第一个敢向洋饮料叫板的人。在您的非常可乐刚刚推出来时，我曾经在媒体上发表过一篇批评非常可乐的文章，题目叫《非常——一个失败的创意》，大意是娃哈哈不应该打可乐这张牌。没想到，您这张牌打赢了。

宗庆后：当时，整个舆论都说非常可乐非死不可，但是我们没有死。非但没有死，而且能跃居到第三位。位列前三的依次是：可口可乐、百事可乐、非常可乐。当时为什么会打可乐这张牌？原因有三：其一，可乐这种产品被西方搞得很神秘，实际上它的配方并不神秘。其二，在市场占有上，我们分析洋可乐当时主要占据了它有工厂所在地的市场，在很多地方它还没有。其三，洋可乐一直独霸市场，因此一直比较牛，对待经销商也十分苛刻，因此许多经销商对它也极为不满，呼吁我们去做可乐。另外，我们作市场分析之后认为：在农村市场，我的品牌比它更大，知名度更高。洋可乐市场主要在城市，这两年才开始逐步往农村走。与洋可乐相比我们的优势是什么呢？我们的销售网络比较好，因为我们是通过经销商网络在销售，洋可乐以前是直接做终端的。直接做终端反应就比较慢，因为国外跟我们的生活习惯不同，包括它的布局也不一样。像美国一个社区就一个仓储式大超市，小店几乎没有。居民开车去超市，把一个星期的所需全部都买好。这种形式中国人就不适应，中国人喜欢逛超市、凑热闹。而且中国人的生活习惯总是喜欢更新鲜一点。这一点是东西方的文化差异，洋可乐就不如我们有优势。

程冠军：中国的许多企业家在管理企业时，运用毛泽东思想，据说您也是用毛泽东思想在管理企业，是这样吗？毛泽东战略思想用于管理其实就是中国式管理，您有没有研究过西方的一些管理文化？您感觉应该怎么解决在中国很多人"宁当鸡头，不当凤尾"的这种思想呢？

宗庆后：西方的管理学有一个特点，一句话可以写成一本书，看完了不知道它在说什么。包括国内一些搞西方管理学的教授也是这样，一句话加两个英文字母，看起来很玄奥，很有深度，一本书看了半天，还不知道在说什么。因此，我几乎不看西方管理的东西。

我是按照邓小平理论在做企业，用毛泽东战略思想来管理企业。说我研究毛泽东思想，实际上是"文化大革命"时期，那时只有《毛泽东选集》可以看，其他没有什么书。当时我在农场劳动，必须学《毛泽东选集》，因此把《毛泽东选集》翻来覆去地不知道看了多少遍。毛泽东的军事思想运用到管理上非常实用，因为商场就如战场，现在西方人也都在研究《孙子兵法》，其中的道理都是一样的。另外，我认为毛泽东在人的管理方面是有一套科学体系的。我们运用毛泽东思想去管理企业，并不是用毛泽东思想去说教，说教是没有用的。我们是用各种方式慢慢地让员工接受娃哈哈的文化，让员工自己慢慢地感悟到这种家文化。

现在中国大部分企业在学习西方的管理模式，这自然有它的道理，但要知道理论是在实践基础上总结出来的。我们的国情跟西方不一样，文化也不一样，发展阶段与西方更不一样，照搬硬抄西方的管理，就不一定灵。中国人是比较难管理的，因为中国人比较聪明。人人都想当鸡头，不想当凤尾。在封建时期，人人都想当皇帝；在企业，人人都想当老板。怎么解决员工"宁当鸡头，不当凤尾"的思想，这个问题实际上也不用怎样去灌输，关键是企业的当家人要用实际行动影响大家。说到底，中国的企业还是需要以人为本的管理，要抓住人的思想。董事长、总经理要让员工真正信服，必须要有人格魅力，员工要真正愿意跟着你走才行。另外，你还要开明而强势，不开明，偏听偏信，没人追随你；不强势大家也都不听你的，企业就变成一盘散沙了。因此，当企业领袖一定要懂得严格管理，然后考虑员工利益，关爱员工。要让大家愿意跟着你干，必须让大家生活不断提高，事业不断进步。严格管理，要求员工要认真工作，工作做好了就有好的回报。这样，员工在企业里收入比人家高，生活比人家好，又能够学到技术，能够长进，慢慢地他就会信服你。这样，一旦企业遇到难关，员工也会与你一起克服。威信这两个字，不光是要威，还要有信。员工信任你，你才会真正有威信。

**程冠军：** 大凡成功的企业，很大程度上在于企业有一位有事业心、有人格魅力的领军人物，也就是说，领导力是个关键问题。另外，纵观国际上一些延传百年的民营企业，之所以能够延传百年，其中有一个重要原因，就是创业的第一代退休之后，接班的第二代会把第一代的领导力传承下来，包括他的理念、文化，而接下来的第三代更会把他的父辈和祖父的理念奉为圭臬。但国有企业面临这样一个问题，假如您是一个国有企业的董事长，您创业达到辉煌，功成身退之后，新来的董事长或 CEO 上任之后，就会以改革创新为由在企业进行一场大规模的"去宗化"运动，这样折腾下去，企业的元气就会大伤，这个企业也就会因之慢慢地销声匿迹。

宗庆后：我做了这么多年企业，我感觉企业核心竞争力是多方面的，少一方面也不行，其中最关键的是领导层的领导力。但是其他的也必不可少，技术、装备、员工队伍、销售网络等。领导力是第一位的，如果领导不行，什么都做不起来。刚才您分析得很到位，如果我是国有企业的董事长或总经理，我一离任，新上任的董事长或总经理来到企业的第一大运动就是"去宗化"。这个问题在国有企业是只能意会不能言传的。这个问题说到底还是体制问题。一方面，国有企业的董事长或总经理是管理和经营国有资产的出资代言人，积极性和责任心当然不如民营企业强。另一方面，国有企业的领导者有行政级别，是官本位。民营企业创造社会财富，创造就业，创造税收，推动社会进步，实际上其资本已经公益化了。民营企业的资产名义上是个人的，但其中也只有一部分用于企业主个人消费，超过一定的份额之后，企业主是消费不了的。因此，我们的思想还要更加解放一点，一方面把国有企业去行政化，另一方面进一步加大对民营企业的支持力度。我个人的观点是，无论国有企业还是民营企业，上市与不上市并不是很重要，重要的是要推行全员持股。员工拥有股份之后，在企业里既是劳动者，也是资产所有者，也是主人之一，因此员工的积极性与责任心就会更强。

# 如何解决发展与公正

程冠军：中国特色社会主义关键是发展与公正。发展是硬道理，没有发展不行，那么发展到一定阶段之后，我们就要寻求社会的公平、正义，走科学发展之路。您怎么理解在发展过程中的发展与公正问题？

宗庆后：发展与公正不仅仅是二次分配问题，首先要解决好一次分配的问题。一次分配，政府收得太多，企业盈利很困难，如果再给员工增加工资就亏了，亏本就关门，企业关门之后就业成问题了。所以我提出要大力发展实体经济。因为实体经济创造财富，虚拟经济不创造财富，只分配财富，这样社会可能就要出问题了。虚拟经济像欧洲的高福利、高税收，没人干工作，都在享受财富，没人创造财富，吃光了以后怎么办？美国主要是虚拟经济，是把人家的财富挪到自己这里来，把人家的财富挪完了以后自己也成问题了，所以出现了金融危机。我觉得最近中央提出来要鼓励发展实体经济很正确。回顾一下中国35年改革开放，我们成功的原因是什么？我认为，改革之所以取得成功，就是"让利、放权、开放"六个字。现在如果再用好这六个字，我们的经济马上就会复苏。让利有两层含义，第一是给老百姓让利，第二是给外资让利，让他们享受国民待遇。以前我们主张多出口、多引进外资，但如果只出口不进口，等于人家给你打白条，尽管给了你一个美元的数字，但是我们却没有拿到真正的财富。最后人家把货币一贬值，我们甚至就等于把财富白白送给人家了。与其这样，还不如扩大分配给老百姓，因为我们并不是全部供大于求，而是老百姓没有钱消费，现在老百姓收入较低，所以要让利给老百姓。第二是放权，现在政府集中了很多的审批权，这种审批权，中央要放权给地方，地方也要放权给企业。审批权实际上是腐败的源头。如果放开审批权，不但解决了企业的负担，还可以从源头上遏制腐败。第三是开放，以前我们强调对外开放，现在我们要强调对内开放。最关键的是要把两个"三十六条"贯彻好。近几年，政府大量投资，央企大量投资，民营企业的投资出路却给堵死了。现在民间资本比较庞大，一旦把路都堵死，民间资本就会搞投机，搞炒作，如炒绿豆、炒辣椒、炒大蒜，炒房地产。这样既不利于民营经济的发展，也不利于整个国民经济的健康发展。

我们以前靠出口投资拉动经济增长，现在要转型为扩大分配，拉动内需，实现三驾马车同步增长。我们公司一直以来都比较注意分配问题。员工收入比较高，让员工充分享受企业发展的成果。已经说了，我们是全员持股，员工非但是员工，而且也是主人，是娃哈哈的老板之一，所以员工对企业比较忠诚，尽心尽力把企业当成自己的事业。所以，我们的企业一直保持连续增长。现在提出转型升级，我认为首先要转这个型；升级，要实现从传统产业升级到新兴产业。在这方面，我们实际上早就这么做了。我们以最先进的设备，最先进的技术追求差异化的发展。如果大家都是同一种饮料，最后会导致低价竞争。我们坚持做别人没有的产品，如果你有的产品，我们会比你做得更好，所以我们一直能持续健康地发展。

**相关链接：**

娃哈哈，创建于1987年，创始人宗庆后从踩着三轮车代销棒冰、汽水和文具开始了艰苦的创业历程，现已发展成为一家集产品研发、生产、销售于一体的大型食品饮料企业集团，为中国最大的饮料生产企业，产量位居世界前列。在中国29个省市自治区建有70多家生产基地、170家子公司，拥有员工近3万名、总资产320亿元。

公司产品涉及含乳饮料、瓶装水、碳酸饮料、茶饮料、果汁饮料、罐头食品、医药保健品、休闲食品、婴儿奶粉、童装等十大类 150 多个品种，其中瓶装水、含乳饮料、八宝粥罐头多年来产销量一直位居全国第一，是目前中国规模最大、最有发展潜力的饮料企业。至今公司现金充沛，没有一分钱银行贷款。

# 对话宗庆后2：浙商升级之变

**精彩语录**

　　浙江经济主要是县域经济、块状经济、小狗经济。如，一个农民从做领带开始发家，把领带做成功了，带动周边的农民全做带领了，然后迅猛发展，做成全世界量最大的了。一家做纽扣，带动一个地方全都做纽扣；做打火机，全做打火机了。虽然是世界最大了，但都是单家独户，因此升级换代就有困难了。现在浙商产品出口量也比较大，但这种单家独户的小商品生产模式，很难实现转型升级。为此，我也向省里提了建议，现在到了大企业去瓜分市场的时代了，中国的企业想在国际上有竞争力，必须开展专业化协作。

——宗庆后

## 浙商要把目光放得更远

**程冠军**：浙商的发展有一个过程，从胡雪岩到包玉刚、邵逸夫等，然后到改革开放初期的个体户温州的"八大王"，再到现在的新一代浙商，您感觉浙商一路走来有什么变化？

宗庆后：浙商这个群体虽然在全国乃至全世界都有名气，但我觉得现在还比不上当年的晋商。明清和民国时期的商人，主要是靠丝绸、茶叶和食盐发家的，但最终只有晋商走上了资本运作之路。今天浙商还远远没有达到当年晋商的境界，因为目前大部分浙商还只是停留在实业上。前一个时期，浙江特别是温州出现了一些以资本炒作为目的的企业，这些企业已大部分都失败了，因为它纯粹是一种投机。国民党时期的浙商是江浙财阀，江浙财阀是从买卖阶层起家的，现在的浙商是穷则思变发展起来的。我总的感觉，当前一些浙商的目光还不够远大，就拿具有代表性的温州与福建晋江相比较，这两个地方在起步的时候都有假冒伪劣现象，但是晋江这几年品牌意识却走在了前面。我感觉，目前温州的品牌好像

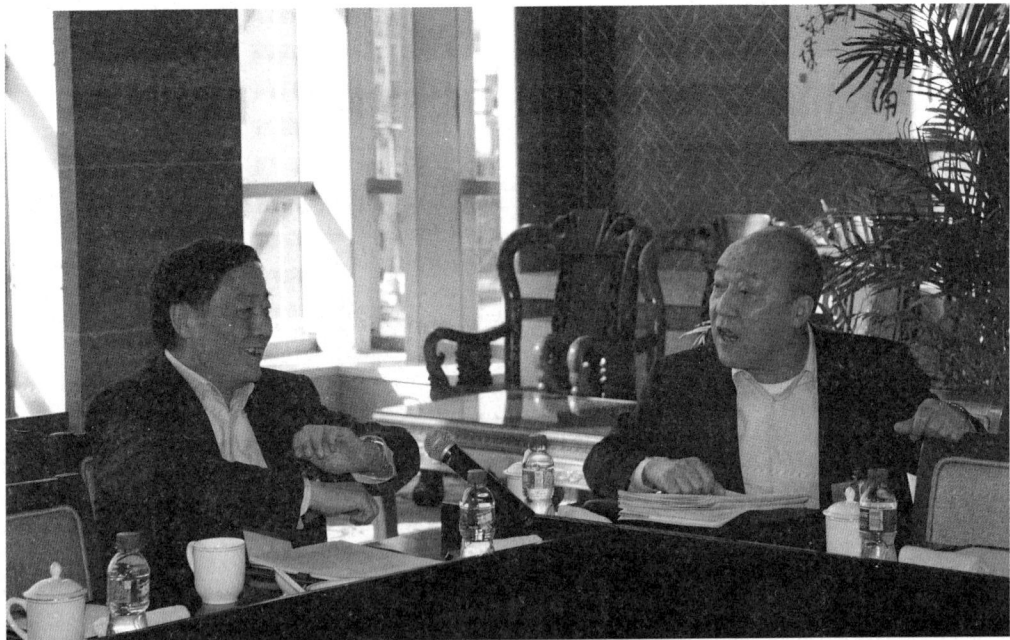

▲ 宗庆后与鲁冠球切磋商道

还没有晋江的品牌知名度高，因为温州只有少数人在做品牌。晋江，一个县级市却能够拥有众多的中国驰名商标。为什么起家是一样的，结果人家反而更快？这个问题值得我们浙商反思。

## 必须改变小商品生产模式

**程冠军：** 转型升级成为当下的一个关键词，浙商是在改革开放 30 年后才发展、壮大起来的，您认为浙商的转型升级如何？

**宗庆后：** 浙江经济主要是县域经济、块状经济、小狗经济。如，一个农民从做领带开始发家，把领带做成功了，带动周边的农民全做带领了，然后迅猛发展，做成全世界量最大的了。一家做纽扣，带动一个地方全都做纽扣；做打火机，全做打火机了。虽然是世界最大了，但都是单家独户，因此升级换代就有困难了。现在浙商产品出口量也比较大，但这种单家独户的小商品生产模式，很难实现转型升级。为此，我也向省里提了建议，现在到了大企业去瓜分市场的时代了，中国的企业想在国际上有竞争力，必须开展专业化协作。

**程冠军：** 您认为专业化协作具体应该怎么操作呢？

**宗庆后：** 一些小企业要转型就很困难，因为它没有实力。像五谷道场，做了一个非油炸的方便面，花了 5 亿元广告费，市场没能做开就死掉了。如果我做的话，5 亿元广告损失了不可能伤筋动骨，5 亿元可能还嫌少了一点。现在市场投资的风险比较大，所以只有大企业才能做这种事情。像欧美国家，他们的大企业也不多，但是他们的办法是很多中小企业与大企业搞专业化协作，这一点特别是意大利的做酒业比较突出。我们是在购买意大利设备的时候了解到这个情况的，众多的设备厂家分工协作，一个设计，一个制造，一个组装，核心部件和关键技术由大企业自己做，其他的全部分给小企业做。这样，小企业专业性服务，专做一个部件就会做得很精，做得很好。这样，大企业不累，小企业的风险也减小了。专业化协作有几个关键环节，首先要看龙头企业有没有实力，龙头企业能不能平等、互利地对待中小企业。关于专业化分工协作模式，娃哈哈已经做出了探索，在实践中还是这种方式比较好，因为小企业会主动依附大企业。像包装产业、运输业，会来依附我，供应原材料的一些企业，也会依附我。关键是我信誉比较好，不拖欠货款。只要保证质量，我都不会毁约，会保持长期合作，也得到了持续发展。

程冠军：浙商精神是中国企业家精神的代表，您怎么看浙商精神？您认为中国的企业家精神应该是什么？

宗庆后：浙商精神按照传统的说法是四千精神，除此之外，浙商艰苦奋斗的精神比较强，浙商赚了钱之后还会不断努力，不去挥霍浪费。这是浙商比较优秀的地方。另外，浙商比较讲信誉，承诺的会真正去办，不会说了办却屁股拍拍走人。晋商曾经辉煌过，后来为什么没落了呢？总的感觉是，山西资源比较丰富，人却相对比较保守。当然，还有其历史的原因。因此，在改革开放和市场经济过程中就会失去很多机会。我认为中国的企业家精神主要应该是创新精神。因为中华民族是世界上最聪明的民族之一，应该把我们的创新精神发挥得更好。

程冠军：改革开放发展到今天，中国的经济已经取得了迅猛发展。最近一些关于改革的争论，有些是针对国有企业，也有针对民营企业的。对此，您怎么看？

宗庆后：1991年我兼并杭州罐头厂，那时社会上对我的争议很大，当时有舆论说我挖国有经济的墙角。当时正赶上《解放日报》的副总编辑周瑞金以"黄甫平"的笔名发表了一系列支持改革的文章，第二年小平同志南巡视察。兼并罐头厂之后，我的企业规模扩大了，我本人也成了"县团级"，我的企业出现了一个质的飞跃。

改革开放 30 多年，中国老百姓的生活水平大大提高了，过去我们饭都吃不饱，现在每个家庭的生活都得到了极大的改善，衣食住行都有了翻天覆地的变化。但为什么中国人的幸福感还比较差呢，个中原因是多方面的，但有一个问题值得我们注意。近年来，媒体宣传也有一点问题，引发了社会上一些人的仇富仇官心理。当然，不好的官有，不好的商人也有，但大部分还是好的。试想，如果仇富以后富人都害怕了，不敢发展了，没人投资了，就业问题怎么解决？社会财富怎么增长？自党的十一届三中全会之后，我们把社会积极性调动起来了，特别是邓小平提出的"三个有利于"，推动着中国的改革一直发展到今天，民营经济取得了长足发展。民营经济的发展和繁荣，给国家贡献税收，解决了社会就业，这也是对社会的回报。现在，民营企业到了更大程度回报社会的时候，如果一棒子打下去，没有了积极性，或者跑掉了，又怎么回报社会？因此，中国的改革还要进一步解放思想。老百姓是最现实的，生活水平提高了，就认为是好的。党委政府也应该是这个概念，国家稳定了，繁荣富强了，老百姓安居乐业就是好的。改革的目标和方向就是国家繁荣富强，老百姓安居乐业，生活水平不断提高。

程冠军：据了解，娃哈哈至今没有进入金融领域和资本运营，为什么？另外，您怎么看企业的负债经营？

宗庆后：我一直没有进入金融领域和资本运营。在 2011 年的全国两会上，我提了一个建议，要发展民营的银行，并提出可以在我这里搞试点。因为要真正解决中小企业贷款难问题，发展民营银行可能是最有效的途径。我现在没有贷款，企业有大量资金沉淀。但在发展上，却没有停止或减速，每年投资十几亿元或几十亿元。我认为，企业不一定要负债。当然，大部分企业可能钱不够，要负债经营。如果不负债能够正常经营，岂不更好？负债是在没有办法的情况下的不得己而为之。

程冠军：在您的企业里，有没有对员工进行职业生涯规划？员工培训是不是经常性的？

宗庆后：员工的职业生涯由员工自己规划。企业的责任是把通道给员工做好。这就好似封建时期的科举制度，实际上是给知识分子修的一个通道。只要有了这个通道，古代的知识分子就不会造反。如果你把这个通道全堵死了，他就要造反。如清代的洪秀全，他考秀才一直没考出来，想干事业，但他永远干不了，没希望了，就造反了。对于员工的管理也是如此，要让员工有希望，有机会。另外，我们对员工培训常抓不懈，政治部就主要抓思想工作和业余文化生活。我们人力资源部专门管这一块，平时在培训，淡季的时候更是集中培训。培训方式也多种多样，有视频培训，资料培训，分类培训等。通过不断的学习培训，提升员工的素质，使员工既得到实惠，又看到希望，同时也在不断地进步。

## 女儿接班顺其自然

程冠军：关于民营企业接班人的问题，您是怎么考虑的？

宗庆后：我认为民营企业的二代不一定都会接班。因为第一代都是小打小闹慢慢发展起来的，所以在创业初期就参与进去了，但第一代文化层次不高，开始本身也没有什么想法。第一代企业家有以下几种构成：第一，大部分来自农村；第二，机关干部下海；第三，有些是海归。他们的出身不同，创业也不同，像我们这批是做小生意慢慢地积累起来的，海归是从纳斯达克募集资金起家，都算是白手起家。第二代都是有文化的，而且很多又有国外留学经历，由于受教育的背景不同，想法和思路跟我们也不一样，会有新的想法，新的思路，可能会开创自己新的事业。这样，也许并不愿意接班。当然还是有很多第二代可能会接班的。我的经销商很多就是二代接班的。因为现在二代到外面打工赚的钱肯定没有接班赚的多，接班可以一年赚几百万元，打工肯定赚不到几百万元。现在创业肯定也没有过去创业容易。现在市场竞争更激烈了，必须创造新的模式。目前，第三产业创业还稍好一些，因为资本比较小，进入第二产业就比较难。所以，第二代接班不接班，有人把它看成很大的问题，其实也不是太大的问题。如果第二代不行，或不愿意接班，管理层的也可以接班。企业是优胜劣汰，大浪淘沙，一批起来，一批倒下去，这很正常。

程冠军：您是否决定让女儿宗馥莉执掌娃哈哈帅印？

宗庆后：现在人的生活水平提高了，人越来越长寿了，我的身体也非常好，所以还有很长的时间可以观察。我今年68岁，与柳传志先生同岁，鲁冠球先生比我大几个月。在我的企业里，我放手让我的女儿独立去做一块而不去管她。她一般也不会什么事情都来问我，碰到问题和困难的时候会来找我，但我也不让她给我汇报，先让她碰碰壁，锻炼锻炼，慢慢地会成长起来。娃哈哈的国际市场我们还没有去开发，现在应该开始逐步走向世界了。我女儿的兴趣恰恰是开发国际市场，我就放手让她去做，将来她若把这一块做好了，就会带来娃哈哈的国际化。因为她本身也在国外受的教育，精通英语，而我不懂英语，有外事必须带个翻译才行。在这方面，年轻人有得天独厚的优势。我就这么一个女儿，接班是顺其自然的。对于第二代，一般来说股权肯定是由他们继承，至于管理上是不是一定要他们接班，我觉得也不一定，可能管理层会做得比她更好。

# 企业家要懂政治

程冠军：胡庆余堂的胡雪岩是浙商早期的一位代表人物，您是新时期的著名浙商，您又怎么评价胡雪岩呢？

宗庆后：应该说是官商勾结造就了胡雪岩，也是官商勾结毁掉了胡雪岩。胡雪岩靠着左宗棠起家，又由于李鸿章与左宗棠的政治斗争造成了他的失败。应该说，胡雪岩在生意上是一把讲信誉、会经营的好手，而且跟洋商人的斗争也是值得称道的。主要是李鸿章的手下给他做了小动作，让他募集不到资金，实际上等于帮助洋商打败了他。一言以蔽之，政治斗争毁掉了胡雪岩。所以，搞企业要爱国、爱党，合法经营，照章纳税，但不要参与政治。

企业家首先懂政治，但不能参与政治，搞企业就是搞企业，又想赚钱又想当官肯定是不行的。企业家可以参政议政，但不能参与政治。当政治家、当官就不能赚钱，做企业家就不能当官。企业家与官员这两者是不能交叉的。但是，我们的哲学也是政治经济学，不懂政治，经济也搞不好。不知道党和国家的政策，就不知道整个国家发展的方向，就无法发展企业。我做了12年的全国人大代表，我的全国人大代表身份是群众选举的，因此我不是我自己企业的代表，而是老百姓的代表。因此，我在参加全国两会的时候就积极地把老百姓的一些想法、呼声反映上来；同时，我还注重发挥自己在经济界的作用，把自己对经济发展趋势的分析判断，以建议的形式提交两会，为党和国家提供决策和参考依据。我每年都会提交很多议案和建议。

# 为什么进军白酒

程冠军：娃哈哈为什么在白酒业市场低迷的时候地进军白酒市场？针对目前中央出台"八项规定"反"四风"，开展党的群众路线教育实践活动的情况，您怎么看白酒市场的前景？娃哈哈进军白酒领域之后的成果如何？

宗庆后：一个时期以来，白酒业的发展不正常，一些酒卖的太贵了。现在中央限制公款消费，所以高档白酒卖不动了，但是老百姓消费者的量还是在增长，所以我们要制造老百姓喝得起的好酒。因此，我们要转变一下消费观念。

我进军白酒业，选择茅台镇做酱香型白酒，第一是出于扶贫的考虑；第二是茅台镇具有得天独厚和独一无二的资源优势；第三，我认为酒文化在中国历经了几千年，不可能一下子消失。去年底娃哈哈集团宣布正式进军白酒领域，投资整合了茅台镇酱香型酒厂资源，目标是做继茅台之后第二个全国性的酱香型品牌。这款白酒取名为"领酱国酒"。目前已经投入了两个多亿，投资还在继续。今年春节前已经实现销售一个多亿。

我最大的秘诀就是在发展当中一直没有超越自己的能力。从未止步，也从未超越自己的能力。也可以说，我时刻保持清醒的头脑。现在有一个这样的问题，好多的企业家，不管是民营企业还是国有企业，他在一个企业长期居于高位之后，几年、几十年之后，他就会高度地膨胀，这样他就会对这个企业开始失察，然后这个企业就会出问题。原因就是他不冷静了，超越了自己的能力。

——鲁冠球

# 对话鲁冠球：解读常青树之谜

**程冠军：**今天的话题主要想向您请教关于民营企业的转型升级和企业文化建设，您是中国民营企业的常青树，请您先谈谈对转型升级的认识。

**鲁冠球：**转型升级不是个很简单的事情，它就像学生的年龄和学龄一样，年龄要一直慢慢地往上长，读书学习也是一年一年地往上进步，循序渐进。企业也同样如此，是一个逐步提高的过程，不能说升级就升级。企业生存的权利就是如何适应市场的需求，谁适应了市场谁就有生存的能力，也有了生存的权利。你要生存，势必就要按照市场的需求去做，去适应它。现在我们讲调整、讲淘汰，但有一点要搞清楚，资源是国家的，不是地方的，因此，在转变经济发展方式时要引进、消化、再创新。要在实践过程当中逐步积累，逐步提高。调整是要尊重规律的，任何事物都有规律，不要等到你有损失了才调整，淘汰其实就是一种浪费。为什么一定要淘汰？淘汰是破坏性的，浪费资源。我们要渐进渐变，逐步调整，最好不要搞破坏性的东西。

有的领导问我，你是不是今年可以超 1000 个亿？我说这么许多年了，我每年增长 25.89%, 奋斗 10 年添个 "0"。但我认为，企业重要的不是发展速度，而是发展质量，更重要的是效益是增加附加值。今年我挣个 100 个亿够了，关键是怎么样去搞节约，节约生产，提高附加值。这就是要用先进的技术，先进的管理，把成本降下去。现在国家搞节能减排，提得很好。节约是一种美德。整个世界、整个地球资源只有这么多，需求却越来越大，到处都在搞开发，开发就会有污染、有浪费。由于污染，我们会经常受到酸雨的危害，这不能不让我们感到震惊。只有浪费少了，排污少了，我们的空气条件才会变好。节约当然还要有开源，重要的是开源节流。

程冠军：万向这些年来是不是建立了预防危机的一种机制呢？万向所推行的是一种什么样的文化？

鲁冠球：不需要什么预防危机，主要是我们要看到未来，预防就是要调查市场需求，你了解了市场就是创造市场，了解的过程也就是适应的过程，然后再在适应的基础上去创新。说到文化，我认为任何事物都有思想，包括动物它也是有思想的，你不要看它是动物。比如，窗户外面的这只鸟，我早上看到，晚上也看到，为什么这个鸟它这么飞？为什么它会上下翻飞，会俯冲？原来它有它自己的思想，有自己的规律，后来我发现，除了它之外还有一只领头的鸟在飞。鸟都是这样，人怎么可以没有思想和文化呢？思想就是文化，人如果没有思想连动物都不如。在家庭当中一个孩子你怎么样教育他，一个企业怎么把员工凝聚在一起，一定有一种文化。现在，我们中国已经走向世界，中国有多少民族，就有多少文化，你怎么样给它融合在一起，那就要一种思想，一种文化去融合它。你体谅我，我体谅你，我为你服务，你为我服务，我满足你的需要，你满足我的需要。我怎么样帮助你，你怎么样帮助我，我在你身上学到你优秀的东西，你在我身上学到你需要的东西，那么这样大家相互之间就融合了。人与人之间的矛盾就是一种文化的隔阂所造成的，换句话说，矛盾的产生主要是文化的隔阂。人与人之间就是一种文化的隔阂，人与人不统一了，就产生了矛盾，人与人之间如果文化融合了，社会就和谐了。

**程冠军**：记得李铁映同志说过这么一句话，说做企业的这个企业家要学会看三重天象：一是看国际的，二是看国内的，第三是看地方政府的，你怎么看这个问题？这是不是说企业家要讲政治？

**鲁冠球**：企业家的视野决定这个企业的发展范围和发展方向。现在我们就好比站在月球上看地球。我们搞企业的是生产商品的，你看得多远，你的产品就能提供多远，你看到世界的需求了，你生产的产品就能够适应世界的需求。因此，我们要具有全球视野。也正因为如此，万向才能办成美国公司、办成跨国公司。有人说企业家与政治要有一个黄金的距离，我认为不是距离的问题，人总要有一种思想，如果你的思想升华到是为了给人类做贡献，这就是政治。能够为人类做更大的贡献就是企业家最大的政治。

应当看到，在共产党的领导下，中国的政治和经济环境越来越好。我是三届全国人大代表。一年一年我在看文件，每个报告当中，不管政府工作报告，法院、检察院，我们搞企业的，原来对电力部门、对税务部门、对公安部门、对工商部门意见都很大。现在法院、公安、电力部门、工商、税务都真的好了很多。我是从15年前一路看过来、听下来的，实践过来，我感觉如今工人、农民地位越来越高，企业的地位也在不断地提高。党的宗旨是全心全意为人民服务，各级政府、各级部门都是为企业、为农民服务。过去，税务、工商部门来找我们，我们都怕，但现在不怕了，不怕有一个前提，首先自己遵纪守法、照章纳税，这样，他们来了我们就不怕了。如果自己要偷税漏税，他们来了肯定怕。一句谚语说得好："白天不做亏心事，半夜敲门不吃惊。"遵纪守法了，就理直气壮，税务来了也就不怕了。另外，第二个原因是现在的各级政府部门的确都在改变，增强了服务意识，税务不但收税，他们还为企业搞服务，培养税源，增加税源。这一点，让企业很欣慰。

程冠军：海尔的张瑞敏说，日本的企业家精神是团队精神，欧美的企业家精神是创新精神，中国的企业家则缺乏自己的精神，你对中国的企业家精神怎么看待？

鲁冠球：我认为无论什么样的企业家精神，你一定要想办法为人类负责，这就是正经的企业家精神。搞企业一定要做一个正经的企业，你是搞产品的，你的产品要对人类负责，不能搞假冒，不能破坏资源，要生产符合市场需要的商品。对人类负责首先要对社会负责，对员工负责，对资源负责，对环境负责，不能做有害的事，这样你才能为人类做出贡献，也只有这样你才是正经的公司。企业从

🔺 作者与鲁冠球第二次握手

一开始你就要这么做，因为大是由小开始的，只要你小的时候一点一点做好了，就会逐步做大，大了也会做好，因为大是小的积累。小的做不好也就永远做不大。小孩在幼小的时候生父母就教育小孩怎么走路，怎么吃饭，怎么学习，怎么待人接物，再逐步大了，就要教育他学习知识，为人类去创造。进入社会以后，就开始教育他学会共同再融合，互相再学习，进入社会就要求他学会独立思考。人一定要有独立思考的能力。我在北京开会期间，住在宾馆里，每天看到一只鸟在我的窗前飞，我这几天天天在观察它，看它是怎么飞的。我为什么会这样做？我的目的是学习和思考。我们要有学习精神，我每天要学很多很多资料，所以为什么万向42年高速成长？一句话：学习思考，与时俱进。

程冠军：您是一个有爱心的人，听说您的家教也非常好，您的儿子鲁伟鼎不但成功接班，您的女儿也非常优秀，并且十分孝顺。中国古代有个《朱子治家格言》，您是不是也有一套"治家理论"呢？

鲁冠球：我的儿子执掌万向集团，我的女儿在北京工作，他们既有各自的事业，也都很有爱心，非常孝顺。我参加全国两会15年了，我每次来开会女儿都抽出时间来陪我一起吃饭。关于企业的传承和接班问题，我的儿子鲁伟鼎已经顺利接班。企业的第二代能否接班，还要看他的素质，他能够把这个企业搞好，何乐而不为？为什么有的第二代接班失败了，主要是能力和素质问题，一切都要在实践中检验。

关于家教，我没有什么治家格言。我只教子女要有做好事的能力，不要去做坏事。一个人思想首先要好。这个思想，是为人类做贡献，是最高的政治目标，也是企业的最高目标。为人类做贡献首先为社会做贡献，为社会做贡献你就把企业办好，把产品质量搞好，不要坑蒙拐骗，不要污染环境，这样整个指导思想明确了。同时，我教育子女爱国、爱党，我的经历告诉我，只有共产党，能解放全中国，当然，共产党这么大的一个政党，永远不犯错误也是不可能和不现实的，我们发生过"文化大革命"的错误，但是，通过拨乱反正，我们纠正了错误，实行了以经济建设为中心的改革开放政策，才使得我们的国家取得了如此辉煌的成就。究其原因，关键是我们的党建立了一个良好的纠错机制。一个国家总要有一个政党，现在看，有水源的地方就有共产党，我们现在有 7800 万共产党员，共产党带领我们解决了 13 亿人的吃饭问题，试问哪一个党能够把中国治理得这么好？哪一个国家能够把这么多民族统一起来？我要搞企业，就是要有一个安定的环境，共产党使我们的国家安定繁荣和谐，所以我们做企业的才可以安居乐业。

程冠军：谈到党的建设问题，有的民营企业非常重视党的工作，有的则不十分重视，您怎么看待党组织在民营企业的作用？

鲁冠球：万向有 3 万多员工，1700 多党员。我们有党委、党总支、党支部。我是集团的董事局主席兼党委书记。这就好比居家过生活，一户人家总要有一个当家人，这么大的一个企业，一个组织，怎么可以没有党组织？党带领我们走向了改革开放之路，所以我就是要跟中国共产党走。我每年的 7 月 1 日就要发表讲话。在万向，干部要在党员当中提拔，在优秀人员当中培养党员，在党员当中提拔干部，不是党员不能当干部。我的一把手都是党员。在企业里，我们是充分发挥党员的先锋模范作用，自我是党员以后，几十年来始终如一。

程冠军：您在万向推行了一种什么样的管理模式呢？是西方的管理，还是中国的管理，还是您自己发明了一种管理呢？那么当今世界上，您比较看好的企业家是谁呀？

鲁冠球：什么管理，这个讲不清楚。中国有中国的特色，我的企业有我的企业的特色，我采取的是"大集团战略、小核算体系"，"各人头上一方天，人人都当一把手"。这个理念是我在实践当中逐步推行并逐步提高的。我也研究过西方和日本的管理模式，我也很佩服日本的稻盛和夫等。我的做法是"古为今用，洋为中用，博采众长，自成一体"。世界每天都在变化，哪一个模式都各有长处。企业的法则是适者生存，比较起来我还是最喜欢自己的，我有这个自信。谁能生存下来，谁就是好的。什么好与不好，能生存就好，企业如此，政党也如此。哪个政党好？能够带来社会安定、社会繁荣，让人民幸福，这个政党就好。我认为，共产党带领我们走改革开放之路，这条路走对了，中国的改革下一步还会逐步升华。是不是好的改革要看发展，是不是发展要看生产力，生产力发展了，改革就成功了。邓小平同志提出"三个有利于"嘛！要看它是不是符合"三个有利于"？什么标准？人民满意的标准，生活水平提高就是标准，社会安定就是标准。人民不安定，制造和造成战争，人民的生命都没了保障，不管怎么好的制度都是不好的。

程冠军：现在理论界和企业界对国有企业和民营企业的发展都十分关注，也存在许多不同的观点，有的说要国进民退，有的说要民进国退，包括国有企业占据垄断行业，民营企业日子不好过等一些看法，您怎么看这些问题？

鲁冠球：我认为不要怨天尤人，不要消极悲观，自己的路自己走。这两年浙江企业也在走出去，搏击国际市场，现在万向集团的国际市场非常好。因此，企业的国际化要看你这个企业发展到什么程度，你有什么力量做什么事，你自己有什么力量，你自己有多大的理想。有多大的实力，做多大的事，不要超越自己的承受能力。要量力而行，看菜下饭。事实上，民营经济从1949年共产党解放全中国之后就没有消失过。即使在"文化大革命"那个最激烈的年代，我们萧山、绍兴照样也有民营企业存在，就像国外的唐人街一样艰难生存过来。民营企业有存在的机会，有它旺盛的生命力。

中央改革开放的方向是在十一届三中全会中已经定下来了，在实践中不断深化。当时推出农村承包责任制，为什么由农村的乡镇企业来第一个吃螃蟹做个体经济？因为即使失败了，成本也很小，对国家损失很小。我们就是试验田，成功了就向城市里推，就向国有企业推，失败了就到此为止。我反对两种倾向：一种是看人家做得好，就说"别人能做，我为什么不能做"，却不检查自己的问题；第二种，就是怪这个政策不行，那个政策不行。我想大家应该静下心来，想一想你究竟有多大的能量来做？现在做事情的人的能力是不是比你强，人家强就只有给人家做，你只能提高、提高、再提高。

我们要求国家要理解我们，我们也要理解国家。政府的角色就是负责管辖范围之内的稳定与和谐，谁对繁荣经济有利、谁对稳定有利，肯定就支持谁。政府分配资源的功能再过一万年也是这样的，资源一定是要有一个人来分配的。政府始终是一个主宰。这个变不了的。

程冠军：有人说企业的转型升级首先要是文化的升级，您是不是有这个体会？

鲁冠球：不能这样说，确切些应该说首先是思想上的升级。思想升级，然后是树高千丈，落叶归根，脚踏实地，按规律办事。首先思想要有高度，然后不管怎么高，你还要立足实际，离开实际什么都是空想，都是妄想。我们还拿刚才窗外的这只鸟来比喻，我在房间休息的时候总是在看这只鸟，对窗外这只小鸟观察了好几天，才发现它的飞行和生活规律。因此，观察自然中的一些事物，从自然界中的现象，我们可以找到事物的规律。经济有经济的规律，做人有做人的规律，自然有自然的规律，什么东西不能逆规律而行。逆规律而行一定要受到惩罚的。你如果乱砍滥伐，那你就破坏了自然生态。因此我们要居安思危，我们今天为什么提出了要科学发展、绿色发展，人与自然和谐相处，就这个道理。

程冠军：您感觉使万向保持基业常青的最大的秘诀是什么？

鲁冠球：最大的秘诀就是我在发展当中一直没有超越自己的能力。从未止步，也从未超越自己的能力。也可以说，我时刻保持清醒的头脑。现在有一个这样的问题，无论是民营企业还是国有企业，企业当家人在一个企业长期居于高位之后，几年、几十年之后，他就会高度地膨胀，这样他就会对这个企业开始失察，然后这个企业就会出问题。原因就是他不冷静了，超越了自己的能力。因此，企业家一定要审视自己，审视自己有多少能力，自己在什么位置上。但事实上，并不是每个人都有这么好的自控能力，那么你没有控制能力就要遭到惩罚。办企业就像办社会，一个社会，不但要有健全的法律，还要有道德的约束，要有道德文化，用道德来弥补法律的不足。在企业就是要建立一种文化，靠文化去融合。现在我们要建立核心价值观，这个问题迫切需要。如今的社会，人心太浮躁了，把过去许多优良的东西丢掉了。改革开放以后，我们把好的东西也引进来了，坏的东西也跟进来了。一个企业家能否时刻保持清醒的头脑，这就要看自己的思想境界和思想觉悟了，有这个觉悟，有这种思想境界的人，就是一个对人类有益的人。

程冠军：管理学界有两个难题，有人强调绝对执行，有的人强调管理者与员工的自由沟通，您感觉这两种观点，哪种对于企业更重要呢？像您这么大的企业，几万员工，您怎么跟他们沟通呢？

鲁冠球：没有什么重要不重要，关键看放在什么地方。执行，你错了也去执行吗？决策有对有错，对的就执行，下级认为不对就不执行。为什么不执行？他可以给我讲道理。如果是对的，绝对要执行。

沟通主要是文化的沟通，就是用文化来沟通。文化就是用一种无形的东西，无形的东西可以变成有形，我们的目标就是：把无形的东西变成有形的，在企业建立一种文化。有形的东西是有限的，无形的文化是无限的，它是无孔不入的。所以我们这么多年来就是致力于建立了一套万向的文化，然后把它深入员工的心中。具体说，你只要处处关心员工。要关心他们，让他们自觉去工作，自己要去工作。只有自己去工作，他们才会做出符合你企业的要求的事，因此，沟通要达到这样子一种水平，一种能力，一种境界。自我管理，无形的嘛，要无为。要用无为的一种方式管理。无为而治，这是老子的思想，老子的东西我们能用好就好了。

**程冠军：**我感觉您自己很注意自己的学习，这些年来你是怎么不断地学习的呢？

**鲁冠球：**我觉得知识都是人类的结晶，我不管什么样的创新，我认为，把过去好的用好就是最大、最好的创新。创新不是凭空创新，离开实际的创新是不行的，一定是在原来的基础上创新。我认为建立学习型组织、学习型政党、学习型党组织、学习型企业这些提法都非常好。人生当中，从生下来一直到生命停止，整个过程都是学习的过程，人生精彩不精彩，关键看你怎么学。人刚生下来的时候都是无知的，人类生下来如果不学习就会永远无知，无知就会做出无耻的事情。因此，我们要活到老，学到老，做到老。我现在天天讲，我有两个不够用，一个感到时间不够用，另一个感到知识不够用。

**相关链接：**

鲁冠球，浙江万向集团董事局主席兼党委书记，改革开放以来中国民营企业家的杰出代表人物。他创造了一个在细分领域里的民族品牌——万向集团。万向集团是国家520户重点企业和国务院120家试点企业集团之一。1985年被《半月谈》评为全国十大新闻人物。万向是第一家上市的乡镇企业，第一家进入国务院试点企业集团的乡镇企业，第一家拥有国家级技术中心的乡镇企业，第一家产品进入美国通用汽车公司配套生产的中国汽车零部件生产商。

　　《华尔街》杂志评价他是一个"国家式的英雄人物"，《福布斯》认为他已成为"汽车零部件领域的全球领袖"，美国《国际商业周刊》说他是"中国最成功，最雄心勃勃的企业家之一"。他就是被誉为企业界的"常青树"和"农民理论家"的万向集团董事局主席——鲁冠球。

　　看了《蜗居》之后，我很感慨，我为什么能拼搏着走到今天，我曾经住过铁皮房子，八个人挤在一起，20个平方的铁皮房。这个经历是我的财富。回想起来我很快乐，因为我觉得这是对我人生的一种历练，让我具备了今天的能力。

——董明珠

# 对话董明珠 1：格力要练好中国功夫

**题记**：有人说董明珠是"格力女皇"，也有人认为她是一位商界"铁娘子"，而在我的眼里她则是一位有着侠骨柔肠的大姐，一位有着家国情怀的女杰。我每见到她从不称呼她"董总"，而是叫她"董姐"，每次谈话，她也从不回避一些尖锐的问题，率真、直爽、敢说敢做、敢于担当。这就是董明珠的性格，也是格力的性格。

——作者

**程冠军**：加快经济发展方式的转变，广东是走在前面的，如广东省委较早提出的"双转移"战略已经取得了明显成效，作为"格力"这么一个名牌企业的"掌门人"，您是如何理解加快转变和"双转移"战略的？

**董明珠**：这两年我们一直在继续努力，我们加大，特别加大了结构调整的投入。"双转移"也好，结构调整也好，都要考虑每个环节要时时处于领先，而且敢于投入。现在，我们的很多企业不愿意投入，大家都想向政府伸手，政府给钱就投入，不给钱就不投入。这样的企业是很危险的，因此大浪淘沙是必然的一个过程。一旦企业失去了创新的能力，再想回头已经来不及了。这时候政府为了救活企业，给它一点资金，最终它也是盘不活的。格力一年投入研发经费20多个亿，别人一听，都说"你们真敢投入，为什么要投入那么多？不值得啊！"作为人大代表，我搞调研时候，有些企业就跟我讲："你们格力喜欢投入，我们不投入，从投入到回报时间太漫长，太久，我们就靠买来别人的技术。"其实，作为格力，不能说这样做不行，但我觉得自己一定要做好，靠买来别人的技术是靠不住的。现在，我用30年作为一个界限，我们可以想到前30年我们是怎么富起来的，前30年，我只要能赚钱就去做，但是后30年不是这个时代，是整个国家强盛的时代，所有的企业家只要你是经营者，你就应该在你的岗位上负起责任，你的经营范围、你的经营行为一定要考虑到和国家高度一致。

程冠军：十年树木，百年树人。企业品牌的树立更是百年大计。刚才您用前30年和后30年的发展做比较，很有意义。现在您对格力的发展方向有没有后30年的一个宏观的战略定位？

董明珠：当然有了，我们现在是中国的名牌，我们的目标要成为世界的名牌。在我这个领域里面，我一定要按50%的市场份额目标去努力，这就是我想要去做的一件事。为了将格力打造成世界名牌，为了实现这个目标，我首先解决人的问题。"双转移"也是首先要解决人的问题，如政府现在积极扶持和发展技能学校，其实这就是在帮我们培训人才，这更是企业本身就应该做的。提高员工的素质，是企业最大的本钱。我认为，员工素质有两个方面的内容，第一个是技能素质，第二个是思想品德素质。我觉得企业也好，学校也好，特别要加强的是思想品德教育。精神文化的领域的这种深层次教育，要大力倡导奉献精神。现在，我讲奉献精神别人老是笑我，说你这是什么时代的话了！但是，我认为奉献在任何时代、任何地域、任何国家，哪怕再发达的国家也是不可缺少的。美国这次的金融危机在某种程度上就是源于诚信和奉献精神的缺失。

程冠军：说到企业的培训学习，我们谈一个关于学习的话题。党的十七届四中全会提出建设马克思主义学习型政党，前不久，中央办公厅发文要求建立学习型党组织，学习型政党、学习型企业、学习型社会已经成为社会主流，格力的企业党组织建设如何？您认为企业党组织在企业里应该发挥什么样的作用？

董明珠：2009 年 12 月 21 日，时隔 15 年，胡锦涛总书记第二次来格力视察工作，在现场，总书记专门跟我们的基层党员和党支部负责人握手聊天，使我们的党员备受鼓舞。见到了总书记我们都很感动，我们那一批人跟总书记握完手，对我讲："哎呀！我今天好幸福呀！"我对他们说："你们赶快用你们的手向那些没有见到总书记、没有握手的员工传递。"听了我的话，这些幸福的人就真的跑着去与其他员工握手，边握手边说："赶紧握我的手，我跟总书记握过手。"我这绝对不是在讲故事。

这支优秀的研发队伍和优秀的人才是怎么来的，我认为靠的就是党组织的凝聚力，靠党员的先锋模范作用所带动的一种精神。我现在强调一定要有这样的精神。看了《蜗居》之后，我很感慨，我为什么能拼搏着走到今天，我曾经住过铁皮房子，八个人挤在一起，20 个平方的铁皮房。这个经历是我的财富。回想起来我很快乐，因为我觉得这是对我人生的一种历练，让我具备了今天的能力。这个经历说明，任何的回报都先要有付出。现在 80 后的孩子刚工作就要解决住房问题，我们也应该能够理解，因为现在的社会改变了，基础好了，不像过去是艰苦年代。不满足不是坏事情，接下来我们还要提高，但不是伸手，而是要创造，所以我认为奉献和创造是永远不能放弃的几个字。

关于学习型组织、学习型企业，我认为学习是长期的，永远的。一个人不学习就要落后，但是学习的方式有很多种，如从实践中学，向先进的企业学，向书本学。我虽然不是党员，但是我一直是按照共产党员的标准来要求我自己的。有一次，我们市委有位领导与我开玩笑说，开党员会，你怎么跑了。我说我不是党员，这位领导说，你怎么不是党员，你比党员做的还要好。所以现在我们年轻人需要学习的就是奉献精神、爱国精神。我认为，坚持科学发展观，在某一个细节上说我们首先要有一种先进的思想。在格力，员工 24 小时加班的大有人在，没有金钱的激励，大家依然无怨无悔，这就是精神。

**程冠军：** 是啊，培育奉献精神、爱国精神正是当务之急，精神的力量是无穷的，它是一个团队永葆青春活力的源泉。当年，共产党的小米加步枪竟然使国民党的 800 万大军一败涂地，靠的就是打不垮的精神。

**董明珠：** 我觉得要大力倡导奉献精神、爱国精神，现在应该在这个世界上，应该在另外一个层面来讲不是一个简单的学习，所以我们很多人读了大学，你问他为什么，他说了以后能找个好工作，为了以后挣更多的钱，为了我父母能够从农村到城市生活，这个太狭隘了。我们学到知识要为了社会做贡献，为了祖国的富强，如果国家不富强，社保，医疗保险都从哪里来？我呼吁我们所有的人，在今天，在已经很富有、生活已经完全改变的条件下，我们不能再简单地追求物质生活的改变，而是要追求一些精神层面的改变。

15 年前，胡锦涛同志就提出来我们中国要走自主创新之路，15 年后他再到我们企业看，我们走自主创新的这种成果实现了。所以，我说我们是 15 年的跨越。最近格力搞了一个寻找 15 年老朋友活动，很多人写信的，发短信的，还有包括传真的过来跟我讲，哎呀你们为什么不搞 14 年呢？我 1996 年买的，就差那么两个月，因为到 12 月 30 日为止，就差两个月，但是不能参加你们这个活动。我们现在又收到一个人的来信更让我感动，1992 年用的到现在 18 年了，他说我现在还在用，他来参加我们这个活动，实际上我只想用这个活动来推动我们整个行业，或者整个工业制造业的企业家的一种意识的转变。

程冠军：格力是先进制造业的代表，作为一个著名品牌，您怎么理解格力的企业责任和社会责任？

董明珠：社会责任比企业责任还要大，应该有社会责任才能谈企业责任，你企业责任就要对社会负责任，所以我觉得社会责任很大，一定是放在首位的，而且你要鼓励你的员工也这样。您如有时间，真的希望去看看我们的企业，我们的员工很可爱，很精神。这种精神来自长期的培养。在我还是当部长的时候，我那个部门的所有人走路是绝对不可以弯腰的。现在，你可以到我们总部去看看，整个全部是军事化的管理，我认为企业管理就要军事化管理。今年，我们又出了一个新招，准备在部队招一些团级以上的转业干部，让他们到我们的企业来，就是要培训员工的集体意识，必须有集体意识，最起码要爱企业，爱这个家才行。我当了 10 年总经理，就把这个文化带到我们企业，在我们企业里面，2000 亩地的地方，范围内找不到一个烟头，没有人敢违反规定和要求。有一个大学生毕业到我这里来说想搞营销，我说你为什么，他说学这个专业，说搞营销赚钱，我说对不起，请走人。但是，我想作为一个负责人，对社会负责任，你就不能把他赶出社会，从其他方面来说他的专业还是很好，所以我把他培养到其他部门，1995 年叫他到工艺部，学有所长，我说你学的专业不是，你发挥你的专长，所以他现在做得很好。他三次自荐当中层干部，我都把他打回去了，实际上我打回去的过程当中我心里矛盾很大，我用这样的方式的目的是激励他们要有承受压力的能力。

程冠军：谈到军事化管理，我有个问题请教。自20世纪以来，管理学界一直有两大难题，一个是军事化管理强调执行力，一个是人性化管理强调自由沟通，这两个是一对矛盾，执行好了，沟通就会出问题，沟通好了，团队自由度高了，执行力又会下降。您是怎么解决执行与沟通的问题？

董明珠：就像大家讲的要搞监督制度，我有一个通道，所有的员工都可以找到我。这个通道有电话、信件和电子信箱，甚至可以亲自到我的办公室。这样，使我可以用不同的方式了解最基层的员工现在在干什么。作为一个领导人，一个企业家，你要全身心地投入，这个企业就是你的。我的一生中离不开这两个字，离不开格力，你这个企业就能做好，你说我没事了这个企业搞得不错去爬爬山，打打高尔夫，我做不到。如果有人问我：董明珠，你会说什么？我可以回答：我什么话不会说，我最带劲的就是讲格力，讲空调，讲其他我没兴趣。这就是我的执着，是我对近5万的员工的责任。所以这次两会，我提交的议案就是企业要与政府共同来承担责任，企业也要给员工盖一部分房，光靠政府盖房来不及，如果我给员工盖了房又不收他钱，最起码十年八年里他可以很安心地工作，他在十年八年付出的过程当中能够得到很好的收入，挣到100万、200万他就有能力可以去买房了。这个房子不能盖成豪华的，是给你的员工解决问题的。领导不能住这个房，领导权力越大，得到的越少，付出的越多。这就是我的总结。

程冠军：在您看来，做领导必须讲奉献，您在格力是如何向员工倡导奉献的？

董明珠：主要靠我自己以身作则。1995年我在格力当部长，官不大，权不小，因为所有买空调的都要找我，只要我调这一批货出去，很多人到旺季想抢货，一个经销商挖空脑筋，找到我哥哥。我哥哥找我说："明珠，我过两天拿货，你给他100万的货，他给我2万元钱。"这个事情不违法，因为厂里是什么价就是什么价，给谁都是一样，那一年那个经销商做了 7000 多万，如果按照这个比例，我哥哥可能得到几十万，或者上百万，家里人好了，满意了，市场也卖了。但是丢失的是一个经销商——你的合作伙伴对你这个企业的信任。所以当时拿了这个电话我就跟我哥讲，你不要来，挂了以后返回来就打了一个电话给那个经销商，我说，我告诉你，现在就停你的货！结果那个经销商问我哥说，她是不是你妹妹，是不是亲妹妹，气的我哥哥写了一封信，说我六亲不认，从此没有姊妹关系。到现在我还把这些东西保留在那里。那个经销商直到写了检讨，我才正常给他发货，就这样他做了 7000 多万。一个小部长，能捞不捞，为什么呢？我个人肯定能捞，但是如果由于我个人行为开了口子，这个经销商会在所有的经销商里面传播："哎呀！到格力要找关系！"这样一来，你就破坏了制度。格力能走到今天，我接手的时候我们那时候才 3 个多亿，我 1995 年当部长，2001 年当总经理，到现在为止，2001 年我们做到 56 个亿，2009 年，我已经做到 490 亿了。而且我们企业从来就是组织建设和廉政建设，别人说政府抓，我们企业专门抓廉政建设，我有纪检办。

**程冠军**：我感觉您是一个雷厉风行和身体力行的人，一个在生活上和事业上都非常强势的人。在您的企业里员工是不是都很怕您？

**董明珠**：你问问我的员工，你问他们怕不怕我。上班时我可以敲他们的脑袋，下了班以后他们就叫我"董姐"。在工作中发威，是因为工作需要，除了工作以外还有什么呢？我觉得这个光环不是给你增加了一个身份的变化，更多的是责任。有时候人家讲我不近人情，所以很多人见到我说："你不是那么凶吗，人家说你走过的路不长草，但是反过来又说了，你说你董明珠这么弄，这么多人为什么愿意跟着你，因为他们觉得很公平，很公正。"我们员工在这里干一辈子，你说我按 5 万元年薪给他，20 年才 100 万，但是我们员工如果遇到重大的困难的时候，家庭遇到灾难的时候，父母重病或自己得了重病的时候，我们可以募捐100多万给他，现在我们自己搞了一个援助基金，不能光靠社会，老是向政府伸手要不行，你自己来做这个嘛！所以我们的援助基金建立以后，我们的员工在这里，最让他安心的不是钱多钱少，而是在这里遇到困难的时候不怕，这些都是领导要去想的呀！

程冠军：大家都知道，您对人才的要求非常特殊，格力有一条铁律，就是离开格力的人不可以再回来。一直以来，这个规定没有被打破过吗？

董明珠：没有，永远不可以回来！你离开格力第一个我不喜欢你，是因为你不符合我格力的文化，你到格力来就想捞，我怎么可能用你呢？你走出去到别的企业才知道，别的企业靠搞关系，或者搞什么，搞那些不规范的，你在格力干了几年也多少改变了，你到那里不适应，后悔了想回来，如果这种人回来，我怎么可以再把这个平台给他呢？我宁愿给更加有思想的人，优秀的人才为什么不给他机会，反而给背叛者机会呢，所以，凡是离开的我都不让他回来。

我们公司曾经炒掉了一个名牌大学的博士后，他虽然是个博士后，来了以后不研究技术，天天专门与供应商勾结，谈好条件你的产品就能进来了，我的质量怎么保证呀！你的文化程度再高，你的思想品德小学生都不如，我怎么能要你呀！所以把他的权力一收，他自然而然就走了。还有一个海归派，来到格力，我们给他重任，当时来的时候我们给他待遇是与我们一样，车也给他配了，房也给了他，工资年薪也是按我们这样，可他还是不满足，所以只用钱来带动是不行的。

程冠军：管理学中有个说法，薪酬并不是唯一能激励员工的灵丹妙药。

董明珠：对，所以很多人讲，你到我这儿来我给你多少多少钱，这就是刚才我解释我们的文化是什么，你虽然是博士后，是海归，但你利用懂得的这些技术和手中的权力，搞上游，搞下游，然后搞生产，货卖出去钱也不回来，上游价格高高的，让企业损失惨重。因此，我只好把你炒掉。

程冠军：你能用最经典的一句话，来解释格力的文化吗？格力曾经请成龙代言是不是出于全局的考虑？

董明珠：格力的文化的精髓就六个字——诚信、责任、挑战。我觉得诚信是摆在首位的，第二个就是责任，第三个就是挑战。我喜欢挑战，不是挑战别人，而是挑战自己，没事要找事做，有事做我才特别开心。企业的后 30 年，我建议国家应该注重教育，注重学习，提高我们的素质，而且我觉得应该在精神层面的一种创新。这个创新更重要，它远远大过物质的创新，精神层面创新了，经济肯定也会上去了。试想，如果我们大家都忘我的工作，有没有房都拼命干，还会不富？不强？关于代言人问题，本来我们从来不用代言人，本来我想自己上去，不行，不具备这个艺术细胞！哈哈！成龙很正面，他代表了中国的功夫，我们需要的不是花拳绣腿，我们需要的是真功夫，某种意义来讲成龙是代表了一种正义。本来我不太喜欢找代言，但是我觉得成龙很有拼搏精神，我觉得跟我们的文化很相似，所以我请他。

程冠军：中国的企业要练中国功夫，走向世界！是不是这个代言与格力下一步的国际计划、国际市场的拓展有很紧密的联系？

董明珠：对呀！中国的企业要练中国功夫，走向世界！聘请成龙代言，与国际市场的拓展没有完全的联系，因为我觉得走向国际市场不是靠一个成龙就把你推向国际市场，靠的是你的实力和产品的先进性。有记者问我，你在国内国外开了多少厂，我不喜欢这样问。现在，我们是国内和国外各开了 3 个厂，开了多少厂，这并不重要，关键看你向国际市场输出了多少。看你的企业是不是良性的、持续的增长。2009 年我们的业绩继续保持增长。我们每年基本上保证 15% 到

30%，不敢讲多，15%到30%的这样一个税收，利润都是保持在这样的一个标准，所以每年定战略第一年的规划一出来，15%的利润，15%的税收是基本点。格力人不会忘记，胡锦涛同志2009年12月21日第二次来格力视察时对我们的殷切期望："格力之所以能够不断地发展壮大，关键是在于有一支实力雄厚的研发队伍，掌握了一批核心关键技术。你们的实践证明，一个企业只有具备比较强的自主创新能力，才能够在市场竞争当中立于不败之地，希望格力的同志们，要聚集更多的优秀人才，不断提高我们的研发水平，为'中国制造'向'中国创造'转变贡献自己的力量。"

# 对话董明珠 2：
# "格力模式"就是走自己的路

🎤 **精彩语录**

起初中国的很多企业都认为日本的技术是最先进的，是我们的标杆，我们好像永远不可能超越他们。企业家对企业的影响力有多大，关键看他（她）能否更多地发挥大家的智慧，也就是说企业家要有较强的领导力。

——董明珠

**程冠军**：转变经济发展方式是当下和今后一个时期必须坚持的发展方式。作为中国空调行业的领头雁，格力近几年是如何做的？

**董明珠**：我们要转变经济发展方式，必须从生活方式、生产方式方面都要进行改变。例如空气污染，每个行业都应重视这个问题。为何北方雾霾天气严重而南方却没有，原因是北方采取的是冬天的老式采暖方式，烧煤是极大的污染源。

落后的供暖方式，也导致资源消耗十分严重。另外，建议对家电产品设定使用年限限定，在使用年限内的责任由企业负责，超出年限后由消费者负责。这样对拉动内需和使用安全都有好处。

我认为格力最成功的就是我们布局比较早，其次是我们的自主意识比较强。例如对技术创新、管理模式的创新等，我们不是简单模仿别人，单纯引进先进经验，更多的是自主创新。格力现在研制的"双极压缩机"能实现供暖要求，减少空气污染，节约能源。目前，我们这个产品已经出口德国。格力电器主张，在进行小环境生活改善的同时，更应该注重整个大环境的保护，这样的技术创新才有益于人类。

程冠军：您认为在企业创新中人才是第一位的，那么一直以来格力是如何培养人才的？

董明珠：企业发展不只是自身利润的增长，更重要的是人才的培养。只有解决了人才问题，才能保证企业的可持续发展，没有人才，其他都是空谈。培养人才我们有多种方式：第一要有资金的投入；第二要为人才提供良好的平台；第三是强化员工的学习和培训；第四，要营造积极向上、公开透明的人才成长文化。以上四点可以让员工感觉到，只要自己积极努力就能被企业和社会所认可，个人价值就能够充分展现出来。这里需要说明，我们说人才重要，并不是指某一个人非常重要，而是指一批人，一个团队。

有人问我，格力有8万员工，我们怎么实现与员工的沟通。我认为，与员工的沟通的方式有很多种，比如交流、讨论、会务、专职培训。无论哪种方式，重要的是让员工发挥自己的创造力。我们设立了企业管理部，可以随时随地反映问题。方法很多，投信、寄信、写信，一级一级地反映等。如果一个员工向领导反映问题没有解决，结果会对分管干部的业绩考核影响很严重。13年前，我一天最

⬥董明珠接受作者采访

多收到 700 多封投诉信，现在一星期都收不到一封，反而大多都是收到员工的建议，这也反映了企业文化的变化。

对于一个企业来说，自己培养人才非常重要。在发展过程中，我们从没有引进什么高端人才，我们的人才都是自己培养的。所谓的高端人才引进，无非就是之前有人给了他机会和平台。这些高端人才在原来的岗位曾经有成绩，但在未来能不能创造出新的东西还是未知。我觉得，当一个人能背叛你的企业，他就也能背叛别的企业，所以格力也从来不留这种人，走了也不让他回来。其次，一个人要走，他肯定有个人的欲望在里面。格力电器有 8 万员工，技术人员 5000 多名。截至目前，我们企业走的人并不多。有人说格力是一所家电行业的黄埔军校，很多企业来我们这里挖人，可是我们并不担心，因为该走的是一定会走，不该走的撵也撵不走。

程冠军：您所在的行业是白色家电产业，改革开放初期日本的白色家电产业慢慢被我国取代，您怎么看中国白色家电的前景？在管理方面，格力有没有借鉴日本企业的管理模式？

董明珠：起初中国的很多企业都认为日本的技术是最先进的，是我们的标杆，我们好像永远不可能超越他们。例如中国空调和冰箱企业的压缩机的来源，要么是与日本合资，要么就是日本生产的。但是在发展过程中，我们逐渐找到了自己的路，现在我们对核心部件完全都是自己掌控。我们现在开发的"双极压缩机"就是一个典型例子，这是在空调行业一百多年历史上没有的技术。这种技术给我们带来了更大的竞争力，给消费者带来了实惠，解决了用空调供暖的难题。用这种压机生产的空调要比变频空调节能 40%，给社会资源带来了更大的节约。因此我们在技术创新方面已经拥有了国际领先的行业技术。

日本企业的管理模式也不是什么灵丹妙药，我们推行的管理是我们自己的"格力模式"。对于一个企业来说，什么样的制度才是最好的管理制度？可控的就是最好的。"格力模式"的特点就是流程更加开放，更加透明，更加具有控制力。"格力模式"的优点，我可以用数据来说明，例如家电行业的利润和税收一般是两到三个点，但是去年我们的利润和税收做到了七到八个点。在员工管理方面，重要的是执行力。在格力，一个指令下达不会发生不到位情况。工作上必须要有强制性、规范的标准，才能打造出好的产品。我们既有严格的管理流程，又有亲情的沟通。

程冠军：作为知名企业家，您怎么看待企业家对一个企业的影响力？中国的企业如何培育企业家精神？作为一个企业家，要不要讲政治？您认为应该怎么处理与政府的关系？

董明珠：企业家对企业的影响力有多大，关键看他(她)能否更多地发挥大家的智慧，也就是说企业家要有较强的领导力。领导力主要有三个方面：一是决策要民主，二是判断力要好，三要带好团队。不能因为你自己是领导就可以武断和拍脑袋。这几年，我们一直都在讲企业一定要走自主创新的道路。我觉得，一个企业家追求的梦想就是你的产品给别人带来一种全新的改变，这才是你的价值所在。

我们的目的不是创造简单的企业经营方式，而是培育企业家精神。现在，我们的物质在不断丰富，而精神却在不断匮乏。这一点，可能很多民营企业家听了会不高兴，事实上不少民营企业家都拥有绿卡，还有的把资产转移到国外，然后还不断地挖国家的资源，反过来还天天指责政府。我觉得这是不对的。还有，有的民营企业家更多的思路是去傍某个领导，目的是实现自己利益的最大化。政府要履行好它的公共服务任务，企业家的职责就要把企业做好。我们为什么要热衷于傍官员呢！另外，还有一个问题，为什么一个企业家做大了就要挂一个政协副主席，或者人大常委会副主任的职务。我觉得这样的路不是一个真正的企业家所该走的路。企业家就是企业家，政府官员就是政府官员。企业家与官员要各行其道。

政府对企业的扶持应由市场化的尺子来衡量，而不是简单的为企业免税或贷款，这样的扶持解决不了企业的根本问题。政府要用"逼"的方式，让企业在此过程中自我完善、自我改造，脱胎换骨。在"找市长"还是"找市场"这个问题上，我更加注重的是市场。讲政治与天天去找政府是两个概念。我认为企业家一定要讲政治。讲政治不是企业家和政府之间搞交易，而是要爱国。我最推崇的企业家精神是奉献，一个企业家最重要的不是得到多少，而是创造了社会价值，得到社会的尊重。

**程冠军：**您怎么看待企业家的级别问题？

**董明珠：**有人问我是什么级别，我回答说，什么级别？一个空调行业要什么级别！他们又说，你都做到 1000 亿这么大了，政府怎么不给你一个级别？我说，企业是没级别的。政府有政府的事情，企业有企业的事情。除了工作之外，我没有别的爱好，我只有一个爱好，就是卖空调。我的想法是，企业家一定要放弃自我潜在内心的乱七八糟的东西，才能真正成为实干型的企业家。因此，我们一定要和老百姓一样，拥有一颗平常心。我从来不认为权力给我之后，我和别人有什么不一样了，权力越大付出越大。我在格力 20 多年，一直保持着一颗平常心，这么多年，您觉得我变了吗？

**相关链接：**

董明珠，格力集团董事长、格力电器董事长兼总裁（珠海格力电器股份有限公司董事长、总裁）。先后荣获"全国五一劳动奖章""全国杰出创业女性""全国三八红旗手""世界十大最具影响力的华人女企业家""全球商界女强人 50 强、全球 100 位最佳 CEO"；2005 年 11 月，再次荣登美国《财富》杂志评选"全球 50 名最具影响力的商界女强人榜；2006 年 3 月，荣获"2005 年度中国女性创业经济大奖"；2007 年 1 月，当选 2006 CCTV 中国经济年度人物；2011 年 1 月，再次当选 2010 CCTV 中国经济年度人物；2011 年 10 月，荣获"2011 中国最佳商业领袖奖"；在 2013 年第十四届 CCTV 中国经济年度人物颁奖晚会上荣获中国经济年度人物"年度经济人物奖"称号；位列 2013 福布斯亚洲商界权势女性榜第 11 名。

　　我提出"一个坚持、三个不进入":一个坚持就是坚守实业和创世界名牌不动摇,因为实业是我的命和根;三个不进入就是产能过剩、过度竞争行业不进入,国家不鼓励的行业不进入,3~5年内做不到行业前列的不进入。目前,我们在高端制造和资源再利用两大战略性新兴产业上已经实现了重大突破并取得了显著效益。

——邱继宝

# 对话邱继宝1："飞跃"转型升级的启示

**编者按：** 从 20 世纪 50 年代后期一直到改革开放初期，缝纫机一直是中国家庭梦想中的四大件（收音机、自行车、缝纫机、手表）之一。当时一批国产名牌如蜜蜂、蝴蝶等仍然让我们记忆犹新，随着改革开放的不断加快，四大件所代表的物品也逐渐发生了变化。今天，缝纫机也早已不再是家庭必备。在改革开放历史进程中成长起来的飞跃集团，让中国的缝纫机走出国门，"飞跃"品牌在国际市场大放异彩，成为了中国的民族品牌。2009 年国际金融危机发生之后，处在国际化前沿的飞跃集团首当其冲受到前所未有的冲击。这次危机用董事长邱继宝的话说叫"生不如死"，几年过去了，今天的"飞跃"怎么样了呢？作者与邱继宝进行了深度对话。

## 打通思想瓶颈

**程冠军：** 企业能否实现转型升级，因素是多方面的。作为一个从小个体户逐步成长起来的企业家，您认为升级最大的瓶颈是什么？

邱继宝：升级最大的瓶颈是思想。改革开放初期我还是一个小个体户。1982年我开始进入缝纫机行业，当时是为上海的企业做零部件配套，1980年建成自己的企业。我是伴随着改革开放而发展起来的，因此我的企业也有一个特点，就是天天在变，产品因市场而变，观念因国家改革的新路而变，由个体户变成企业，再由企业变成集团。所以，我既是改革开放的参与者、实践者，也成为受益者。对于飞跃来说，我认为是"困难天天有，机会时时有"。小的时候要大，大的时候要强，强的时候要优。特别是优，它是一种责任，这种责任对于"飞跃"来说就是围绕市场需求，服务于全球，走在世界前列。有人问我成功的秘诀是什么？我说，秘诀就是改革开放的好政策、好环境。同样的环境，为什么有的人发展起来了，有的就没有发展起来，关键是认识问题，一句话：思想无价！

⚐ 飞跃集团展厅

程冠军：飞跃缝纫机是中国民族品牌。几年前，受国际金融危机的影响，作为外向型企业的"飞跃"首当其冲发生了资金链危机，经过转型，您终于挺过来了。风雨和泥泞过后是一片灿烂的天空。现在，我感觉您更从容了，像是春天来了。您是怎样走过困境的？

邱继宝：几年前，"飞跃"受企业内外因素叠加影响，面临前所未有的挑战。尽管当年很困难，但我唯一的信念是，多苦多难，也不能让员工下岗，我宁可股权变小，甚至没有，也不能毁掉"飞跃"这块民族品牌。企业家的理想不是追求财富的多寡，重要的是体现自身的价值。转型很痛苦，我是在危机中转型、艰难中转型、负重中转型。在转型中，我首先解决从一股独大转为社会化合作，稀释股权，改革制度体制。其次是从原来的单一产业转到战略性新兴产业。这几年的时间，我经历了九九八十一难，痛苦之后终于实现了转型出成效、转型出效益。转型很痛苦，但不转型会更痛苦。早转赢先机，先转先得益，现在我已经得益了。我把我的转型经历向中国社科院领导作了汇报之后，社科院领导认为，"飞跃"的转型已经上升到了国家层面，有普遍意义。

## "飞跃"转型升级的示范意义

程冠军："飞跃"转型的个案对于浙江企业乃至全国民营企业的转型升级都具有普遍意义。

邱继宝：在转型的具体实施中，我们利用倒逼机制，努力化危为机。通过出让部分股权对主营业务进行重组后，继续做精做优、引领行业，从过去卖得多、卖得快转变为卖得贵、卖得久。另一方面，我们采用"多条腿"走路。我提出"一个坚持、三个不进入"：一个坚持就是坚守实业和创世界名牌不动摇，实业是我的命和根；三个不进入就是产能过剩、过度竞争行业不进入，国家不鼓励的行业不进入，3~5 年内做不到行业前列的不进入。目前，我们在高端制造和资源再利用两大战略性新兴产业上实现了重大突破并取得效益。第一是在高端制造方面，"飞跃"和新加坡双星集团合资研发生产的智能吊挂系统，可以提高纺织服装企业 30% 的生产效率，很多国内知名服装企业都采用我们的设备。我们企业员工只有 200 多人，占地只有 3000 平方米，厂房不够用，就把一层隔成两层来使用，一层生产，一层做仓库。去年产值做到了 3 亿元，占全国 70% 的市场份额。另外，我们还从服装机械延伸到针织机械领域。2012 年 11 月，合资成立的"飞跃威特"公司，生产的电脑横机，将人的尺寸输入电脑，可以直接将纱变成衣服，一台售价 10 万多元，现在已经销售了近 600 台。第二是在资源再利用产业方面，我们积极响应国家发展循环经济、浙江打造循环经济发展示范区和台州建设循环经济产业集聚区的号召，对废金属和废家电进行回收分解和深加工。可以说再生资源，利国利民。我们"飞跃管业"公司利用再生塑料生产的新型特种环保管道，不仅可以做到零渗漏，而且使用寿命可以达到 50 年以上，广泛应用于国家重大工程。

危机并不可怕，可怕的是没有思路；困难也不可怕，可怕的是没有信心；同样挑战也不可怕，可怕的是没有合力。通过转型升级，目前"飞跃"的产业链更长了、产业面更宽了、产业层次更高了，国际竞争力也更强了。从飞跃的实践得出一句话，等待观望就是死亡，转型升级就有希望。虽然转型很痛苦，但不转型更痛苦。只有早转早主动，先转赢先机，快转快受益。转型升级是我们民营企业做大做强做优的必经之路。

# 创新是当务之急

程冠军：您认为应如何发挥民营企业在国民经济发展中的重要作用？

邱继宝：现在广大的民营中小企业经营成本持续增高，税费负担偏重，融资难、融资贵，广大的中小企业基本上处于产业链的低端。因此，我觉得从企业自身来说，第一，要树立"实力来自于科技"的思想。要向乔布斯学习，要在关键核心技术研发上花更大的力气，创造出中国制造的像苹果手机一样受到世界认可的好产品和好品牌。第二，企业越难，越要发扬"四千精神"，企业越难，越要坚守实业。就像生病时，吃药当然重要，精神信念也很重要。只要精神不倒，办法总比困难多。第三，要懂得只有放下"面子"才能捡到"金子"。过去，我觉得重组是耻辱的事情，现在我觉得重组光荣，重组可以重生。国际上很多大公司都是通过重组做大做强的。通过开放股权，不仅资金进来了，技术进来了，人才也进来了。有舍就有得。好的股份哪怕1%都值钱，不好的股份你拥有100%也没用。

在企业层面，我国高生产成本时代已经到来，民营中小企业要保持健康发展，离不开发展方式向依靠科技进步、劳动者素质提高和管理创新等转变。转型升级不仅是拥有资金、技术、人才优势的大型企业的必然选择，也是大量技术水平较低、生产经营方式较为粗放的中小企业的必经之路。而这种转型升级，不仅可以通过工艺、技术和产品的创新来实现，还可以通过管理方式、商业模式、经营理念的创新来实现。技术创新是民营中小企业在我国经济新发展阶段的第一选择。当前，我国劳动资源紧缺的总趋势已经显现，只有开展技术创新，才能有效提升资本对劳动的替代效应。同时，我国资本供给面临紧缺，通过技术创新提升企业存量资本的质量和效能，是民营企业实现更大发展的最好途径。对于当前大量从事传统制造业的中小企业而言，其转型升级之路必须依靠技术创新，降低成本和能耗，提高产品的附加值。在这方面，业内龙头企业应利用资金科研优势，依托产业链，带头搞研发，引导中小企业走从贴牌加工到自主设计、自主品牌的发展道路，从而带动整个产业的发展。

## 企业家最重要的是责任

程冠军：您认为企业应该怎么处理与政府的关系？

邱继宝：企业家与政治家要各行其道。民营企业家更重要的是讲责任、讲奉献。党的政策非常明确，思路非常清晰，充分体现了民生为先和全面发展。方向明确了，作为企业家做好自己的事就行了，把企业办好，把自己的事做好，这就是最大的政治。譬如，企业做好了，党和政府给予我们很高的荣誉，企业家可以当选人大代表、党代表，可以当政协委员，参政议政。如果企业办不好，即使你当了代表也不能发挥代表的作用，如果把企业办好了，即使不是代表也有代表性。对于企业家来说，更重要的两个字就是责任。我现在是全国人大代表，也曾经是党的十六大代表，从 1980 年开始，我做企业 33 年了，33 年的创业经历告诉我，钱多少不重要，经历很重要。我的经历告诉我，民营企业的发展过程就是我们党不断解放思想的过程，"飞跃"是伴随着 30 年改革开放一路走来的。我们遇到过风浪，也经历过重大挫折。有过辉煌，也有过低落。在国际金融危机刚刚到来的时候，可以说"飞跃"是首当其冲。三年前，"飞跃"经历了一场生死考验，但是我们在转型中又获重生。媒体纷纷介绍"飞跃"转型升级的经验。我的体会是：不转型过不了难关，越难越需要"四千"精神：千方百计、千言万语、千辛万苦、千山万水。在前年的两会上，习近平同志听了我的发言说："很好，希望飞跃集团继续做大做强，要转型升级，走在前列"。现在，浙江企业都需要像我这样转型，可以说"飞跃"的转型有一定的代表性。在转型升级过程中，我们遇到了很多困难，我们之所以能够战胜困难，关键靠党委政府的支持。

## 中国企业要培育合作精神

程冠军：您认为中国的企业家应该拥有什么样的精神？

邱继宝：企业家的财富可以变少，但勇气和斗志不能减。企业家就需要这种精神。中国的改革开放成就了"飞跃"，也成就了我。我从一个贫穷农民开始创业，在各级党委政府的支持、鼓励、引导下，"飞跃"才不断地在发展壮大。我也从一个农民变成了一个企业家，自然地就拥有了一种责任。这个责任是什么？不能在顺利的时候享受安逸，遇到困难和压力的时候就躲、跑、避。企业家要思考富民强国，思考如何更好地服务于人类，思考如何推动技术升级和产业革命。我们是推崇乔布斯还是巴菲特？10年前，乔布斯在受到东南亚危机时也跟我一样，生不如死！后来，他挺过来了，经过创新开启了手机互联网的新时代。现在，有很多人都十分崇拜巴菲特，这实际上就是崇拜金融投机，如果大家都崇拜金融投机，都炒钱炒楼，都不愿意搞实业、搞创新，国家就没有希望了。因此，我认为企业家要崇拜的是乔布斯，而不是崇拜金融投机和房地产投机。本次两会上，我对温家宝总理在政府工作报告中提出的"加快转变经济发展方式、大力发展实体经济"感受很深。国家高度重视鼓励支持发展实体经济，这对我们从事实业的民营企业来说，又迎来了一个发展的春天。最后我要说，中国的企业家应该培育合作精神，合作就是力量。浙江企业的合作精神还是比较强的，浙江企业靠的就是抱团打天下。我们"飞跃"发源于台州，台州是"和合二仙"的发源地，和合文化体现了和谐与合作两个方面，这两个方面都是我们需要弘扬的文化。

**相关链接：**

邱继宝，飞跃集团董事长，中共十六大代表，浙江省第九、十、十一次党代表，省八、九届政协委员，省工商联副会长，全国青联委员，浙江省青联副主席，浙江省光彩事业促进会副会长，2000年第4届中国青年五四奖章标兵获得者、全国优秀青年企业家、中国优秀民营科技企业家奖、浙江省劳动模范、浙江省突出贡献企业经营者、浙江省十大杰出青年等光荣称号。邱继宝领导的"飞跃"集团，从300元起步，在短短15年时间里，一举成为拥有10亿多元资产，集科研、生产、国际贸易为一体的跨国经营的国家大型现代化企业集团，是全国缝纫机行业的排头兵，并跻身世界缝纫机优秀行列。2000年12月中旬，朱镕基总理在听取"飞跃"集团董事长邱继宝关于"飞跃"白手起家、艰苦创业的汇报后，给予了高度评价："'飞跃'，很了不起！你把高新技术引入到传统产业，使传统产业脱颖而出，一枝独秀，为中国缝纫机行业在世界上争得了一席之地。"朱镕基总理希望大家学习"飞跃"振兴民族工业、为祖国争光的精神，还风趣地对"飞跃"的创始人和当家人邱继宝特别称道："你邱继宝是个'宝贝'，是'国宝'。"

# 对话邱继宝 2：民营企业再出发

程冠军：党的十八届三中全会鲜明地提出"使市场在资源配置中起决定性作用"，这是对社会主义市场经济规律深刻认识基础上的重大理论创新。"飞跃"是我国民营企业的风向标，伴随着改革开放的伟大历程，"飞跃"走过了创业、发展、危机以及成功实现转型升级的奋斗历程，您如何看待这次改革的历史机遇？

邱继宝：毫无疑问，十八届三中全会为"飞跃"的转型升级带来无限机遇。总的来讲，机遇伴随着挑战。自改革开放以来，"飞跃"创业在先，发展在先，危机在先，现在转型升级也在先。我认为，《中共中央关于全面深化改革若干重大问题的决定》（以下简称《决定》）提出发展混合所有制经济就是"飞跃"面临的新的历史性发展机遇。市场配置资源最有效率，市场永远比政府聪明。深化改革要求把资源配置的决定权交给市场，大幅度减少政府对资源的直接配置。这些新措施，为"飞跃"增强活力和竞争力、做强做大提供了有效途径和方向指引，"飞跃"未来的发展潜力巨大。面对全面深化改革的历史机遇，"飞跃"坚持"创新强企、转型强体"的发展战略，通过高标准、高起点规划，高质量、高效率利用资源，高位推进项目建设，突出再生资源产业定位，科学发展节能环保、高端装备制造、高新技术产业，提升整合优势，形成"三个百万吨再生资源产业基地"良性循环格局，在环保、生态文明建设上充当示范，走在环保节能型企业前列。总的来讲，十八届三中全会让飞跃人热血沸腾，最大的感触便是政府不再保护落后生产力，推着企业去创新求变！飞跃集团一定会抓住新的历史性改革机遇，发扬浙商的新老"四千"精神，勇于进取，敢为人先，再创转型升级新飞跃、新辉煌。

程冠军：《决定》指出：公有制经济和非公有制经济都是社会主义市场经济的重要组成部分，都是我国经济社会发展的重要基础。这个论断把非公有制经济与公有制经济放在了同等地位。也就是说非公有制经济与公有制经济成了孪生兄弟。您怎么看这个地位的平等的新突破？

邱继宝：首次将公有制经济和非公有制经济放在同等地位，体现了十八届三中全会对民营经济发展的充分肯定，意义重大，是具有历史意义的新突破。此外，中央成立全面深化改革领导小组，将对改革的整体推进、督促落实起到积极作用。在思想认识上，非公有制经济不再是另类，非公有制经济做大做强将得到国家层面的政策和法律保护。在具体推进的措施上，鼓励和支持有实力和意向的非公有制企业兼并、收购、承包、租赁、参股、重组国有企业，鼓励和引导非公有制企业发展战略性新兴产业，围绕战略性新兴产业发展重点，投资高端装备制造、新能源、新材料、节能环保等重点产业，大力发展混合所有制经济，让"飞跃"做强做大的融资平台更宽更广了，有利于"飞跃"在转型升级的过程中取长补短、相互促进、共同发展，推动"飞跃"整合优势资源。此外，在税费方面，将废除不合理收费项目，进一步扫清制度障碍，给予"飞跃"更大的发展空间，全面促进"飞跃"做强做大。

程冠军：《决定》提出要完善产权保护制度，提出健全归属清晰、权责明确、保护严格、流转顺畅的现代产权制度，并明确公有制经济财产权不可侵犯，非公有制经济财产权同样不可侵犯。这是不是可以说，给民营经济吃了定心丸？

邱继宝：产权是所有制的核心，明确指出健全归属清晰、权责明确、保护严格、流转顺畅的现代产权制度，公有制经济财产权不可侵犯，非公有制经济财产权同样不可侵犯，无疑是让非公有制经济吃下了一颗"定心丸"，让民营企业家们安心投身于国家的经济建设之中，至少解决了三个层面的问题。第一，法律地位问题。非公有制经济财产权经常会受到来自地方政府的干扰和侵害，特别是从事实体产业的产权所有者，很多都撤离了实体产业，进一步明确和强调非公有制经济财产权同样不可侵犯，使非公有制经济的财产权在法律层面得到更加有效的保护。无疑对增强非公有制经济财产所有权者的发展信心、发展热情将起到十分重要的稳定军心作用。第二，市场地位问题。过去，非公有制经济的市场地位并不平等，获得的市场待遇也相差很大。各种所有制经济依法平等使用生产要素、公开公平公正参与市场竞争、同等受到法律保护，非公有制经济市场地位不公平的问题，也将得到有效解决。那么，非公有制经济的发展热情、发展信心、发展动力也将得到有效提升。第三，监管缺失问题。对非公有制经济的监管将加强其在市场上获得生存和发展的机会，对非公有制经济的发展热情、发展信心、发展动力等产生积极而重要的影响，是对非公有制经济的一种利益保护、权利保护。

程冠军：《决定》提出了"三个允许"：即允许更多国有经济和其他所有制经济发展成为混合所有制经济；允许非国有资本参股国有资本投资项目；允许混合所有制经济企业员工持股。这一新的政策框架，将很好地解决以往社会上普遍认为存在着民营经济产业准入的"玻璃门"现象，打开了民营经济的新天地。您怎么看这个问题?

邱继宝:这只是一个总的原则,在这样一种机制之下,竞争性行业中的企业是由国资控股还是由民资或外资控股,其选择权就可以交给市场。既然可以由市场来决定价格,就应该完全开放市场,让各种资本充分竞争博弈,在此基础上产生合理价格。现在的关键是,要切实按照三中全会《决定》的要求,让各种资本在市场中实现"权利平等、机会平等、规则平等",而在固有利益的藩篱未能打破的情况下,要实现这三个"平等",显然还有待于改革的全面深化和大胆突破。近年来,"飞跃"面临的选择是重组缝制设备主营业务。面对重组,我的心路历程是从"不愿意"到"勉强",从"勉强"到"愿意",再到后来的"我要重组"。通过重组,让我明白:"一股独大"不科学,必须社会化合作促进企业实现大发展。对经历了危机的"飞跃"来讲,现在正在进行的转型升级,就是在加快转变发展方式、转变发展思路。过去"飞跃"的发展,一是靠"卖得多""卖得快",二是靠自主创新,三是靠出口。现在,我们从国外市场到国内外两个市场,从过去"卖得多""卖得快"向"卖得贵""卖得久"转变,积极研究与央企及外资企业在再生资源、环保产业项目上开展合作;"飞跃"的另一个转型就是向高端装备制造产业进军,依靠这个发展模式,成功实现转型升级。

程冠军:改革开放以来,一大批浙江人外出谋生,在全国各地从事被当地人所瞧不上的工作,如今许多企业家当年有些是收破烂的,有些是弹棉花的或补鞋的,有些是打铁的小炉匠,但他们从来不以从事这些劳动为耻,而是善于把握机会,为创业积累经验。据悉,您也是鞋匠出身,您能谈谈自己创业的感受吗?

邱继宝:飞跃缝纫机是我的根和命,成功转型升级之前,我一直坚守缝纫机产业。1977年,我初中毕业后背上补鞋机到东北三省"淘金"。补鞋三年,省吃俭用挣到了一些积蓄,也教会了我从艰苦中理解了奋斗,在生存中掌握了对市场

◉作者与邱继宝在一起

最初的判断能力、分析能力、适应能力和应变能力，更为重要的是让我对缝纫机产生了浓厚的兴趣。在我的心中，"飞跃"就是缝纫机，缝纫机就是"飞跃"。2008年金融危机之前，"飞跃"就可以如此简单地总结。一路走来，30多年"飞跃"收获了无数掌声和鲜花，也经历了无数艰难和困难。我感慨良多。创业上，我千辛万苦才办起了工厂；营销上，我千山万水才开拓出国内外市场；创新上，我千方百计才实现科技合作；转型上，我千难万难才完成转型升级；凝聚上，我千言万语才形成强大合力。危机之后，"飞跃"不断创新思维，坚持在继续做精做优缝制设备产业、引领行业的同时，就转型方向明确提出"一个坚持、三个不进入"：即坚守制造业和实业这一根本，产能过剩、过度竞争的行业不进入，国家不鼓励的不进入，3至5年内做不到国内领先、世界先进的行业不进入。走出了一条从单一产业发展模式转到战略性新兴产业，从国外市场到国内外两个市场，逐步实现转型升级、做强做大的新路子。

程冠军：浙江商人有"白天当老板，晚上睡地板"的艰苦创业作风，目前已有很大成就的企业家现在一直坚持创业时候的习惯，勤俭朴素，创造的财富几乎都用来投资发展，很少考虑奢华享乐，这也是浙江经济能够持续快速良性发展的一个重要原因。请您结合自身谈谈浙商的艰苦创业、勤俭守业的精神。

邱继宝：文化体现了企业家的精神和眼界，文化可以让一个企业做大做强成为世界品牌，文化决定了一个企业家的命运和方向，也体现了一个企业家的责任、使命和担当，文化是企业家精神财富和最高境界。过去 30 多年间，浙江民营企业家的创业发展过程中所具有的"自强不息、坚韧不拔、勇于创新、讲求实效"的精神秉性和文化品质被视为是宝贵的无形资产以及浙江精神的代表。他们在创业的过程中，不畏艰险，苦中见乐，"走遍千山万水，吃尽千辛万苦，想尽千方百计，说尽千言万语"创造了一个又一个经济传奇，为浙江经济发展做出巨大的贡献。浙商敢想敢干，敢为天下先，当下，中国和世界更需要浙商。企业家的财富可以变少，但勇气和斗志不能减少，企业家要勇于担当起促进社会进步的重任。全球经济一体化的今天，国家转变经济增长方式谋求可持续发展，包括"飞跃"在内的浙商群体面临巨大的压力和挑战。在新的阶段，浙商自身不足及其文化缺陷也开始显现，需要正视、反思和应对，浙商文化价值观的升级有助于浙商产业转型升级。这几年来，在提升传统制造业的同时，"飞跃"成功转型到新兴环保产业，为今后几十年的发展打下了坚实的基础。作为一名浙商，我们要不辱使命，提升文化素养和文化理念，继续发扬不怕吃苦，敢为天下先的优良品质，积极投身新产业，不管前面有多少艰难困苦，都要坚定不移地办好实业，坚持不懈地推进创新，沿着转型升级的道路，凝聚一切可以凝聚的力量，再燃激情，再创新业，为浙江、为国家、为全球经济发展做出新的贡献。

## 实业报国和品牌强国

程冠军：十八届三中全会为民营企业再松绑，民营企业迎来了又一个春天。在看到政策利好的同时，我们还应当看到民营企业自身存在的问题。有人说，现在中国不是缺钱，缺的是产业竞争力。中国人缺乏品牌意识，自主创新意识不强。对此，您怎么看？

邱继宝：您所提出的上述问题非常好，的确是这样。这些年有很多企业都进入了房地产行业，高楼大厦建了不少，但这些东西卖不到国外去啊！我认为，这些年除了我们的航天在创新方面有巨大成就之外，其他产业的创新都不理想，如我们的汽车业、手机制造业，都不能和人家比。有很多企业家出现了逆向转型，从原来的实业转入到了投资为主，因为投资、投机盈利快，谁都想投机。这样一旦企业经营不好，不良贷款逐步冒出来。欧债危机对中国就是一个非常好的教

⬤"飞跃"展示的缝纫机历史

训，美国过度投机资本金融出现危机，希腊也出现了这样的问题，西班牙、意大利不重视实业，政府负债难以支撑。这些教训我们一定要记取，中国要实现科学发展就要搞实体经济，产业报国，品牌强国。

张瑞敏、柳传志坚持搞产业，中兴、华为坚持搞产业，汽车业冒出一个敢于挑战的李书福，我们"飞跃"也坚持搞产业。我的想法是，我们很多行业都被洋品牌打没了，不能连缝纫机也没了，所以我要把缝纫机这个民族品牌保住。"飞跃"如果2008年不进行主营业务重组，通过股权吸收，到了今天就死无葬身之地。我跟员工讲，我们要顶住压力，挡住诱惑，忍住寂寞，放下面子。转型就要放下架子的，放下面子才能捡到金子。中国经济要靠两大产业，一是环保产业，一个是高端制造业。未来中国经济不是靠房地产、靠钢铁汽车，而是靠循环经济。我们现在在做废金属、废塑料，把它变成再生产品，我是被逼出来的。下一步我们要坚持转型升级不动摇，在应对危机转型中体现新的价值，这个新价值就是要成为世界名牌。

我的切身体会是，民营企业要实现三个转型：第一，从高负债转到低负债。第二，从单一产业转向新兴战略产业。通过转型使企业的产业链变长、变快，产业有了高度。第三，从高能耗转向资源再生。中国是人口大国也是制造业大国，但按人均拥有资源我们却是小国。因此，资源再生是我们的未来发展趋势。"飞跃"就是经过痛苦转型，终于破茧成蝶。这个过程也许对于民营企业的转型升级会有一点有益的启示。

**程冠军**：飞跃成功转型升级走出了一条新路子，请您谈谈自党的十八大以来，"飞跃"发展的情况？

**邱继宝**：党的十八届三中全会吹响了全面深化改革的号角，肩负的责任、社会的脉动、未来的方向极大鼓舞着飞跃人。2013年，对"飞跃"来说，这是极不平凡的一年，是必将载入"飞跃"发展史册的一年。"飞跃"顺利回购了新飞跃所有股权，"三个百万吨基地"（百万吨金属再生、百万吨家电再生、百万吨废钢再生）正式投运。在党的十八届三中全会精神指引下，"飞跃"按照"创新强企、转型强体"总战略，整合优势资源，突显核心竞争力，确保了新产业、新项目顺利实施推进，成功实现转型升级，"飞跃"的缝制设备产业链更长了，产业面更宽了，产业层次更高了，整体竞争力也更强了，"飞跃"向着国内领先、国际先进的循环经济示范企业迈出了坚实的一步，"让世界变得更绿、更清洁、更自然"，"世界上有家的地方就有飞跃"。承载着新的责任和使命，我们创"世界名牌"、树"百年飞跃"的劲头更足了。

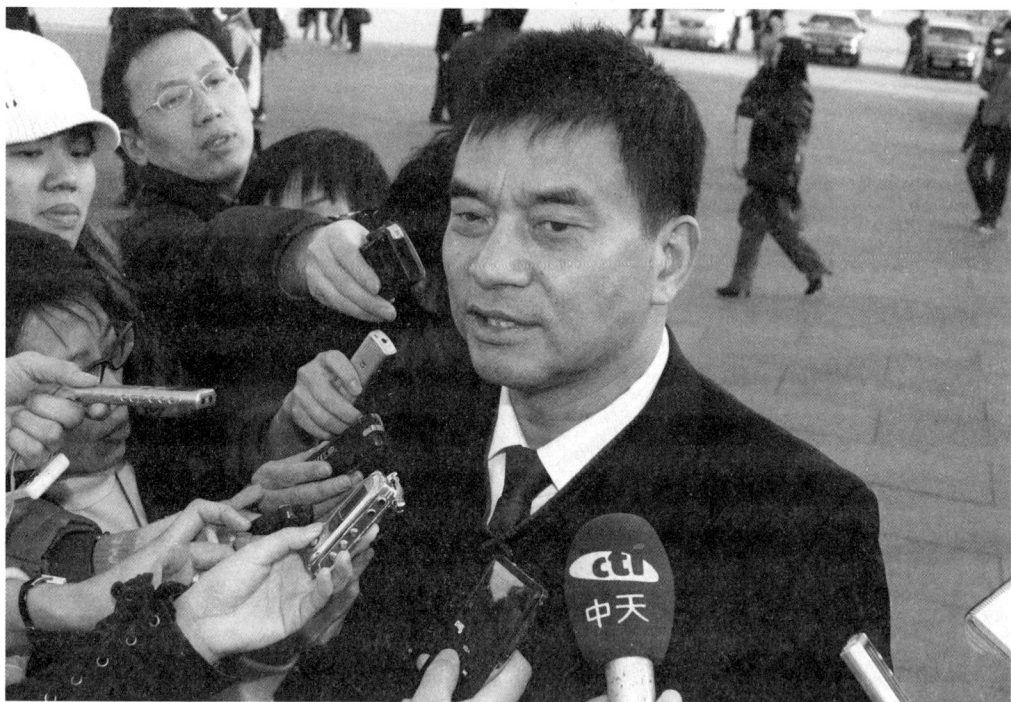

　　有人说我是饲料大王，有人说我是养鸡大王、养鸭大王，我觉得这些都不好。因为"大王"这个字眼有封建残余的感觉。占山为王，显示你在某一个阶段利用自己的霸气，或者是抓住了机会，在这个山寨上建立一个制高点，成为山大王，这是不对的，因为它不接地气，很容易倒下来，所以说"山头常换大王旗"，就这个道理。所以说我们倒是主张我们要转型，从"山大王"转成"服务型"的企业。

——刘永好

# 对话刘永好：企业家也要"接地气"

**程冠军**：刘永好委员您好，金融危机给我国经济所带来的冲击和影响还远远没有结束，在这种经济形势下，要想取得经济的平稳较快发展，企业的转型升级和创新发展也是迫在眉睫，作为一名著名的企业家和经济界的委员，您如何看待创新对转型升级的作用？

**刘永好**：企业的转型升级方方面面的压力都比较大，我觉得在这个时候更要注意创新。拿我们企业来讲，我们原来是生产饲料的，去年生产了1000多万吨饲料。新希望现在依然还是中国最大的饲料生产商。有人说我是饲料大王，有人说我是养鸡大王、养鸭大王，我觉得这些都不好。因为"大王"这个字眼有封建残余的感觉。占山为王，显示你在某一个阶段利用自己的霸气，或者是抓住了机会，在这个山寨上建立一个制高点，成为山大王，这是不对的，因为它不接地气，很容易倒下来，所以说"山头常换大王旗"，就这个道理。所以说我们倒是主张我们要转型，从"山大王"转成"服务型"的企业。

**程冠军**：您刚才的说法很好！习近平同志在中央党校的讲话中也提出领导干

部要"接地气",如此看来,不仅领导干部要"接地气",企业家也是如此啊!

刘永好:是啊!就拿我们做农业产业的来讲,什么才叫服务呢?就是说我们的目的不是做饲料大王,做养鸡大王、养猪大王、养鸭大王,而是做优秀的"服务员"。这个"服务员"的含义就是,我们要组织农民建立经济合作组织,我们要成立技术服务公司,我们帮助农民进行技术防御、食品安全技术的教育等方面的技术服务。我们要成立金融担保公司,帮助农民解决融资难,为他们解决发展资金。此外,我们要帮助农民成立市场服务公司,通过我们市场的配置,通过我们的肉蛋奶的收购和加工,提升产品的附加值。通过这样的服务,我们拉近和农民朋友的距离,拉近和客户的距离,使得我们能够在新格局下以一个崭新的姿态出现在市场,这个时候就有了核心竞争力。因为你接地气了,你是服务员了。谁离客户最近,谁就赢得市场,这就是转型服务,也就是说,我们要从称王称霸当大王的时代向为农民服务、为客户服务、为市场服务、为行业服务的服务员时代转变,这样企业才能够长存,才能有竞争力,才能有发展,这也是我对转型的一个认识。

程冠军:您所谈的转型主要是服务的转型,那么,在企业的内部如何才能形成一个良好的创新机制呢?

刘永好:转型首先是创新。创新包括服务方式的创新和技术创新,要实现转型和创新,技术就必须跟上,特别是金融服务和技术服务,人才的培训必须跟上。所以,我们可能要新增上万个员工,其中有2000个大学本科生,还有100多个研究生和10个左右的博士生,通过人员的引进,再通过我们的一系列培训,包括高层次的培训、中层次的培训、技工的培训、国内的培训、海外的培训等各个层面和层次的培训,提升管理人员和员工的素质,从而推动我们转型的实施。转型是个新的东西,怎么样转呢?我觉得不仅要通过技术的培训、管理的培训,还要有文化的培训，要树立一个正确的、先进的文化观，树立我们"为耕者谋利，为食者造福"的文化观，这就是当下企业文化建设的重点。

程冠军：谈到文化问题，转型升级和创新首先是一种文化的创新，党的十七届六中全会提出文化大发展、大繁荣，您认为企业应如何更好地推进文化战略？

刘永好：文化建设跟企业的发展战略息息相关，刚才我们谈到我们的战略要从"做大王"到变为"做服务"，做服务就需要更多的、合格的服务员，其中包括技术服务员，包括金融服务员，包括市场服务员。做服务有服务的文化，服务的文化首先是放低姿态，提升自己的综合素质，做服务心态最重要。我们要从做大王的心态变成做服务员的心态，要就地卧倒，压低自己的身段，同时要提升自己的素质。中国是世界上最大的农业国，我们"新希望"又是中国最大的农牧企业之一。我们的理念就是"为耕者谋利，为食者造福"。"耕者"是广大的农民朋友，是企业和员工，是农牧产业上下游的相关企业，这些都是新农村建设的主力军。"为耕者谋利"就是让农民朋友富起来，解决更多的社会就业。"食者"是全国人民。我们希望全国人民都能吃到放心肉、放心奶、放心蛋，吃到物美价廉和质量有保证的食品。这就是我们的文化。另外，我们提倡健康、阳光的企业文化，提倡像军队、像学校、像家庭的文化。所谓像军队，就是要有执行力，令行禁止；所谓像家庭，就是要有温暖，要使员工感到慈母般的温暖；所谓像学校，就是要建立学习型组织，做学习型企业。要通过不断学习，不断培训，实现不断进步，从而实现转型升级。

程冠军：您谈的主要是服务的问题，您认为企业要从"山大王"变为"服务员"，民营企业也要接地气。非常好！习近平同志在中央党校讲话时提出官员要接地气。下面，我想请您重点谈一谈民营企业的文化建设，据了解，新希望拥有独特员工文化，并因之而培养和储备了大批的人才。

刘永好：现在大家都在讲企业经营难，一是难在竞争激烈，利润低；二是难在用工成本比较高。这时，企业就必须转型升级，转型升级就要靠文化，因此企业文化是企业的灵魂。就是说拿我们企业来讲，我们现在有8万多员工，今年我们发展的速度比较快，我们希望能够新增1万个员工，这1万个员工里面可能有2000名大学生，那么还有100个硕士，10个博士。这些人是被什么吸引到我们这儿来的？这就是企业文化的引导和对我们公司文化的认同。

对于一些年轻人，特别是新入职的大学生，我们企业都有一个"传帮带"的过程。我们要求每个公司的中层干部都要带几个大学生，总经理要带一些年轻的管理干部，技术班组长也要带一些年轻技工，师傅带徒弟，老员工带新员工，这种看似平常的"传帮带"其实效果非常好。现在的年轻人，刚走上工作岗位往往不能马上适应，这个时候如果有人关心他，帮助他，他会觉得好很多，这样就容易留住他们，所以我们公司的人才流失率非常低。除了"传帮带"之外，流失率不高还有以下几个方面的原因：第一，我们的工资待遇在行业里面是比较高的；第二，员工在新希望感觉比较温暖，有家的感觉；第三，员工在企业拥有学习的机会。我们经常给员工制订一些发展规划和培训计划，让员工有事业，有未来。正因为如此，我们才会不断发展壮大，现在我们每年要新开几十家工厂，几十家工厂就会增加几十个总经理，增加几十个财务负责人，就会有更多的人走向管理和领导岗位，这些人才首先要从青年人中间挑选。这样，年轻人都感觉来我们新希望工作有奔头，不断地有晋升的机会和上升的通道。我觉得实际上这才是一个企业文化的根本所在。

程冠军：记得在2002年的时候我曾经问过您一个问题，企业家如何讲政治，今天您怎么看这个问题？

刘永好：企业家最好把自身的发展和国家的大格局、大背景结合起来。这就是讲政治。一直以来，我们倡导的理念就是阳光、正向、规范。讲政治的前提就是阳光、正向、规范。有人说民营企业有几本账，但我们从来都只有一本账。这样做的好处是什么呢？要求员工阳光，你自己不阳光，这不好办。你要求阳光，正向，那么你自己从上到下，从头到尾都是应该这样。另外，要求阳光，首先要公平。当某一个员工犯了错误，不管他是谁，有什么背景和关系，该怎么处理就怎么处理，绝不能姑息。要按规则、法律和企业内部制度来规范企业的所有员工。"新希望"一直沿着这个方向在走。

**程冠军**：这些年来您一直致力于民生银行的建设和发展，现在中国民生银行的情况怎么样？您认为民营企业尤其是小微企业的资金瓶颈下一步应该怎样打破？

**刘永好**：民生银行成立于1996年1月12日，是我国首家主要由民营企业入股的股份制商业银行。当时，是我联合了几十个政协委员联名写的提案促成的。我现在仍然是第一大股东，还担任着民生银行的副董事长。民生银行发展势头一直很好，它不需要我投入精力，而是有一个专门的管理团队在运营，有专业的监管部门在监管。

关于小微企业的资金瓶颈问题，我在全国政协会议上提的一个提案就是建议国家把商业贷款分类，其中有一部分作为指标分配给需要扶持的群体，这个群体就是民营企业、小微企业、三农企业。这些企业平时很难得到贷款，因为给小微企业贷款的成本较高，风险也很大。例如，贷一笔10万的款子与贷一笔10个亿的款子，银行所耗费的时间和工作成本都差不多，而实际的效率会是多少倍！另外还有小微企业一般抗风险的能力比较低，银行不愿意担更多的风险。因此一般情况下银行是不太愿给小微企业贷款的。为了打破小微企业的资金瓶颈，促进他们的成长，我们就必须制定政策给它们发放贷款。

程冠军：中国的民营企业的光彩事业活动，您是主要的发起者之一。今天，光彩事业的发展怎么样？

刘永好：我现在在光彩事业促进会里面不担任职务，只是发起人。当时，是我联合10家民营企业家联合发起的。光彩事业从1994年到今天，已经有19个年头了。19年来，光彩事业在广大民营企业共同努力和社会各界的共同关注下，现在发展很好，已经成为中国的民营企业报效国家、回馈社会、培养社会责任的重要方式和手段。

程冠军：作为一个企业家，您十分关心政治，并在政协这个大家庭里积极参政议政。请您回顾一下参政议政的一些经历。

刘永好：2012年3月的全国两会期间，国务院关于农业产业化龙头企业的支持的文件正式颁布。也就在文件颁布的第二天，温家宝总理到我们小组听取委员

◉作者与刘永好

讨论，我做了一个发言。总理一看见我就说："去年你在当时的发言中谈到希望国家出台政策支持农业龙头企业，昨天国务院的文件这不是下来了嘛！"我回答说："是的，今天早上九点我在网上看见的。"总理说："我比你早看到两天，你去年谈的好多关于支持农业龙头企业的一些建议、意见，很多想法已经在文件里面有所体现。"总理说的这份文件是源于2011年3月的两会，当时我在小组做了一个发言，谈到了支持农业龙头企业的一些建议，当时总理在现场听取委员的发言，总理认为我讲得很好，他建议在场的韩长赋同志组织挑头做一个调查研究，希望能够出台一个支持农业产业化龙头企业的文件。去年，在韩长赋同志的带领下，农业部联系了八个部委，经过了大概近一年的努力，几上几下征求农民、企业家、地方政府、各个部委的意见和建议，之后制定了一个关于支持农业产业化龙头企业的文件，上报给国务院，我们是2月4日上报的，3月6日国务院正式批准，3月7日上网公布。通过这件事，我感觉到作为一个政协委员，通过自身在政协大会的发言或者提案，促成了国务院的相关文件的出台，这是一件值得欣慰的事。

**程冠军**：我感觉这不仅是一个政协委员也是一个民营企业家的一种社会责任。

**刘永好**：对。2004年，在政协经济委的一次会上，我提出要把非公经济的调查研究作为一个选题。大家建议我做组长来牵头做这个调研。但是我觉得这个不妥，因为我是民营企业家，我做调研的话人家就会认为有失公正性。我就建议让厉以宁老师来牵头，因为他既是专家，又有公信力，同时又是对民营企业很有研究。后来大家推举厉以宁和我都任组长。经过了一年的努力，我们走访了好多个地方，形成一个17页的报告《关于非公有制经济的现状及政策建议》。上报给国务院以后，国务院总理温家宝当天就看了，并马上就作了批示，根据这个批示，国务院成立了以曾培炎同志为首的调研组，这个调研组又经过了差不多一年的调研，2005 年 2 月国务院出台了《关于鼓励支持和引导个体私营等非公有制经济发展的若干意见》，简称非公 36 条，这是新中国成立以来首部以促进非公有制经济发展为主题的中央政府文件。

程冠军：通过调研以后，您感觉民营企业要想做大做强，应该突破什么瓶颈呢？是企业家的素质应该具备什么？中国的企业家现在应该培育一种什么样的企业家精神？

刘永好：民营企业要做大做强最大的瓶颈还是自己本身。企业家素质就是要勤奋、知识面要广，要努力学习，不断地学习，保持良好的心态。对员工、对合作伙伴要适度宽容。中国的企业家多数都具有勇攀高峰的精神，但是合作精神和服务精神还要进一步提升。

**相关链接：**

刘永好，1951 年 9 月出生，高级工程师，全国政协常委、全国政协经济委员会副主任。1982 年以后辞去公职到农村创业，创立了希望集团。2011 胡润金融富豪榜刘永好曾以 115 亿元排名第一。现任新希望集团有限公司董事长、中国民生银行股份有限公司副董事长。曾任全国政协常委、中华全国工商联联合会副主席、中国光彩事业促进会副会长等。先后荣获"中国十佳民营企业家""中国改革风云人物""中国十大扶贫状元""中国企业管理杰出贡献奖""中国改革开放 30 年影响中国经济 30 人"。2013 年 5 月 22 日，刘永好在新希望六和股份有限公司召开的年度股东大会上透露，将不再担任董事长，由其女刘畅接任。

　　成功者和不成功者最大的区别是有的人用 19 年挖无数的坑，而有的人则用 19 年挖了一口井。挖井在任何地方坚持挖下去都遇到非常大的困难，但是往往在这一刻，人们经常会告诉自己，也许会选错了地方，于是就换地方，以为换一个环境挖得更顺畅。结果一再换地方的结果不是挖成了出水的井，而是挖了许多坑。而关键的问题不在于坑的数量，而在于是否挖成了出水的井，获取了源源不断的水。所以，我觉得新经济时代更需要每个人有挖井心态。

——夏　华

# 对话夏华：依文的品牌智慧

**程冠军：** 2009 年，中华人民共和国 60 华诞盛典，作为中国著名的男装品牌企业——依文企业集团承制了此次国庆群众游行 10 万余人的服装，成为庆典最大的服装提供商。依文品牌也因此名扬天下。您怎么看待品牌对于企业意义？

**夏华：** 中国企业在转型中一定要思考一个问题：我们要做品牌，不单单要做影响中国的品牌，甚至想做影响世界的品牌。做品牌是一群人、一辈子、一件事。每一个企业都希望给出更好的服务，在今天，工业商品必须加上服务才能呈现新的价值。我觉得在服务上，中国企业还有一段很长的路必须去走，这段路不可跨越。在企业里首先要尊重员工，员工才能真正让消费者体验到良好的服务。中国的企业都是从管事到管人到管心的过程。

**程冠军：** 您是怎么从一个名牌大学的老师走到服装这个行业的？

**夏华：** 我从中国政法大学辞职出来创业的，到今天已经 19 年了，前面的 10 年大部分是管事的过程，中国的企业家大部分在这个过程里，管事永远管不完，一件事一旦你介入责任永远是你承担。后来管人，我们不算大的企业，但是 3000

人分布在 60 多个城市，包括在巴黎、米兰、伦敦，连人的名字我都叫不全，所以管人也不是我们思考的。我觉得人力资源最重要的是要管氛围，管爱的规划，我觉得爱的规划非常重要，一个企业真正要给人们一个自由温馨的氛围，我觉得人力资源部首先要思考爱的规划。在中国，我觉得中国企业有各种不同的管理学。1994 年开始我做企业，看过一本书叫《请给我结果》，所以我先学会管结果，学会让员工给结果，然后才学会管行为。于是，我们思考用什么样的制度，各种各样无缝隙的制度管人的行为，但是最后你会发现人们怎么想才会怎么干，怎么干才会有什么样的结果。于是我们是思考管心、管思维、管文化。今天无论哪个企业都会把企业文化提到非常高的高度，但是需要转型的中国制造业，应该反过来思考，先管心、再管人、再管事。在这里我说，一个企业未来创造力管理一定离不开环境的管理加爱的规划，让员工在最好的氛围发挥最高的创造力。每个企业都值得思考。

**程冠军**：据悉您这些年总结出了一个管理的"333"法则，提出了管理的三种智慧、三种心态和三种能力。您能详细介绍一下这个"333"法则吗？

**夏华**：三种智慧分别是游戏智慧、成全智慧、交换智慧。

游戏的智慧。做企业别把它看成多深奥的道理，就是一个企业一场游戏，这场游戏首先要从投入开始，无论是我们创业者本人，还是我们的团队，不投入你不可能成功地开始这场游戏，然而这场游戏未来是玩大、玩小，最重要的取决于企业家的坚守。我们一直坚守一个领域，但是要不断给员工带来新的感受和体验，谁也不愿意一辈子玩一种游戏，于是企业要适时变换游戏的玩法。我做企业19 年来在这方面有深刻感受，我们的设计师都是非常年轻的团队，他们走进企业的时候，非常青涩，他们活在自己的世界里，在这个过程中，他们不断地出作品，但是作为老板我们很难走进他们心里去交流。突然有一天，在我的企业颁发十年功勋奖的时候，一个年轻的女设计师走上讲台说的一句话，给我带来非常大的思考，她说她走上这个讲台只用了 10 秒钟，但是为准备这一刻，她用了生命中最精彩的十年。那一刻，我沉下来思考，我何德何能，让一群人以我们喜欢的方式跟我们一起玩了十年的游戏。也就是从那一刻起我就思考：这场游戏最高的境界是什么？我觉得最高的境界就是让我们每一个员工在这个游戏里，以他们自己喜欢的方式，最终达成企业共同的目标。所以，我觉得十几年前我做企业的时候一直在说，我们为同一个梦想，从心开始为梦而战，但是我觉得中国企业，包括产业里很多时候出现的状态是同床异梦，但是我觉得在中国今天新经济形势下，我们必须思考"异床同梦"，我们可以以不同的方式在不同的床上，为同一个梦想努力，才能形成企业巨大的竞争力。创业是从心开始，是为梦而战。人们都谈梦想，但是从创业的那一刻必须放弃那一点一点别致的梦想，必须想好了这个梦是谁的梦，是团队的梦还是你个人的梦。

成全的智慧。我觉得这些年无论是产业还是企业，我们都发现从经济危机真正出现的时候大家抱团取暖，无论是产业间、企业间相互的成全，还是员工间、企业间相互的成全，企业最终靠成全员工而成全自己，成全别人才是最大限度的成全自己。在今天新商业文明下成全的智慧尤为重要。

交换智慧。我认为世界是总量交换的，每一个企业都说员工应该不计较得失，为企业共同的目标而努力，但是最重要的是我们自己要有这样一颗心，我是在大连出生和成长的，后来考进北京，留在了北京，创业在北京，我的家在瓦房店下面的一个小镇，我母亲没有多少文化，我 14 岁的时候母亲去世了，14 岁之前母亲说了很多有道理的话，有一段话对我影响非常大，因为她的这段话让我懂得了交换的智慧。我在家排行最小，上面的三个哥哥一个姐姐长大以后好不容易赚钱了，家境有一些改善，也就在这个时候国家恢复高考，文化不高的母亲毅然让四个孩子都辞去了当时还算不错的工作，参加高考，那一年哥哥和姐姐都考上了大学，父亲一个人赚钱供这么多孩子上学，家里变得非常贫穷，那个时候我只有8岁，刚读小学，我就和母亲争论说，好不容易哥哥、姐姐们长大赚钱了，可以生活好一点了，你非得让他们去念书，你养这么多孩子，养大了不就是为了换钱吗？这时，妈妈说了一句话："换钱不容易，换人一辈子。"这就是我这么多年做企业感受非常深的一句话，一个企业可以用心去换人，一个企业真的可以把这个平台交给员工，让他们在这里有最大限度地提升和成长，我觉得是做企业最人的交换的智慧。人生本是一场大交换，没有必要每次交换都去计较得失，你会发现大交换里你的包容才是大智慧，不计较得失，到算计总量的时候你才是那个智者和赢家。

三种心态分别是外行心态、地板心态、挖井心态。

外行心态。你只有踏踏实实做一个"外行"，才能让所有的专业的人在这个平台上放松地释放能量。如果每一件事我们都先说话，当我们的意见一发表，别人就不知道以怎样的方式去推翻你，你所带领的这个团队就失去了创造力。因此企业家保持外行的心态很重要，无论你是不是真的去了解这件事的本身，外行的心态都会让一群人在这里以更高效的状态和激情去创造。

地板心态。我一直在比较自己，19年来，无论带10个人的团队，还是到今天几千人的团队，都有两种心态，一个是地板心态，一个是天花板心态。我觉得地板心态是最好的，地板是可以让所有的追随者一直往上走，这样自己舒服，大家也舒服。而天花板是盖住大家的，所以地板心态对今天发展中的企业非常重要。

挖井心态。成功者和不成功者最大的区别是有的人用19年挖无数的坑，而有的人则用19年挖了一口井。挖井在任何地方坚持挖下去都遇到非常大的困难，但是往往在这一刻，人们经常会告诉自己，也许会选错了地方，于是就换地方，以为换一个环境挖得更顺畅。结果一再换地方的结果不是挖成了出水的井，而是挖了许多坑。而关键的问题不在于坑的数量，而在于是否挖成了出水的井，获取了源源不断的水。所以，我觉得新经济时代更需要每个人有挖井心态。

程冠军：除了以上管理的"333"法则之外，您还提出了"企业品牌的火与活"这个新奇的理念？您能介绍一下什么才是"企业品牌的火与活"吗？

夏华：事业无止境，企业永无止境，一旦你走上企业这条路，就是被判了"无期徒刑"。你好了永远有比你更好的，你认为做得差不多了，你还得往前走，这一刻请记住成功是一阵子，生活是一辈子。舒舒服服让你身边的人跟你有感受的生活是一辈子，这是生命中的大平衡、大智慧。做企业火是一阵子，活是一辈子，有尊严地活下去，这个更重要。那么，如何才能有尊严地活下去呢？这就要求企业家必须具备以下两种素质：

第一，做企业起码的素质是信念。1994 年我辞去中国政法大学的大学老师的职务，走进了一个陌生行业——时尚产业。过去做梦都不敢想，因为我认为我是一个有严谨法律逻辑的人，做一个非常感性时尚产业，不知道会走到什么样的境地。我从售货员开始走进这个行业，当时我有一个想法就是，生命中一定要有自己喜欢的方式做有意义的事才不遗憾。我给自己的一个做品牌人的要求，做品牌的人最起码的素质是拥有坚定的信念，从容的心态，用喜欢的方式做有意义的事。任何人做任何选择的时候只要问自己的内心，没有人能够比你内心更清楚自己的感受。人终将要面对自己内心的感受，你问自己，你是否在选择用喜欢的方式做有意义的事，如果这两点符合你的内心条件，你就可以毫不犹豫。一个人只有用喜欢的方式，才可以让自己有持续激情。一个企业最大风险不是其他，而是当创始人和创业家都没有激情的时候，我觉得这是一个企业最大的风险。

第二，做企业不仅利己还要利他。让更多人觉得这个事有意义，有价值，有更多人推动，这个事才可以做的更长远、更久。依文从 1994 年开始创建，1999 年当我做到北方市场第一位的时候，这是我生命中最纠结的一刻。为什么？说句实话，我也不知道自己为什么会跳到蓝海里。离开政法大学的时候，我的校长就劝我，你是不是要考虑一下，条条大路通罗马。我说，条条大路通罗马，飞机一定比汽车快，让我试试。我特别希望有机会接触社会，做自己内心想做的事。但出来之后，一个人面对陌生市场，真是茫然。创新在今天依然是企业最重要的一件事，我们面临这样的环境，所有创造奇迹的企业家们，每一个人都是用他不同的创新方式在创造产业奇迹，在创造中国企业的奇迹，创造生命的奇迹。我认为创新是每个企业家去激活企业最重要的因素，企业不仅变成你的，还是企业员工骨子里的。生命中最大的遗憾不是没有做成，而是从未开始。

程冠军：我们注意到，进入和平发展时期以来，随着中国经济社会发展的日益加快，中国国际地位的不断提升，中国元素也越来越受到国际社会的高度关注。我们的一些文化载体也在不断地创新，以各种形式向世界传播中国元素。但，其中有一些值得注意的现象，就是有些文化作品虽然很中国，但是老外看不懂；也有些作品以不客观的态度歪曲中国文化，以此来博得西方的掌声。

夏华：您说的这个问题很深刻！任何一个民族都有其优秀的东西，当然也有其不优秀的东西。中华民族是世界上最优秀的民族之一，我们有五千年的优秀文明。我认为，表现一个民族的文化首先要客观，任何以偏概全的表达方式都是不可取的。一个宗旨，我们要把优秀的文化传播给世界，从而推动人类的文明。今天，中国元素在时尚界文化输出的方式应该是什么？服装是一个城市的形象代言，也是一个国家和民族的代言。包括我们的盛典，服装是带给大家的第一感受。因此，我们的表达力要在时尚界绽放，既要是中国的，又要是时尚的，这样才能够得到传播。譬如唐装，虽然是中国的，但这种服装如果不加以改良，怎么穿得出来呢！

程冠军：《左传》称：中国"有服章之美谓之华，有礼仪之大谓之夏"。这也是中国被称为华夏的由来。由此可见，中华民族自古就是一个爱美，追求真、善、美的民族。再看"文"的释义，"文"指各种交错的纹理，引申为文字符号文、物、礼、乐等，并由此引申出修善、德行之义。孔子曰：文质彬彬，然后君子。我发现一个很有意思的现象，华、夏、文等这些美好的字眼在您的姓名和您的公司都有体现。另外，我还注意到，依文总部的办公场所，处处都体现了中国传统文化与现代文化的交融。

夏华：依文，从字面的意义解释是依靠文化。一个高级的设计师是表达消费者精神时尚，而不是表达人的外表。我每次去日本，感受都比较深，日本文化远没有中国文化深厚，但日本文化的传播却比我们好。巴黎时装周上获奖的40%是日本设计师，然后才是欧美，然后才是亚洲。因此，中国企业要走出去，首先要使中国文化走向世界，使中国精神成为时代的主流。为了研究中国文化，让中国文化更好地走向世界，我们成立了一个中国文化研究中心。我们的追求是：用心思考中国男人。我为女儿起的名字也叫依文，我是先有企业，后有女儿。女儿是我生命的作品，这样，就使得我无权放弃依文。

依文很中国，也很国际。——这是我们的追求目标。

相关链接：

夏华，依文企业集团董事长，2005 年，荣获"中国经济女性年度人物"称号；2006 年评为"最具影响力的企业家"，并作为唯一一位服装界女性企业家被央视《东方之子》报道并荣获"中国营销风云人物"；2008 年获选"中国连锁榜样十大人物"；2009 年被授予"年度商界木兰"；2010 年获得"三八红旗手"等殊荣。依文企业集团旗下品牌长年以来相继获得"中国驰名商标""中国服装品牌年度大奖"等多项殊荣，曾代表中国服装品牌企业远赴巴黎参展，并为中非国际论坛、2008 年奥运会、国庆 60 周年华诞等诸多重大盛事设计制作服装。

从每天要卖 50 块钱开始，一直到今天我从来就没有亏损过。正因为这个经历，才形成了我的经营理念：做生意每天都要赚钱。45 年来，不管每天是挣 1 块钱还是 10 块钱，我总是在赚钱。

——曾宪梓

# 对话曾宪梓：义利相生金利来

**题记：**采访金利来的创始人曾宪梓一直是我的梦想，这个梦想在叶剑英元帅之女凌孜（叶向真）大姐的帮助下终于实现了。2013年的仲秋，我与凌孜大姐在梅州拜访了曾宪梓先生，并与先生进行了两个多小时的采访会谈。

——作者

**程冠军：**曾先生您好！作为金利来的董事局主席，您更多地呈现给世人的不是您如何经营企业，而是做慈善。因此大家对您的感觉好像您不是一个企业家，而是一个职业慈善家。在各种会议上，您会经常领唱《没有共产党就没有新中国》这首歌，您这样做的原因是什么？

**曾宪梓：**我是一个穷苦农民的孩子，在我十几岁的时候共产党把我送到梅州的东山中学，才使我有了读书的机会，读书使我成为一个有知识、有理想的人，共产党不仅仅教给我怎么样做人，而且改变了我的命运，一切都是党和祖国给我的，因此我要通过不断的努力来回报祖国。大学毕业以后我被分配到广州科学院工作。参加工作之后的 1964 年，远在泰国的叔叔让我去那里继承遗产，到泰国后，我对叔父说："这份遗产与我无关，因为亲情是用财富买不到的，共产党教导我要用自己的劳动力创造财富，我觉得我很富有。"之后，我毅然放弃了这份遗产。1968 年，我赴香港创业。事实证明，我这个选择是对的。

事业有成之后，我开始回报祖国、回报家乡。我先后在家乡梅州捐赠了三所学校，分别是宪梓小学、利群小学、曾宪梓高级中学。梅州东山中学是我的母校，这所学校是叶剑英元帅创办的。1978 年，我给母校东山中学捐赠了 30 万元，叶帅对我的做法给予了高度赞扬，并希望我能为国家的发展贡献力量。有了叶帅的勉励，我一直就没有停止过对发展企业和报效国家的理想追求，我不断地鼓励自己每年都要捐赠，经常提醒自己要终身报效国家。我先后成立了教育、航天、体育 3 个基金。2000 年，我看到我们的国家还有很多贫困大学生，就向教育部提出设立了专门奖励贫困大学生的基金，此后，我每年资助 1750 名大学生。清华大学 100 周年校庆，我捐赠了 2000 万元，国家领导人也接见并宴请了我和一些校友。教育基金今年又增加了 33 所大学，此外我还支持了中国人民大学基金会、政法大学基金会等。航天基金今年也增加了工程技术人员的奖励机制。现在我总的捐款已经达 11.5 亿元。

《没有共产党就没有新中国》这首歌激励了我一生，因此我一直唱了几十年，在香港工商界集体大会上我也带大家唱这首歌。试想，如果没有共产党，一个贫穷落后的国家怎么会走到今天，所以我时刻牢记爱党、爱国、爱港、爱家乡这"四爱"。我为金利来的员工制定的守则就爱祖国、爱集体、爱家庭、爱自己。

**程冠军：**您高唱《没有共产党就没有新中国》，倡导爱党、爱国、爱港、爱家乡"四爱"，当时香港还没有回归，当时香港人对您有什么想法？

**曾宪梓**：香港还没有回归的时候，我这样做不但有人不理解，甚至有人批评我说："现在还没回归呢，你就唱爱党的歌，这很危险！"我不理会这些，爱自己的祖国有什么错！香港还没有回归之前，每逢公司大会，我们都播放爱国、爱党的歌曲。新华社驻香港的领导就曾经对我说："老曾，你的胆子真够大呀！"我听得出来，这样说既是表扬我，也是鼓励我。于是我回答说："在大是大非面前，只要是爱国人士就应该理直气壮地站出来！"此后，凡是我主持的大会都会唱爱国歌曲。渐渐地，高唱《没有共产党就没有新中国》就成了金利来公司的一种习惯，一直以来，我的公司、工厂，我捐赠的学校都传唱爱国、爱党的歌曲，公司还专门为此设定了奖励。

**程冠军**：您 1968 年就开始创业。您和您创办的金利来集团经历了社会主义建设、改革开放两个历史时期，并且见证了香港回归这个伟大的历史时刻。今天，您怎么看中国改革开放前后两个历史时期的不同和变化？

**曾宪梓**：回首历史，一个不争的事实就是：贫穷落后就要挨打。1937 年日本发动侵华战争，8 年间日本侵略者杀害了我们 3500 万同胞，每一个中国人都要记住这段历史。在中国共产党领导下，我们打败了日本侵略者，建立了新中国，并领导我们经过 30 多年的改革开放，基本实现小康，今天中国经济总量已经超过日本，成为世界第二大经济体。我相信，到 2020 年中国就可超过美国。今昔对比，我们有什么理由不爱国爱党呢！

香港的历史，更是一部中华民族饱受屈辱的历史。香港回归之初，有些香港人对祖国认识不够，曾经有过怀疑。香港回归之后，实行"一国两制"的治港政策，非常成功。现在香港已经进入了一个繁荣稳定的发展时期，这说明香港回归是成功的。1968 年我就开始在香港创业，因此对香港的情况很熟悉。在香港回归祖国期间，我参加了香港回归筹备的全过程。我觉得我很光荣，这是党和祖国对我的认可。党和国家领导人对我非常的关爱，胡锦涛同志对我在香港回归时做的工作表示认同，他说："党、国家和人民永远都不会忘记你！"几十年来，我边经营企业，边回报祖国，祖国也给予我很多荣誉，1992 年，我当选全国人大代表，1994 年，我当选全国人大常委，2008 年卸任。香港特别行政区政府授予我"大紫荆勋章"，去年我被评选为"感动香港十大人物"之一。荣誉越多，我的压力也就越大。

程冠军：在中国传统文化中"梓"是家乡的代名词，您的名字曾宪梓中的"梓"就反映出对家乡、对祖国、对社会的回报。您是一位大企业家、大实业家，同时也是一位慈善家，我认为在您身上有企业家和慈善家两个光环，您认为长期的慈善捐赠会不会对您企业发展产生影响？

曾宪梓：我是曾子的后裔。曾子是孔子的弟子，也是儒家思想的集大成者，曾子著有《孝经》一书，他的学说主要是孝文化。孝文化与我们今天所倡导的爱国、爱党、爱家乡的主流是一致的。作为曾子的后人，我更要弘扬曾子的思想，报效祖国。我是百分之百农民出身，是共产党送我去读书，学知识，培养我，使我有理想、有知识，才有了今天的事业。因此，不管到什么时候我都不能忘掉党和国家的培养。

金利来从创办到今天，从来没出现过偷税漏税现象，正因为如此，我们的财务部门的员工也是最开心的，因为他们不需要提心吊胆地去做假账，公司也没有坏账。因此，他们工作起来心情舒畅。金利来是上市公司，上市公司的钱是不能挪作他用的。因此，我做慈善的钱全部是我个人的股息投入。我已经做出决定，我个人的钱全部回报社会，绝不留钱给后代。

我不是慈善家，我也不是大企业家，我做的是小生意，我只是按照我的理念报效国家。我的人生目标就是要报效国家。现在，我老了，但是我觉得我的任务还没有完成。现在，我把企业交给了儿子，他也不会停止对祖国的回报。每年要拿出5000万元以上来作为教育基金。我的儿子曾志明现在是全国政协委员、全国青联副主席，他秉承了我的作风，要把我的慈善事业传承下去。我要我的下一代学会做人，学会爱党、爱国，学会尽自己的能力帮助那些需要帮助的人们。我的儿子去云南，我让他带1000万元过去，资助当地的贫困人家。我认为只要自己能够做到的，一定要做，绝不可忘记共产党对我的恩情。做企业任何时候都不能放松，因为只有努力工作，把企业做好，才能更好地报效国家。这也是我人生价值的体现。只要我还在，金利来还在，我对祖国的回报就不会停止。

程冠军：金利来是中国时尚领域的先驱品牌，一直引导着中国时尚产业的前进步伐。我们过去对金利来的了解都是从媒体上看到的，现在请您为我们讲述一下金利来的品牌的由来。

曾宪梓：1968年，我孑然一身来到香港，凭6000元创业，靠着一把剪刀、一台缝纫机开始了我的创业之路。刚创业的时候，公司并不叫金利来，而是叫金狮领带公司。1971年才改为金利来公司。

金利来商标就是我于1970年亲自设计的，它包括商标图案，牌名英文GOLDLION，中文金利来。牌名GOLDLION的中文译意为"金狮"，狮为百兽之王，喻示在服饰行业里，独占"男人世界"的鳌头，有王者的风采。但是，粤语中会把"金狮"读成"今输"，为使顾客不忌讳，便改为今天的金利来。金利来的商标图案是GOLDLION的缩写GL拼合而成的，G代表地球，L代表金狮。金利来三个字给我带来了财富和知名度。

在我创业的那个年代，外国人看不起中国的牌子，对此我很气愤，就想办法生产平价领带，到欧洲去销售。当时，我就发誓，作为一个中国人一定要争气，一定要为国争光。1971年中国乒乓球队去日本打比赛，途经香港进行逗留宣传，我就赞助了 3 万港币，同时在香港无线电视台做了一个礼拜的宣传，一下子所有的香港人都知道了金利来这个品牌。1992 年的春天，尼克松访问北京，我在香港无线电视台做了宣传。1973 年我又出资赞助了香港小姐第一届选举，此后金利来品牌在香港已经是家喻户晓。到了 1974 年我就赚到了 100 万的纯利润。

广告宣传是品牌推广的必由之路，但是一定要杜绝虚假宣传。其实，对于一个品牌来说，广告只是其中的一个环节，一个商品要长期保值，还要做到"三要"：品质要好，款式要新，做工要精。除"三要"之外还有一个"不"即永远不损害顾客利益。那时候我们的商品是现金交易，顾客买了金利来商品，不喜欢就可退货和退换。金利来从没有到有，从小到大，一直到 1992 年上市，45 年来一直保持着稳健的发展。

▲ 曾宪梓接受作者访问（右一为叶剑英元帅之女叶向真）

**程冠军**：作为金利来的创始人，您认为做企业最重要的是什么？关于说一个好的企业要有一个良性的负债率，您怎么看？

曾宪梓：做企业最重要的是保证品质，品质不好的产品绝对不能流到市场上，在金利来，如果遇到有瑕疵的产品，客户可以全额退款。一定要保证顾客利益。还有一点就是保证充足的现金流，金利来从来不向银行借款。对于企业的合理负债问题，我的观点是：一些大企业有能力重复利用贷款来拓展规模，发展大事业，是可以有合理负债的。但是这不是金利来要走的路，不是我的追求，我的目标是稳住发展方向。

我告诫我的儿子曾志明：金利来的目标不是追求大，而是追求稳。本着这个目标，我所有的产业都是企业的现有资金购买，而不是贷款购买。我认为，企业有一个基本条件就是要安定，不能因为有个金融海啸或金融危机就垮掉了。当年金融海啸的时候，我作为香港代表团成员访问北京，江泽民主席接见了我，当时他很关心地问我：金利来情况怎么样？我回答说，除了股市有些缩水之外，金利来基本上没有太大的损失。

程冠军：改革开放30年来，尤其后20年，很多品牌都发展起来了，很多也走向国外，您是怎么来面对竞争的？

曾宪梓：中国的企业一定要建立自己的品牌，才能走向世界、立足世界。关于竞争，金利来欢迎竞争，但不要斗争，要良性竞争。竞争才能更好地提高中国品牌的品质，从而造就更多的名牌。

人与人之间不要攀比，做企业也是如此。中国那么大，市场的包容性非常强的。我们不是做几亿人的生意，也不是做几千万人的生意，我们只是做了几百万人的生意，就已经赚了很多钱。从这个意义上说，中国的市场实在是太大了。就算有100个曾宪梓、100个李嘉诚也无法争夺整个中国市场。企业家要有目标，金利来目标就是不要损害顾客利益，也不要损害同行的利益，也只有如此我们的前途才会是光明的。

我希望中国有更多的品牌，更多的国际名牌。"体操王子"李宁在创业之初来找过我，当时我鼓励他用自己的名字作为品牌，事实证明了他的成功。

程冠军：在企业界有这样一句名言：一流企业做文化，二流企业做品牌，三流企业做项目。您怎么看企业文化对企业的影响？

曾宪梓：企业文化很重要，企业没有文化就等于人没有灵魂，没有文化的企业迟早要倒掉。金利来已经把报效国家作为企业文化的一部分了。从全世界来看，每天都有人创业，每天也都有企业倒闭。中国有老话叫"富不过三代，穷不过三代"。企业为什么要上市？上市就是要充分利用社会各种资源来管理和发展企业，这样才能不断提升和改进企业的管理。外国的一些著名企业为什么会成为百年品牌甚至更长久，就是因为企业到了一定规模之后，老板只是持股，并不一定亲自管理企业，即便是老板的股份被收购，那么其家族一样会保持股份，经久不衰。我曾宪梓会死，但金利来不能死。

程冠军：经过 35 年的改革开放，中国富了，但是，现在有一种现象，人们把中国的一些富人叫作"土豪"，我感觉中国的企业家面临一个问题就是：怎么样才能由富到贵？

曾宪梓：一个企业家最重要的是要有爱心和善心。现在很多老板有钱之后，把孩子送到外国，把资产也转移到外国，这种做法我不赞同。每个企业家的思想观念是不一样的，但一个品德高尚的企业家一定拥有爱国情怀，有国家观念的企业家会以国家为重，没有国家观念的老板随时都会弃国而去。那些把资产也转移到外国的老板们，和我们这些老一辈的华侨恰恰相反，我们是赚了钱都投奔到祖国来。我们时时刻刻都想着自己的祖国，挣到钱之后就想要回到祖国、报效祖国。我认为，当下我们的国家要进行广泛的爱国主义教育，要提高每一个中国人的爱国品质。一部分人有钱了，但是一点也不贵。人要从富到贵不是那么容易。在香港，我们会看到这样的现象，一些大陆有钱人到香港买东西，什么东西都是要最贵最好的。一个人，当他富有之后如果连一些朴素的认识都没有了，那么他自己做人的基本原则也会丢失。希望我们的企业家能够以国家为重。香港回归之前，一些人对共产党没有信心，对香港的未来没有信心，有人劝我离开香港，我没有离开，而是相信共产党、相信祖国。

程冠军：您当时为什么会选择领带这个行业？随着企业的不断发展壮大，您是如何驾驭和管理它的？

曾宪梓：创业之初，我们一家在香港租了60平米的房子，在一个小作坊里做领带，做完就自己再去卖，后来才慢慢地扩大，再后来才有了金利来。当时想法也很多，但没有资金仅仅能够维持一家人的生活。为什么会选择领带这个行业呢？因为领带这个行业成本小，工艺简单，虽然生意小，但容易进入，可以有饭吃。当时的想法是生存，每天要卖到50块钱才行，卖不到这个数我就不回家。从每天要卖50块钱开始，一直到今天我从来就没有亏损过。正因为这个经历，我才形成了我的经营理念：做生意每天都要赚钱。45年来，不管每天是挣1块钱还是10块钱，我总是在赚钱。做事情入手简单，但要做到成功不容易。开始很艰难，打开市场以后，生意非常好，那时，为了完成订单，我每天睡的很少，经常通宵达旦地工作。这种景象持续下去，到了70～80年代金利来就基本占据了整个香港市场。香港是金利来的发源地，我的策略是在占有和保持香港市场的同时，打开世界市场。市场与价格息息相关，在金利来，同样一条领带在全球的价格是统一的。

做企业第一是要有目标。不论你做什么，一定要把"能做好"作为企业发展的目标。领带这一行看起来简单，想做好它并不容易。1973年之后，我去欧洲考察，考察了意大利、德国、瑞士、奥地利等国家的时尚品牌，此后，我开始打造高端路线。现在，世界上很多品牌如爱马仕等都是我们加工生产的。第二个要求就是要有生存的本领。这个本领要求我们不要把目标定得太高、太远。我在刚创业的时候为自己定的目标很简单，就是要买厂建厂，等这个目标实现之后我才给自己定了下一个目标：买大厦。这些，经过努力我都做到了。一直以来，我不给自己定长远的大目标，而是一个一个实现小目标。

我没有进修过 MBA，金利来的管理理念我是自己总结出来的。厉以宁教授和他的团队拥有全世界最好管理理念，而我却不掌握这些理念，有一次，他到香港来，提出要把金利来的管理理念写到他们的教材里，我谢绝了他的好意。我对厉以宁教授说，金利来是我自己创造的，怎么制造，怎么买卖，我心中有数。我每天做完都会总结，今天有哪些成绩，有哪些失败，不断地总结才能不断地前进。一个企业家不仅要勤劳，还要拥有总结经验的智慧。

**相关链接：**

曾宪梓，金利来集团有限公司董事局主席、中华全国工商业联合会副主席。曾经在香港担任香港特区筹委会委员、港事顾问、香港中华总商会会长、贸易发展局理事等职，还是香港华侨华人总会永远名誉会长、新加坡南洋客家总会永远荣誉会长、香港佛教文化产业永远荣誉顾问、北京大学工商管理学院教授、广州中山大学生命科学院荣誉院长、广州中山大学名誉博士、美国爱荷华威思利恩大学政治学博士、暨南大学副董事长。1997 年获得香港特别行政区政府颁发勋衔制度中的最高荣誉奖章——大紫荆勋章。

**精彩语录**

　　企业家对市场的洞察力、感悟力要适度超前。当别人没有看见的时候你看见了，你就拥有未来。另外，做企业一定要坚持和专注，"十年磨一剑"。市场经济单项冠军多，全能冠军少。因此，我们要学会做单项冠军，不做全能冠军。选择所热爱的行业和领域，不断地汲取养分、吸取经验，扎扎实实的，才有可能做百年老店，才有可能成为常青树。

　　　　　　　　　　　　　　　　　　　　　　　　——张思民

# 对话张思民：商业模式创新成就海王

程冠军：海王是在改革开放的后 20 年崛起的民族品牌，请您介绍一下"海王"这个名字的由来以及创业初期的一些情况。

张思民：海王创办于 1989 年，选择"海王"作为企业和品牌名称主要基于两方面的考虑。第一，当时企业发展的方向是开发海洋产业，特别是海洋药物产业，公司的第一个项目是新型海洋药物"金牡蛎"，以海王为企业命名，彰显了企业开发海洋产业的决心和目标。同时，"海王"这个名字一是有海，海纳百川；二是王的含义也比较大气、响亮。第二，考虑的是"海王"标志着科学与理性。因为海王星的发现是人类科学史上的标志性事件，使得科学的声望达到了一个最高峰。以海王为企业命名，象征着企业勇于探索未知领域、不断向新的可能挑战。

海王的标志（LOGO）很好地表达了企业的品牌理念：三个箭头，是古希腊神话中海王神的三叉戟，象征着挑战、信心和勇气，更彰显着海王的核心理念——责任、荣誉、祖国。海王是一家具有强烈责任感和使命感的企业，我们以创新挑战为荣，以持续发展为荣，而所有这一切都是为了祖国的强大。因此，海王的文化既有西方文化元素，又有传统儒家文化思想和意识。中国成功的民营企业，大部分都有中西合璧的文化。

海王最初在蛇口创业，创业的条件非常艰苦。最早的办公室在居民楼里，工厂和实验室的条件也很艰苦。当时太阳神正如日中天，史玉柱正在珠海建设巨人大厦，当初还是"小弟弟"的华为就在我们旁边。邓小平同志南巡是1992年春天，同年4月我们开始兴建海王大厦。我们建楼的时候，周围还是一片空白。当时邓小平同志的女儿邓楠是国家科委领导，一直非常关心科技创新型企业的发展，亲自参加了海王大厦的奠基仪式。

今天的海王，集团下面有三个比较大的上市公司。一是海王生物，海王生物是A股上市公司，在资本市场的表现很好，年销售规模一百亿出头。二是海王星辰连锁药店，这是中国最大的直营连锁药店，在美国纽交所上市，目标也是百亿。我们号称打造双百亿。此外还有一个科技公司海王英特龙在香港上市，以生物技术研发为主，它规模比较小，但后劲比较足。海王现在是中国全产业链医药产业集团，除了医院之外，医药产业从研发一直到市场的终端，研发、生产、批发、零售，每个环节都有，而且都比较有竞争力。在同类行业里面，我们在国内位居前十，在民营医药当中我们位居前三。

程冠军：作为企业的掌舵人，您如何看待战略对企业的作用？民营企业如何才能打造百年老店？

张思民：战略决定企业能走多远，对于海王来说，我们的战略是双轮驱动，即同步推进自主技术创新和商业模式创新，这两个创新是海王不断前进的根本动力。作为企业的董事长，我最关注的就是这两个创新，并把这两方面的创新当成公司具有持久竞争力的关键因素来抓。2010年以后,全球企业开始关注商业模式创新。有管理学家说得好，今天企业的竞争已经不是产品的竞争，而是商业模式的竞争。换句话说，要成为世界五百强的企业一定要有自己的商业模式创新。从这个角度来说，商业模式创新是企业家必须不断学习和深入研究的课题。一个优秀的企业家应该在博采众长中，有他自己突出的超出普通行业的判断，这判断一定要具备前瞻性、引领性、方向性。20 年前，韩国三星董事长提出"改变一切"的口号，这个口号体现了前瞻性，20 年过去了，三星的销售额翻了 35 倍，日本企业也被远远地甩在后边，这就是战略引领企业发展的典型案例。

诺基亚手机两三年前还是市场占有率第一位，但是由于在战略上对数字产业发展的认识相对滞后，现在已经从王者的宝座跌下来。苹果的乔布斯是商业模式创新的大师，他通过创新商业模式引领苹果创造商业奇迹。因此，一个企业仅仅有好的执行团队还不够，更重要的是要有领先的战略和独特的模式。海王集团这几年正是靠战略创新进入了一个发展的快车道。如何在传统模式下找到自己独特的运营模式，这就是所谓的商业模式创新，也是海王这些年不断努力的方向。

企业家对市场的洞察力、感悟力要适度超前。当别人没有看见的时候你看见了，你就拥有未来。另外，做企业一定要坚持和专注，"十年磨一剑"。市场经济单项冠军多，全能冠军少。因此，我们要学会做单项冠军，不做全能冠军。选择所热爱的行业和领域，不断地汲取养分、吸取经验，扎扎实实的，才有可能做百年老店，才有可能成为常青树。中国经过改革开放 30 多年，引进、消化、吸收，创造了独具中国魅力、中国特色的企业管理文化。企业成功不是简单可以复制的，每个成功是不同的，而失败却非常相似。所以一定要走自己的路，当然，还要借鉴先进的经验和文化，没有借鉴就不会有创新。

**程冠军：**您经常说，一个企业的成功最重要的因素是商业模式的创新。海王商业模式的创新主要体现是什么？

⚫ 作者与张思民在海王集团总部留影

　　张思民：海王商业模式的创新主要集中在两个领域，一是医药商业领域，二是连锁药店领域。海王星辰是国内最早的连锁药店，现在国内同类企业中位列第一。我们一开始的定位就是连锁。现在，海王星辰的药店已经遍布全国70多个城市，将近3000家门店。主要集中在华东、东南、珠三角、江浙沪等地区。

　　中国的连锁药店经过近20年的发展，目前正面临着重要的转折点。我们曾经详细考察了美国的药店行业，美国的药店不仅卖药品，同时卖食品和日用品。实际上我们国家的药品和食品已经是一个检验局。海王为人类的健康卖药，做健康产品。近年来，药品、食品、日用品的安全问题和价格问题越来越突出，消费者花了很多钱却享受不到真正的安全、健康和实惠。海王星辰按照最高质量标准向最好的工厂定制健康、安全的消费品，并打破行业不合理的价格体系，以最接近产品价值的真实价格为顾客省钱。在商品的选择上，我们实施优品战略：优良的品种，优良的产品。比如大米，我们直接从产粮商手上拿来，这样就减少了中间的批发商，我们的价格比超市还便宜，而且还是最优质的东西。比如酱油，我们直接找到出口英国的酱油制造企业。我们跟同仁堂合作卖名贵药品，甚至跟柯达公司合作在社区冲洗照片。总之，每一个家庭需要的东西我们应有尽有。这就是海王星辰的优品战略。

今天，在海王星辰连锁药店，顾客不仅可以买到药品、保健品，更能用最真实合理的价格以远低于市场价格的优惠买到高品质、健康、安全的消费品。例如，一瓶海王为热爱健康的消费者特制的酱油，非转基因大豆酿制，不含防腐剂，同样的产品在超市售价超过 20 元，在海王连锁药店只卖 5.9 元。一支牙膏，按照国际标准定制，同品质产品在超市售价 39 元，在海王只卖 5.9 元。这样高品质、低价格、健康安全的消费品还有很多。海王星辰所有创新的出发点都是为消费者着想，与消费者贴心，让消费者通过我们的创新以更低的支出享受到更高品质的生活，这是海王所有创新活动的出发点和归结点。

在医药流通领域，我们针对行业"多小散乱"、效益低下、药品流通环节混乱、流通市场秩序不规范等现状，努力探索一种政府、医院、患者、药品制造企业、药品配送企业多方共赢的新模式。从 2009 年开始，海王集团结合国家医疗改革指明的方向，在医药流通领域率先推出医院用药"阳光集中配送模式"，得到多个省市行业主管部门的认同，并已在国内多个地区实施，为医药流通行业有效降低流通成本、提高配送效率、净化和规范药品流通市场做出了积极贡献。

程冠军：除了商业模式的创新之外，企业最主要的是自主创新，尤其是技术创新。您认为技术创新的价值主要体现在哪些方面？

张思民：自主创新意义非凡，自主创新最重要的是技术创新。特别是在医药行业，技术创新带来的是颠覆性的、结构性的变化。发明一种新药，就等于把竞争对手远远抛在后面。企业如果不抓自主创新，不在技术创新上有所突破的话，也很难成为真正意义上的国际级的企业。这一点很多企业家都有认知，只是大多数坚持不够而已。这些年，海王一直坚持着这一理念，24 年坚持做药，围绕主业不动摇。无论经历了波峰波谷，我们都在持续工作中坚持。我想，成功的企业就是坚持下来的。

就在前不久，海王有一个创新药物已经通过了美国 FDA 认证申请。我们这个新药研究了 13 年。这是中国自新中国成立以来第一个申请美国 FDA 认证的自主创新药物。目前，我们这个新药国内临床已经做到二期 B 了，正在做三期。这是新中国成立第一个由企业研发，有完全的自主知识产权的，申报美国 FDA 的新药。我们从 2000 年开始投入的这个项目至今已 13 年了，现在还只能说是接近成功。这个项目对公司的价值是一个很大的提升，因为这样的产品一旦上市就是重磅级的。美国 FDA 的审批非常严，一年也批不了几个。虽然目前我们还只是在二期临床，距离上市还有一段距离，但现在我们的前期工作已经得到了认可。十月怀胎一朝分娩，我们等于已经拿到准生证了。

中国的医药行业研发能力非常落后，医药企业普遍看重营销，不看重技术含量，产品推广靠的是广告轰炸。如果我们没有前瞻性的战略根本不可能有今天的成就。自主创新的路径是漫长的，只有持续地围绕战略坚定目标，再通过各种各样的战术创新、服务，最终才能走出去。

程冠军：近年来，中国的房地产出现了井喷式的暴涨。很多企业经不住诱惑"下水摸鱼"。房地产经济的野蛮发展损害了整个中国的实体经济，以至于很多人已经不愿意在实体经济里面坚持。海王地处深圳却一直没有受房地产影响，这是为什么？

张思民：我们用 10 多年的坚持，投入这么大的人力物力，才搞出了一个能申请美国 FDA 认证的产品。做房地产的随便搞一块地建一个楼，多少亿的利润就来了，这个对搞实业的人打击很大。但是，话又说回来了，执着的企业家都有一个情结，就是希望在自己选定的领域里面做出世界一流水平的事情来。我想这才是企业家的一种追求，这样才能做成百年老店。十八大之后我切身体会到，是改革开放给了我们一个施展才干的舞台，因此我们要对党有信心，对国家有信心，要继续弘扬改革开放精神。习近平总书记提出了伟大的中国梦，中国梦就是中华民族的伟大复兴。我认为在这个复兴过程中，无论是企业家，还是普通员工，每一个中国人都要在自己的岗位尽心尽力去做好自己的事。我们要"不以善小而不为，不以恶小而为之"。当然，我们的国家现阶段也不是那么的尽善尽美，但正是因为我们有问题、有困难，才需要在党的领导下形成改革共识，作为企业家当然不能置身事外，我们要尽最大努力创造环境、改善环境，形成推进改革的合力，推动改革，参与改革。

程冠军：现在社会上有一个不可回避的现象，有些企业家开始向国外跑，有的甚至把资产转移到国外，您怎么看这个问题？您怎么看企业家的担当？

张思民：我不赞成这种行为。自己的家再不好也是自己的家，美国再好，在那儿当二等公民，再好也不好。当然，我们也不能排斥优秀的东西，优秀的东西我们可以借鉴。企业在发展的过程当中，有时候会受到不公正、不公平的待遇，甚至受到一些屈辱。这些问题客观存在，我们要做的是通过党委政府各级组织如工商联、商会去呼吁，去改善。与此同时，我们更应该看到时代的主流，不改革中国就没有出路，不进步中国就没有希望，因为进步的洪流不可阻挡。目前，我们的企业家队伍还不够成熟，因为我们毕竟刚刚发展 30 多年的时间。当下，我们应继续弘扬创业精神，去做真正意义上的财富英雄。

企业家必须有担当。未来，中国的企业家在承担社会责任方面，不会输给比尔·盖茨，也不会输给巴菲特，因为我们有兼济天下的一腔情怀。我相信，随着我们国力不断增强，中国的企业会不断发展壮大，万亿销售额的企业也会出现。在中国，企业家的素质正不断提高，很多企业家并不把金钱完全看成家族的财富，他们更需要一种发展的空间和平台，希望以良好的社会责任来证明自己是优秀的。在我看来，消费者不信任你，员工不拥护你，党和政府不认可你，你能说你是优秀的吗？当然不能。因此，在承担社会责任方面，海王一直在实践着，这也是我们立志做百年老店的根基。当然，除了企业家的自身努力之外，还需要我们的社会对创业的企业家们有更多的包容。

程冠军：您认为企业家怎么处理与政治的关系？应如何参政议政？在改革开放的历史进程中，也有不少企业家辉煌之后倒下去了，您怎么看这些失败的企业家？

张思民：企业家要想发展，就要听党的话，跟政府保持一致。具体表现：第一，必须诚信经营、依法纳税，善待员工，关爱社会。第二，组织上给了我们参政议政的机会，我们就要忠实履行职责，站在全局客观的角度去看问题，帮忙不添乱。企业家必须随方就圆，还必须要有忍耐力。我们无论在什么岗位上，只要有一种坚定信念，不断创新，就一定会有好结果。我特别喜欢一句话:只管行善，莫问前程。有好的动机,方法正确，加上持续不断地努力，最终一定有好结果。

习近平总书记在十八大之后的南方之行是一种宣示，宣示中国继续走改革开放之路。这种宣示鼓舞人心，增强了我们的信心。改革开放30多年来，我们取得了经济的高速发展，同时也积累了各种各样的问题和社会矛盾。成绩是巨大的，问题也客观存在。只有继续深化改革，才能解决存在的问题。

失败的企业家也有很多站起来的，我觉得企业家必须有一种锲而不舍的精神。如红塔集团的褚时健，从一个小厂长成为中国的烟草大王，但是失败之后，褚时健却东山再起,今天的"储橙"成为一个时代的传奇。企业家就需要这种打不垮的坚韧精神。同时,社会上也应该对企业家给予更多的包容。

国内企业家当中,我比较佩服的还有柳传志、张瑞敏、任正非,他们在改革开放大潮当中经过艰苦环境的锤打和历练,他们身上的锐意进取精神和深邃思想值得我们学习。另外,还有很多年轻的企业家,如马化腾、马云,他们有一种强烈的创新思维、创新意识。江山代有才人出,这是历史的必然。

程冠军:作为民族企业和民族品牌,海王主要在倡导一种什么样的文化?在社会责任方面的贡献主要有哪些?你们未来的目标是什么?

张思民:企业文化就是围绕时代主流,找到自己准确的行业定位,凝聚人心,让大家有向上的正能量。海王文化的主流就是责任文化。海王是由共同的追求、共同的理想、共同的目标把大家聚集在一起。只有国家好企业才能好,企业好了,员工也就好了,我们每个人才会好。企业是人组成的一个组织,一个组织要有凝聚力、战斗力,靠的是理想、目标和追求。企业的终极目标就是让社会变得更美好。员工和员工家人不好,社会怎么会变得更美好?因此,我们从来都是善待员工,关心员工,把员工视为家人。

海王一直比较注重社会公益事业,截至2012年年底直接捐款达2.2亿元。我认为,企业的社会责任,公益只是一方面,企业最核心的社会责任是发展。离开了发展这个主题,其他什么责任都无从谈起。海王去年就交了4亿多的税,员工已近两万人。我们的管理风格更偏重于人性化,通过沟通,通过交流,我们从来不主动炒人。包括当时公司规模比较小的时候,如果员工不适合一个岗位,我们就给他换一个岗位。总会让员工找到适合自己的岗位,发挥他的优势和特长。

企业家既要对员工承担责任,也要对社会承担责任。在做企业的同时,我还在党委政府的引导下,积极参政议政。自2005年以来,我就担任深圳总商会会长，其间深圳市总商会和银行联合成立了一个互保金组织。通过这个组织可以直接给有需要的民营企业贷款。深圳互保金模式 2009 年开始运作，现在规模已经达到几百亿了。这种模式对深圳的中小企业的发展起了很大的推动作用。互保金模式 2010 年被评为全国工商联系统的十大创新案例，在全国影响很大。

我们的创新带动整个行业的发展。比如我们在连锁药店的模式创新就拉低了整个药品的零售价格，这个社会效益比经济效益还要大。海王星辰现在已经拥有几千家供应商，为了确保产品和信誉，我们定期对供应商的生产工厂进行检查，不但检查他们的生产质量，还检查他们的社会责任履行情况，比如环保、用工、企业信誉等。海王星辰基本上不卖进口产品，产品完全来自于国内厂家。我们增加 10 个亿的销售，就意味着给国内厂家带来 8 个亿的订单。这是一种产业链的带动。以前只有沃尔玛、麦当劳才有这个资格和这种意识。按照我们的商业模式，加上越来越好的外部环境，有十八大指引方向，在 2020 年我们要向着 1000 亿销售额的目标迈进，努力争取做中国最优秀的医药企业，进军世界五百强。

**相关链接：**

海王集团，创建于 1989 年，是国内医药产业领域具有全产业链竞争优势的大型企业集团。24 年来，海王集团专注医药产业发展，目前已形成涵盖医药产品研发、医药制造、医药商业流通和连锁零售的完整产业链条，在品牌、研发、制造、物流、零售等主要环节具备明显的竞争优势。海王集团旗下有三家上市公司，分别在深圳、香港和美国上市。海王集团拥有中国医药行业最具价值品牌、国内规模最大的医药零售网络和国内领先的医药产品自主创新体系，经营业绩连续多年保持持续快速增长。截至 2012 年年底，海王集团总资产逾 130 亿元，实现销售收入超过 160 亿元，纳税额 4.5 亿元，员工总人数达 3 万名，综合实力在全国医药企业中位居前列。

张思民，深圳海王药业有限公司董事长，深圳市总商会会长。1993年，被评为全国杰出青年企业家；2000年被美国《福布斯》杂志评选为中国50富豪第9位；2004年12月当选"优秀中国特色社会主义事业建设者"；2005年1月当选深圳市总商会（工商联）会长；2005年4月荣获第四届"全国优秀创业企业家"荣誉称号；2005年9月荣获2005年"蒙代尔世界经理人成就奖"；2006年12月，荣获首届"深商"风云人物卓越大奖；2007年9月荣获2007年度蒙代尔世界经理人成就奖；2008年1月，被评为"2007中国经济年度风云人物"。

　　企业家要学会共享，把别人的快乐作为自己的快乐，乐天下之乐，那么你才会被天下人所接受、所崇拜、所爱戴，那么你也会很快乐。

——曹德旺

# 对话曹德旺：德高业旺，兼善天下

题记：2014 年 3 月 12 日全国政协十二届二次会议闭幕，当晚，我终于如约在北京昆仑饭店 29 楼的咖啡厅与福耀玻璃集团董事长曹德旺进行了对话。曹德旺的身上有两个耀眼的光环：一、他是中国唯一获得企业界奥斯卡——"安永企业家大奖"的企业家，二、他累计个人捐款已达 60 亿元，是真正的"中国首善"。在 2 个小时的对话中，我深深地感到德和善的力量的伟大。

——作者

## 品牌的第一是人品

程冠军：您做汽车玻璃，做到世界第一，这是因为您很专注。这些年您不仅把自己的产业做到世界第一，同时致力于慈善事业，如今您的个人捐资已经达到 60 亿元，您怎么看企业家的社会贡献？

曹德旺：福耀之所以会成功，是因为我只做汽车玻璃，不做别的。我认为人生能够做好一件事情，就很不错了。我瞧不起房地产行业，我认为它是金钱与权力的结合，因此我也不去赚那个钱。企业家必须守商道，商道即是商业道德。商道概括起来就是利和义。利就是谋利，这是应该支持的，做得好，赚得多，说明你会做生意。但是在做生意的过程当中你必须承担义，义就是责任。第一要遵纪守法，第二是遵章纳税，第三是保质保量，童叟无欺，第四善待天下人，你的用户和员工都应该因为你而快乐、健康、幸福。在不影响你家庭生活质量和事业的情况下，你要力所能及地关爱社会，帮助那些需要帮助的人。为什么要关爱社会？试问：如社会乱起来你还有生意可以做吗？你要做百年老店，但如果没有一个百年稳定的社会，你的店怎么开下去呢？说是为了社会其实还是为了自己。这个环境谁来营造？当然要靠大家！因此，为社会做点好事也是为自己铺路。

福耀是 1987 年在福州注册，通过 20 多年的发展，福耀现在已经在全球建立起 30 多家子公司，在中国十多个省市建了工厂，而且都是各省市的重点企业。福耀今天在中国的汽车玻璃中占 70% 的份额，是全球八大汽车厂（宝马、宾利、路虎、奥迪等）的第一供应商，在全球汽车玻璃同行业稳坐第一把交椅，无论是供应量还是企业效益。福耀能够基业常青，能够立于不败之地，靠的是福耀已经成为全球汽车玻璃的知名品牌。这是品牌的价值。

品牌是什么？在我看来，人品、产品、品味、品质连在一起就是品牌。第一是人品。"品"是三个"口"，三人成众，三个"口"就是众口。你去做，让他们来评判，这叫人品，人品是这样做出来的。那么你必须坚持塑造企业的信誉度、美誉度，做任何事情应该经得起人家的圈点和评判。品牌的第一品是人品。第二是产品。也就是企业的战略定位问题。战略地位是什么？你准备投资，投资什么？为什么会投资玻璃？是因为市场好卖还是因为你熟悉玻璃？什么决定你的投资方向？产品的服务对象是谁？对你的服务对象了解有多少？其爱好、特性是什么？最后是由谁来做、怎么做、什么时候做？这些东西就是产品战略定位的问题，做之前应该认真研究这些问题，保证这些问题有效解决问题。从我的经验来讲，产品很关键。第三是品位。这涉及品牌的形象问题。这个问题就是要塑造企业和个人在社会上的诚信度、信誉度、美誉度。员工也是我们的客户，怎样留住员工？就要考虑薪酬福利，企业的发展愿景，员工的个人发展愿景，企业的价值观和文化。什么是文化？中国最有价值的文化就是立德，德的核心就是仁慈。企业虽然不是员工的，但他有份。我们做生意时就要讲诚信，真正做到童叟无欺，真正让员工体会到跟我在一起的价值，受社会尊重。第四是品质。就是产品质量。产品质量没有最高，只有更高，但最高的质量是什么呢？稳定，稳定在一条线上，不要一下子跳上去，一下子再跌下来，跟过山车一样。我做的是汽车玻璃，汽车有毛病要召回，我是全球供应商，可以想象质量需要稳定。质量稳定是由体系控制的，不是老板用高压手段能解决的。质量管理是一个系统工程，我们企业员工从上到下，都是有系统的培训，每一个人对品质都有一定的管理。

# 用佛教的"六度"经营企业

**程冠军：**您信仰佛教，佛教里面讲功德，您所做的慈善可以说是功德无量，但您却认为自己的功德只是一个小善而已，为什么？

**曹德旺：**佛教讲功德，功德可以理解为人的修养。我认为，我所做的事情只要有钱人都能做到，因此这不是功德。如果说捐钱就是功德，那慈善不是变成富人的专利了吗？应该说，穷人需要的帮助很多，但不一定只是需要钱，他们更需要尊重。我们可以倾听他们，安慰他们，给他们微笑。有的时候，我们甚至可以去阻止那些有轻生念头的人。这也是功德！做慈善不是目的，通过慈善促进社会和谐进步发展才是目的。慈善可以培育社会道德，培养公民素质也包含我们自己的素质。大善为政，小善为慈。真正的大善是善政，像毛泽东那样拯救和建设中国，像邓小平那样推动中国的改革开放，像习近平那样以大无畏的精神推进全面深化改革。

我的祖父就信佛，因此到我已经是三代信佛。信佛的人要戒掉自己许多不良习惯，信佛使我学会了谦虚和尊重别人。佛教对我管理企业帮助很大。佛教提倡精进，具体讲就是"六度"即施度、戒度、忍度、精进度、禅度、慧度。"度"在梵语的意思是"波罗蜜多"，字义是"到彼岸"，就是从烦恼的此岸度到觉悟的彼岸。六度就是六个到彼岸的方法。佛教的六度是企业家必须具备的条件。

我把佛家的"六度"用在企业经营上：一是施度，也叫布施。布施有三类，财施、法施和无畏施。按照佛祖的理论，财施是最小的，没有功德的，有钱人以财物于人，佛祖还建议财施最好隐性布施，就是做好事不要留名，让人知道了就不好，就没有功德。我最初做福耀玻璃的时候，不是为了钱，当初看日本在中国卖玻璃，去研究发现大厂不去做，小厂做不来，我认为我很有才华，而且有社会基础，可以做得来。那时我认为中国人应该有一块自己的汽车玻璃。那时，我刚刚知道法施。二是戒度，也叫持戒。佛家的戒相当于儒家的礼，佛门要求遵守法律法规的同时，个人要戒贪、戒痴、戒嗔、戒赌、戒色。我很自豪地说，我不做这些事情，我不会赌钱，我也不贪。我坚定地知道去做该做的事情。总结自己，刚刚走向社会做汽车玻璃时，是从不为向有为过渡；学会有为以后，我知道还应该有所为有所不为。为了这一块玻璃，我向中国承诺，对我的员工承诺，我们为中国人去做一片玻璃，让所有中国人能用上我的玻璃，不管他是富人，还是平民百姓，一定要让他放心。这一片玻璃能代表着中国人的形象，在国际上跟人交流洋人能够做到的，我们也应该做到，今天做到了。我们就本着这个理念来做。在持戒上我还有一个心得，我们的管理制度非常严格，我和我的员工说"我爱你"，因为我不想你犯错误。我的管理制度是相互制衡的，我制度不严，你顺手拿走了东西，到时候我怎么处理？开除你，我损失一员大将；不开除你，破坏了我的规章制度。因此，我们要求管理层在管理制度上必须严谨，把话说死，把东西锁紧。在持戒里既控制别人，又防止了不好事情的发生。第三是忍度，也叫忍辱。在忍辱方面，我也不怕吃亏，反正我能做自己想做的事情，没有本钱也不必要去做，不批准也无所谓，能够用这种心态应对一切。第四是精进度，即精进。生命不息，奋斗不止。精进就是精益求精，要持续创新。福耀最早引进中国第一条汽车玻璃生产线，当初我们提出，引进设备要消化技术，在消化技术的基础上，我们还必须要有自己改进创新的技术，我们必须要有自己的制造能力。福耀今天成

◉ 作者与曹德旺在一起

为全球第一大汽车玻璃工厂的时候，如果自己不会做设备，就没有这么强的竞争力。第五是禅度，即禅定。淡泊名利。我向社会承诺，向我的股东承诺，我只做汽车玻璃。我做什么事情，会从企业角度评估可不可以做，怎么做；个人问题随遇而安，从不计较。第六是慧度，即智慧。智慧是大智慧，跟聪明有差别。它让你学会舍得，学会放下。弥勒佛总是笑眯眯的，从不计较得到的多少，因此学会共享就是最大的财富。企业家要学会共享，把别人的快乐作为自己的快乐，乐天下之乐，那么你就会被天下人所接受、所崇拜、所爱戴，那么你也会很快乐。企业家要和员工共同分享，我经常跟我的员工讲，在中国的 13 亿人当中你们能够进入福耀工作，能够坐在我面前，在我的心目中，你们就是排头兵。你们承担着国家建设、发展的重任！中国是你们的中国，是我们的中国，是中国人的中国。因此，一定不要小看员工，因为员工也希望有一个能够寄托终身的企业。

## 除了做企业，我还会种田

**程冠军：**我记得您说过您是一个从来不向官员行贿的企业家，为什么？

**曹德旺：**官员是为了国家和人民服务，我做企业也是为国家、为社会做贡献，我为什么要向他们行贿呢？我坚决反对官员贪腐，也坚决反对向官员行贿。在中国，有相当一部分官员的腐败，起因在于一些不良老板向他们行贿。我认为，靠向官员行贿而获取利益的老板不是企业家。因此，我建议在追究贪官的同时也要追究行贿的不良老板。企业家是有自己的追求的，企业家是一种境界，一种精神，企业家都是一流人才，他们追求的是永无止境的创新和奉献，企业家的使命是"国家会因为有你而强大，社会会因为有你而进步，人民会因为有你而富足"。

程冠军：民营企业有很多"婆婆"，如果不去送礼的话，会不会有很多的阻碍？您在做企业的过程中有没有因为不送礼有些事情会难办一些呢？

曹德旺：我连续二十年是福建省的纳税大王。我守法经营，依法纳税，这是做企业的根本。要想别人尊重你，你就要先尊重别人，这也就是尊重自己，对自己要有自信。当然，不送礼有时候也会吃亏，我也因此吃了很多亏。但是吃亏没有关系，因为我是佛教徒，我能够坦然面对。佛教里有这样一个故事，有一个叫寒山的樵夫问一个叫拾得的和尚，世间有人谤我、欺我、辱我、笑我、轻我、贱我、恶我、骗我，我应该如何处治？拾得说：只是忍他、让他、由他、避他、耐他、敬他、不要理他，再待几年你且看他。正是有这种心态，我才可以超脱。每当我遇到压力和阻力，我就想，除了会干企业之外，我还会种田，如果企业干不下去，大不了我就回去种田。

## 走出去要有共赢精神

程冠军：您的福耀玻璃行销全世界，您是中国第一个成功反倾销的企业家，您有过两次反倾销的案例，一次是跟美国，一次是跟加拿大，这两次反倾销您都赢了。您认为中国的企业参与国际竞争需要注意什么？

曹德旺：中国的企业一定要正确面对反倾销，不要认为美国起诉你就是对你不友好。为什么呢？因为就国家来说，美国总统的天职是为了保护美国人民的利益，国家安全、人民幸福是他每天谋求的事情。那么当中国的玻璃卖到美国的时候，对于我们来说当然是卖的越多越高兴。但对于人家来说呢，如果你把我的这个行业冲垮了，有一天你突然不卖给我怎么办？像中国每年都大量进口粮食，为什么还是在自己种粮食？因为我们也是在考虑，万一将来向中国出口粮食的国家的企业突然不卖给我怎么办，或者因为其他原因运不过来怎么办？因此，当你的产品到了一个国家，对他们的行业造成了威胁的时候，人家当然要跟你过不去了。我这两次的反倾销都是行业之间的无序竞争引发的，我们国内的一些民营玻璃企业看到我的汽车玻璃在美国卖得好，大家也都纷纷以低价抢滩美国市场，其实很多企业在美国卖玻璃收回来的钱还不够在美国交税。后来美国查清楚了，中国的民营企业没有拿补贴，我也没有低价倾销。两次反倾销我都赢了。在这里，我给我们中国的企业一个忠告：去国外做生意，一定要学会尊重国际上的同行。你不要想去把人家打倒，你也没有那个能力把人家打倒，因为所在国的人民是要支持本国企业不会支持你，人家的行业在他国家的安全里面也是不可或缺的。因此，我们要有共赢精神，要尊重人家，不要总是想把人家打倒。

## 为家族企业感到骄傲

**程冠军**：作为一个民营家族企业，2009年您获得了安永全球企业家大奖，这是中国企业的第一次。我认为您拿了这个奖项，是一个标志性事件，标志着中国有了企业家。您怎么看这个奖项？

**曹德旺**：安永全球企业家大奖，是安永会计师事务所设立的一个世界级大奖。二十多年来，全球已有数百名最成功及最富创新精神的杰出企业家获此殊荣。其中包括戴尔计算机创始人迈克尔·戴尔、星巴克董事长霍华德·舒尔茨等，世界五百强企业好几个企业家拿了这个奖。安永是一个业务遍布全球的会计师事务所，每年有200亿美元的收入。他们的企业文化是独立，严谨，公开，公正。安永设计了一个全球企业家评审。所有的评委都是独立的，评审的过程当中独立严谨公开公正，用评审的过程来宣传自己的企业文化。而我的审计并不是安永所做，而是他们的竞争对手普华永道做的。从我之后至今还没有中国企业家再获得。我获得这个奖以后，扩大了企业的影响。安永全球企业家大奖独立评选团主席兼瑞典 JCE 集团主席 J.Christer Ericsson 先生对我的评价是这样的："他的成就远远超过汽车玻璃领域。福耀集团真正推动了中国汽车工业在海外的发展。他同时也为中国的公司治理开辟了先河，他不仅把福耀重组为福建省最早成立的股份有限公司之一，也是中国最早将独立董事引入董事会的企业之一。安永全球企业家大奖今年的竞争十分激烈，也正是因为上述因素使各位评委最终决定把奖项颁发给曹德旺。"我能在一群如此优秀的企业家中胜出，捧得安永企业家全球大奖是莫大的荣誉。这个荣誉不仅仅是我个人的，也是福耀 2 万多名员工和中国的荣誉。

**程冠军：**您已经退休了，目前只担任集团董事长。万象集团的鲁冠球也和您一样只做董事局主席，你们都实现了顺利接班。国际上知名企业很多都是家族企业，您怎么看家族企业的未来？

**曹德旺：**世界五百强企业 98% 是家族企业，我为我是家族企业感到骄傲。我希望中国人把家族企业这个词消灭掉，有这种思想的人是非常落后地固守在国有企业的观念上。我为什么让儿子接班，因为我找不到经理人。中国的职业经理人市场还不成熟，全世界都是这样。目前，在福耀除了我的儿子担任总经理之外，我的女婿也在担任采购经理。我对家族成员的管理采取制度化。我们比国有企业更专注，因为这是我的东西。我每年给员工发的奖金就一两个亿。员工是我们的财富，是我们的衣食父母，是我们成名成才成家的宝贝。在福耀，员工重病，员工家里人重病都是公司来出钱治疗。员工在我的公司，如果这些事情不处理好，他该如何工作。我们一年在这方面的花费高达两三千万。

# 德高业旺，兼善天下

**程冠军**：福耀的核心文化兼善天下，我国古代思想家墨子就主张"兼相爱、交相利"。您的企业是如何从一个小企业逐渐做大的呢？您的名字曹德旺很有意义，以德为先，德高才能旺，也可以解释为德旺事业兴。您能介绍一些您名字的由来吗？

**曹德旺**：福耀的核心文化是"发展自我，兼善天下"。品牌不是用钱买的，而是做出来的。福耀两个字，其核心含义是：福耀中华，春满人间。

我很自豪我能拥有曹德旺这个名字，我的名字是一个算命先生给我取的。作为穷苦人家的孩子，我9岁读书的时候还没有名字，母亲找到一个高鼻子的算命先生，把我的生辰八字写给他。过几天，算命先生拿了我的名字来，跟我母亲说，这个小子很聪明，将来一定有出息，但是他太聪明了，要德高才会旺。从小到现在，我都是以德为先。一个人做一件好事容易，但是做一辈子好事很难。我这辈子从青少年时代就闯荡江湖，到今年已经七十岁了，依然笑傲江湖，这是因为我没有欠任何人任何的情债、钱债。我不偷税、不走私，不欺负客户，不欺骗消费者。一个企业家要想成功，必须有端正的动机和不懈的追求。

**程冠军**：进入2014年之后，中国经济面临着一个低迷期，中央和国家的经济政策是稳中求进，稳中向好，这个时候很多企业都在进行转型升级，您认为您的企业要不要转型升级？另外，今年年初国企承包第一人马胜利去世了。我认为这是一个标志，标志着中国的厂长经理时代已经过去了，企业家时代到来了，您觉得是这样吗？

**曹德旺**：什么叫转型，什么叫升级？转型升级四个字是两个概念，转型是观念，转作风，转管理模式，转生产模式。升级是标准升级，质量升级，技术升级。我们即使已经成为老大，一样要转型升级，我们的文化也是持续创新文化，我们清醒地看到：每一个技术、每一个政策、每一个设备，一开始问世的时候就已经落后了。要不要改？当然要改！什么是与时俱进，这就是与时俱进。我们传统文化说以不变应万变，不变的是信仰、信念，实现目标靠的是万变。

思想要不停地往前走，不能固守陈规。持续转型升级就是改革创新。持续创新也是福耀的生存之道。我忠告我们中国的企业，市场低迷的时候首先要反省一下自己，经济低迷，市场并没有低迷。在经济低迷的时候，我的订单却完不成，供不应求。因此，任何行业都是事在人为。您刚才问我中国的企业家时代是不是到来了，我认为中国的企业家队伍还有待壮大。目前，中国出现了许多房地产商，我认为做房地产不算企业家。房地产财富来得快，走得也快。说倒就倒。美国一个经济学家做过统计分析，全球买彩票中奖发财的人，99%在三年内破产。

国际上对企业家的定义是，从无到有，从小到大，诚信经营，遵纪守法，有一定的影响力，能够有持续发展的能力。一味地钻到钱眼里的商人根本算不上企业家。企业家和商人的区别，就同画工、画师和画家的区别，歌手和歌唱家的区别一样，有着质的不同。企业家是一种高风险的职业，他们的选择是一直在路上。就像我，已经赚了足够的钱为什么还要继续做？我不做谁做？国家培养我花费了很大代价，因此，即使会毁掉我晚年的声誉我也还是要继续做。这就是一个企业家的责任。企业家是一种境界，是一种追求，追求的是一种完美。

**相关链接：**

曹德旺，福耀玻璃工业集团股份有限公司董事局主席，福耀集团创始人。1987年福耀在中国福州注册成立，是一家专业生产汽车安全玻璃和工业技术玻璃的中外合资企业，也是名副其实的大型跨国工业集团。1993年，福耀集团股票在上海证券交易所挂牌，成为中国同行业首家上市公司。福耀集团现已成为国内最具规模、技术水平最高、出口量最大的汽车玻璃生产供应商，产品"FY"商标是中国汽车玻璃行业第一个"中国驰名商标"，自 2004 年起连续两届被授予"中国名牌产品"称号；福耀玻璃股票为上证红利指数样本股，于 2009 年被上海证券交易所授予"年度董事会奖"，并于 2011 年起，连续三年获颁"央视财经 50 指数"年度最佳成长性上市公司等。福耀集团同时还是有评选以来连续三届的"中国最佳企业公民"、"2007 CCTV 年度最佳雇主"。2009 年，董事长曹德旺作为首位华人企业家，登顶具有世界企业界奥斯卡之誉的"安永全球企业家大奖"。如今，福耀集团已在福建福清、吉林长春、吉林双辽、上海、重庆、北京、广东广州、湖北荆门、河南郑州、内蒙古通辽、海南文昌、俄罗斯等地建立了现代化的生产基地，形成了一整套贯穿东南西北合纵联横的产销网络体系，还在美国、日本、韩国、澳大利亚、俄罗斯、德国、中国香港等国家和地区设立了子公司和商务机构。2013 年，福耀集团销售额 115 亿，纳税总额 14.5 亿。

作为一位身兼全国政协委员、国务院国情研究员、福建省政府特约经济研究员、中国汽车玻璃协会会长、福建省企业家协会常务副会长等职务的成功企业家，曹德旺创业的每一步都浸透了艰辛和毅力；作为一位率先进行企业股份制改造、最早踏入资本市场的民营企业家，他前进的每一步都充满了胆识与信心；作为一位拥有美国内布拉斯加州"海军上将荣誉军衔"的中国人，他品味着美国里根总统曾经获得过的殊荣，他的身上折射出一代人的传奇。他认为——人要有敢于第一个吃螃蟹的精神。他认为——做企业如做人，企业的创品牌之路离不开"仁、智、勇、义"。他认为——新世纪的企业家雄心、才智、专长、果断与信誉，缺一不可。

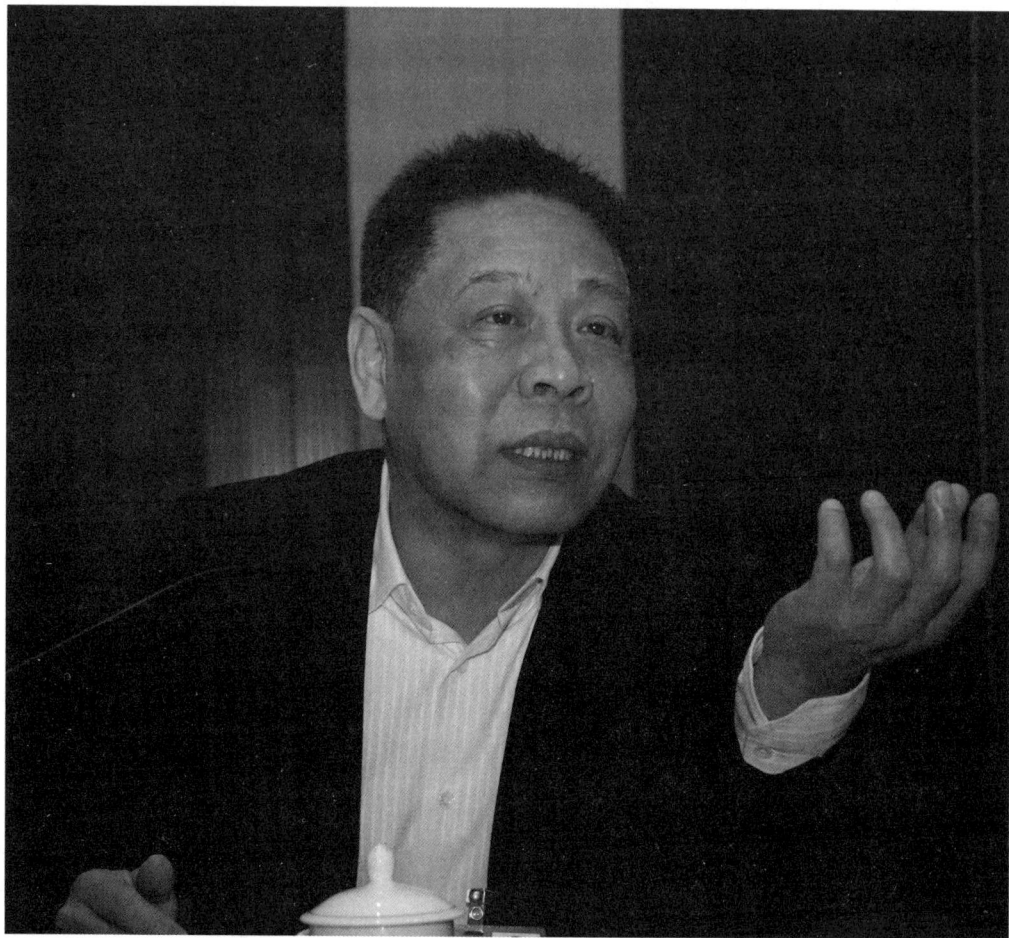

　　纳爱斯的文化是水文化，我们叫"如水纳爱斯"。"如水文化"一直支撑着纳爱斯向前发展，这是因为纳爱斯在发展和实践中走过的道路，与水的习性非常相似，水居于低处而不卑，善利万物而不争。纳爱斯有今天的发展是广大员工的努力，纳爱斯的水文化也是员工创造的，我个人只不过根据企业发展的实际，概括和提升一下。

——庄启传

# 对话庄启传："纳爱斯"文化中的善道

**编者按**：纳爱斯集团自 1994 年以来一直是中国洗涤用品行业的龙头企业，实现洗衣粉、肥皂、液洗剂三大产品全国销量第一，2005 年进入世界前八强。"纳爱斯"，是英文 nice 的音译，意为"美好"，表达了纳爱斯将美好奉献给天下人的情怀。全国两会期间，作者与纳爱斯集团董事长兼总裁庄启传进行了对话。

## 转型升级与文化建设密不可分

程冠军：在中国经济稳中求进的新形势下，企业的转型升级非常重要，近两年，浙商的转型升级走在了前列，作为一位著名的浙商和中国洗化行业的代表人物，请您谈谈纳爱斯是如何转型升级的？

庄启传：企业的转型升级最终体现在企业的产品上，就是产品要更新换代，要提高附加值。一直以来，中国的很多产品都处在中低水平，因此，我们的目标是通过转型升级，提高产品的技术含量，提高产品的质量和品质，做好市场营销，特别是把附加值高、品质好的产品概念植入消费者的头脑里，改变中国一直以来都是做低价位产品的习惯思维。这样，我们才能实现真正的转型升级。

程冠军：与企业的转型升级密不可分的是文化建设，请您谈谈纳爱斯的企业文化建设。

庄启传：纳爱斯一直保持着持续高速发展的良好势头，其中重要的一点是靠纳爱斯文化在支撑。纳爱斯的文化是水文化，我们叫"如水纳爱斯"。"如水文化"建设纳爱斯、支撑着纳爱斯向前发展。因为纳爱斯在发展和实践中走过的道路，与水的习性非常相似，水居于低处而不卑，善利万物而不争。纳爱斯有今天的发展是广大员工的努力，纳爱斯的水文化也是员工创造的，我个人只不过根据企业发展的实际，概括和提升一下。

纳爱斯的前身是丽水五七化工厂，1968 年，为"文化大革命"期间走五七道路的干部下放劳动，以 6 万元创办的作坊式小厂。十年办厂十年亏损，此后一直在轻工部 118 家定点肥皂厂中，位列倒数第二，是关停并转的对象。面对这种情况，我们深知要发展，纳爱斯首先要解决的是企业的生存问题。因此，我们外引内联，承接外贸订单，为国内上海、西安等老大哥厂做贴牌加工，在众多国内贴牌加工作配角的企业中，争当最佳配角，学技术、长才干、拓视野。我们居低位而从不自卑，与命运抗争。我们认为：命运包括"命"与"运"两个方面，"命"是天生的，人无法选择，但"运"则取决于人的努力。"命"不可违，"运"可以择，人们完全可以通过改变"运"来改变自己的生存状态。为了与命运抗争，在不具备任何条件的情况下，纳爱斯选择了创自主品牌的道路。历经磨难，现已硕果累累。纳爱斯、雕牌都成为中国名牌、驰名商标、免检产品，成为行业的标志性品牌。产品进入千家万户，百姓交口称赞。从 1994 年至今，纳爱斯稳坐中国洗化用品行业第一把交椅，2005 年我们就进入了世界洗涤前八强。纳爱斯人以"如水文化"，通过自身的实践破除了欠发达山区难以发展工业，更不能出一流企业的迷信，给人以"鸡毛也能飞上天"的启示。

## "射雕行动"使雕飞得更高

**程冠军：**老子《道德经》第八章中说："上善若水，水善利万物而不争，处众人之所恶，故几于道。居善地，心善渊，与善仁，言善信，政善治，事善能，动善时。夫唯不争，故无尤。"从老子的这个观点看，水文化的最大特点就是不争，那么您怎么参与市场竞争呢？在一些国际著名的洗化品牌抢占中国市场的时候，纳爱斯凭借什么参与竞争呢？

**庄启传：**竞争当然是存在的，关键是怎么竞争。与洋品牌相比，在中国的土地上，我们是主场，他们是客场，这就如同打球一样，主场当然占优势，我们主场的优势是中国的文化，我们当然比洋品牌更了解中国所独有的文化，更了解中国的市场。尽管洋品牌进来给我们带来了一些冲击，但是对于发展中的中国市场来说，这种冲击还是非常有益的，正因为有冲击，才使我们可以学到很多东西。只有学习他们，才能超越他们。当然，一些国际大公司对我们的冲击还是比较大的，有一个洋品牌曾经针对我们的品牌"雕牌"搞过一个所谓的"射雕行动"，目的就是把我们打倒。对此，我们从容应对，"射雕行动"射不下来我，我会变得更强大。从"射雕行动"的最后结局我们可以看出：一些不可避免的冲击，迟来不如早来，企业在成长过程中早一天受到磨炼，会早一天强大起来。

**程冠军：**这正如古人所说"疾风知劲草，路遥知马力"。雕牌之所以能成为中国的民族品牌，正是在风浪中练就了翱翔天空的翅膀。我们看到，浙江企业中，有雕牌这类企业品牌的一路高歌，但也有一些跑路企业折戟沉沙，您怎么看浙江跑路企业现象呢？

庄启传：跑路企业现象我觉得有两个方面：第一，是体制问题。我们现在的政策对国有企业支持力度比较大，但民营企业的生存空间则被挤压得非常厉害。第二，是民营企业自身的问题。民营企业自身转型升级的步子跟不上市场脉搏的跳动。与国有大中型企业相比，中小企业是弱势的，这一点我深有体会。因为我们也是从小到大、从弱到强一步步发展起来的。现在，我们壮大了，遇到了转型升级问题，我们的转型升级走在了前列。我们为什么会走在前面，因为我们有这个实力。现在，纳爱斯不仅没有一分钱的银行贷款，还有几十亿元资金的剩余。正因为有实力，我们的研发能力也更强。去年，我们市场上30%的产品都是高附加值的新产品。刚才说过了，转型升级第一要注重新产品的研发，没有高附加值的新产品，企业的转型升级就无从谈起。另外，对市场、对消费者的需求要充分了解，并且把两者有机结合起来。

## 管理与服务是企业发展的利器

程冠军：社会上很关注纳爱斯的管理，您能介绍一下纳爱斯的管理吗？有人说没有管理的管理就是最好的管理，您认为这种没有管理的自主管理在企业能做到吗？您如何处理沟通与执行的问题？您有没有学习西方欧美的或者日本的管理经验？

庄启传：自主管理是很难做到的，企业主要还是要靠制度管理、流程管理。公司运行靠的就是制度流程，否则就会出现职责不清，就会出现混乱。不要看我们纳爱斯有这么多的产品，分布在全国各个地区，我们的管理流程十分清晰，哪一包洗衣粉、哪一块肥皂卖到哪个商店，什么时候进去，出现了什么问题，我们全部都了如指掌，井然有序。在管理上，我们当然要学西方的、欧美的或者日本的管理经验，有用的就学，谁好就学谁，把人家好的东西变为自己的东西，取其所长，吸收其精髓。在管理过程中，沟通是前提，只有实现了有效沟通才会有执行力。实现有效沟通的前提是要了解企业、了解员工。这样，才会降低沟通成本。譬如，如果我们公司任何一个环节出现问题，各个渠道、各个部门，包括员工都会在第一时间通过有效的渠道反馈到我这里来。

管理是企业的基本功，是品质的保证。纳爱斯率先在行业中推行 ISO9000、ISO14000 国际质量保证体系和国际环境管理体系，用国际标准规范企业管理。从原材料质量级别的鉴定、供货单位的选择、原材料的验收、物资的贮存到生产过程的控制、产品的入库出厂等每一个环节，都有详细明确的规定，严格执行的工艺流程与标准，让产品的每一个环节都可准确追溯、严格监控，从而确保产品的优良品质。为规范整合管理，纳爱斯不仅请惠普公司（HP）建立了完善的分销物流系统(NDLS)，还请 IBM、ORACLE 等国际顶级公司实施物资管理项目（ERP 系统），用数字化程序化来控制整个集团的运行。以此形成从物资招标采购—存储—生产—产品—储运—配送—市场的全方位控制与管理，从而使集团进一步走向集约化、精细化管理。

程冠军：纳爱斯有没有聘请职业经理人？您的企业里有没有家庭成员？有人说，看一个民营企业是否摆脱家族化管理，关键看他是否可以当"甩手掌柜"。您同意这个观点吗？您认为，民营企业靠什么来约束管理者的行为，使他们更好地为企业效力？

庄启传：纳爱斯没有聘请职业经理人，我是董事长兼总裁，下面有六名副总。纳爱斯除了我之外没有家族成员。我的女儿在瑞士汽巴公司工作。瑞士的汽巴精化是世界精细化工业的领先者之一。我想让女儿回到我们公司来做，因为我们的企业也需要人才，但她不愿意回来。"甩手掌柜"是理论上的问题，在现实当中"甩手掌柜"是很难做到的，因此我不太相信这种理论。除非你的企业是上市公司，你所占的股份也不大，你不负主要责任，你就可以当"甩手掌柜"，直接由经理人来做。不然的话，你主要责任人当"甩手掌柜"，出了事情谁负责？国有企业对管理者的约束靠纪委、监察，民营企业没有纪委、监察，我们主要靠流程管理和审计。流程管理是预防，审计是事后监督。当然主要靠流程管理，严格执行流程规范，靠制度。这两种预防和监督是十分有效的，原因在于真正执行。

**程冠军：** 您是做市场终端产品的，服务很重要。最近我和刘永好先生座谈，他把服务放在十分重要的位置，他的观点是老板要"从山大王变为服务员"。再如海尔，这么多年在白色家电行业能独树一帜并一直迎风招展，主要因为他们的服务做得好，您怎么看服务？

**庄启传：** 所谓服务，不能空讲，服务就是满足需求，服务是需求的服务，能满足需求就是好的服务。纳爱斯的服务理念是：客户需要什么，我们就提供什么。我们是通过市场调查了解客户的需求，通过不同的渠道接近消费者。我们专门设有一个市场部，市场部有100多人，市场部的职责是专门做市场调查。多年的市场调查经验告诉我们：谁能最先发现消费者的需求，谁能最快时间、最有保证地满足他的需求，谁的服务就是最好的服务。

## 学习使我们更进步

**程冠军：** 现在不少国内企业推广西方的学习型组织理念，建设学习型企业。

您怎么看企业的学习和学习力?

庄启传:我觉得学习不仅仅是西方的专利,中国人也很爱学习,中国人如果不爱学习,也不会有今天这样的巨大成就。所有成功的人都是爱学习的,所有成功的企业也都是不断地学习、不断地完善的。纳爱斯这个团队有两万多人,在我们的企业里,学习培训是最基础的工作,我们每年都举办上千场次的培训,所有流程的贯彻都必须通过层层培训来实现,通过层层培训达到人人都会熟练操作。除培训学习之外,我们还十分注重对外交流的学习,每年都有很多企业来跟我们交流,我们每年也走出去交流。我们每年都选派一些骨干去大学学习,去读MBA,去上一些对口的管理课程,让他们有机会梳理一下自己的管理经验,把企业管理的实际与理论有机结合起来。作为企业家,我们更要不断完善自己的学习,多接受各种信息,结合企业的具体情况多去思索,多去探讨,把自己的思考不断地放在实践中,让它接受实践的检验。一个成功的企业家,要实现决策正确和管理的精准,关键要做到两点:一是信息要对称;第二要通过不同的信息渠道求证事物和观点的正确性。有些时候,一个很重要的信息往往是偶然获得的。正所谓:说者无意,听者有心。有些人无意一讲,我们一听却是很重要的事情。这是因为人的阅历、层次、事业以及所积累的经验是不同的,同样的信息会产生不同看法和不同的用途;同一个信息,有人听了无用,有人听了就有用处。我们每天学习的途径和渠道很多,过去,我们获得信息的工具是电视和报纸广播,现在主要是通过互联网和手机,当然,如此巨大的海量信息还需要我们捕捉和筛选。

## 国家的崛起与纳爱斯的善道

程冠军:我们看到,浙江温州有很多民营企业高薪招聘了党总支书记,您感觉党组织在民营企业里应该发挥什么样的作用？纳爱斯的党组织建设情况如何？

庄启传：党员在企业里的骨干作用很明显，党员的觉悟相对来说比一般工人要高。国有企业看重，民营企业也看重党员的作用，因为党组织、党员的先进作用发挥起来，对民营企业有很大的帮助。每一名党员都是经过组织多年培养而成的，这比企业下力气单独培养优秀和忠诚的员工要省力气。我是1983年就入党的老党员，我兼任纳爱斯集团的党委书记，这一点，我深有体会。我出生在一个父母都是普通教师的家庭，是土生土长的丽水人，在尚未成年就步入动乱的"文革"年代，使我过早地品尝了人间之沧桑，感悟到民间之疾苦。所以，作为一名共产党员，我的使命是，只要能改变命运，只要能让一方百姓脱贫致富奔小康，只要能使民族振兴、国家富强，自当奋力而拼搏之，绝不会有丝毫懈怠。我给纳爱斯广场矗立的雕塑起名叫"崛起"，这是纳爱斯人的精神象征和寄托，讲述着这样一个哲理：只有祖国的崛起才有企业的发展，只有企业的崛起才有国家的强盛和民族的复兴。

程冠军：在洗化市场的微利时代，竞争异常激烈，纳爱斯为什么依然能振翅高飞？这其中有没有秘诀？

庄启传：纳爱斯没什么秘诀。所谓的秘诀是我们把员工看作企业的第一资本，发挥每个人的积极性，发挥每个人的聪明才智，使员工爱企业，把企业的事情当作自己家里事情一样去做。纳爱斯有一条对各级干部要求很严的规定：要求员工做到的班组长首先做到，要求班组长做到的车间主任首先做到，要求车间主任做到的经理首先做到。所有的规章制度都是领导带头执行。只有你领导先做到了，大家才会信任你。任何事情的完成，领导都必须做表率。这就如古人所说的"己所不欲，勿施于人"。这也是纳爱斯的"如水文化"，我们正是用水的精神不断地鼓励，不断地提升自己，"如水文化"是一个系统工程。

程冠军：按照老子的观点，水的境界就是上善，所谓上善，就是老子所说的"居善地，心善渊，与善仁，言善信，政善治，事善能，动善时"。因此，我们也可以说，水之道就是善道。纳爱斯的管理与文化就是一种善道。

**相关链接：**

庄启传，纳爱斯集团董事长兼总裁，1952年9月出生，浙江丽水人。中共党员。当过知青，插过队。1971年成为纳爱斯公司前身"地方国营丽水五·七化工厂"的一名工人，其后历任供销员、供销科长，一步步提升至经营副厂长。1984年年底经职工民主选举为厂长。1993年，公司进行股份制改造，任浙江纳爱斯化工股份有限公司党委书记、董事长兼总经理。2001年经国家工商总局核准成立纳爱斯集团，续任党委书记、董事长兼总裁至今。在行业中兼任中国洗涤用品工业协会副理事长，全国肥皂专业委员会主任委员。1986年以来先后荣获丽水市劳模、丽水地区优秀厂长、浙江省十佳青年厂长、浙江省优秀企业家、浙江省劳模、十大浙商风云人物、优秀中国特色社会主义事业建设者及全国劳动模范等称号。1987年起连续当选丽水市第九、十、十一、十二届人大代表，浙江省第七、八届人大代表。1998年、2003年、2008年分别当选第九届、第十届、第十一届全国人大代表。

我们看到，巨人稍有不慎，没有跟上形势，就可能倒下。巨人倒下时，身体还是暖的。所以，有人说腾讯拿到了所谓的移动互联网"船票"，其实，谁也不能保证自己一定能走到终点。腾讯一定要深思这个行业该怎么发展。拥抱潮流需要有很大的勇气。

——马化腾

# 对话马化腾：拥抱潮流需要有很大的勇气

编者按：2012 年 12 月 7 日，习近平总书记到腾讯公司参观考察时指出"现在人类已进入互联网时代这样一个历史阶段，这是一个世界潮流，而且这个互联网时代对人类的生活、生产、生产力的发展都具有很大的进步推动作用。"并对腾讯提出了希望："今后在互联网的发展与建设中，从法规建立完善到技术的发展各方面，你们的意见都很重要，也希望你们今后在这方面更多地建言献策。"

## 把腾讯打造成生物型组织

程冠军：21 世纪是创新的世纪，互联网最大是特征就是创新，我们认为，腾讯之所以能够成为互联网业的一匹"黑骏马"，主要是得益于源源不断的创新和独树一帜的管理。请您谈谈腾讯的创新和管理。

马化腾：我们大家一起向一个开放的、没有疆界的互联网新生态迈出了第一步。看到这些新的现象，我既感到高兴，也体会到责任重大。如果说以前腾讯做得好不好只关系到自己员工和股东，现在则关系到大家，腾讯还必须要促进平台繁荣、与广大合作伙伴一起成功。通过对开放平台上合作伙伴的观察，我发现，做好一款产品对于很多人来说并不太难；但是，如何让它持续地运营下去，如何移植一款产品的成功经验从而创造一系列的成功产品，却是一个相当难的问题。

这里，我想跟大家分享一下我的思考。这些思考来自腾讯十几年来的经验和教训，希望对大家能有所帮助。在腾讯内部的产品开发和运营过程中，有一个词一直被反复提及，那就是"灰度"。我很尊敬的企业家前辈任正非也曾经从这个角度有深入思考，并且写过《管理的灰度》，他所提倡的灰度，主要是内部管理上的妥协和宽容。但是我想，在互联网时代，产品创新和企业管理的灰度更意味着时刻保持灵活性，时刻贴近千变万化的用户需求，并随趋势潮流而变。那么，怎样找到最恰当的灰度，而不是在错误的道路上越跑越远？既能保持企业的正常有效运转，又让创新有一个灵活的环境；既让创新不被扼杀，又不会走进创新的死胡同。这就需要我们在快速变化中找到最合适的平衡点。互联网是一个开放交融、瞬息万变的大生态，企业作为互联网生态里面的物种，需要像自然界的生物一样，各个方面都具有与生态系统汇接、和谐、共生的特性。从生态的角度观察思考，我把十几年来腾讯的内在转变和经验得失总结为创造生物型组织的"灰度法则"，这个法则具体包括七个维度：分别是：需求度、速度、灵活度、冗余度、开放协作度、进化度、创新度。

## "灰度法则"的"七个维度"

程冠军：请您详细介绍一下"灰度法则"中"七个维度"的具体内容和精神内涵。

马化腾：第一，需求度：用户需求是产品核心，产品对需求的体现程度，就是企业被生态所需要的程度。产品研发中最容易犯的一个错误是：研发者往往对自己挖空心思创造出来的产品像对孩子一样珍惜、呵护，认为这是他的心血结晶。好的产品是有灵魂的，优美的设计、技术、运营都能体现背后的理念。有时候开发者设计产品时总觉得越厉害越好，但好产品其实不需要所谓特别厉害的设计或者什么，因为觉得自己特别厉害的人就会故意搞一些体现自己厉害，但用户不需要的东西，那就是舍本逐末了。

第二，速度：快速实现单点突破，角度、锐度尤其是速度，是产品在生态中存在发展的根本。我们经常会看到这样几种现象：有些人一上来就把摊子铺得很大，恨不得面面俱到地布好局；有些人习惯于追求完美，总要把产品反复打磨到自认为尽善尽美才推出来；有些人心里很清楚创新的重要性，但又担心失败，或者造成资源的浪费。这些做法在实践中经常没有太好的结果，因为市场从来不是一个耐心的等待者。在市场竞争中，一个好的产品往往是从不完美开始的。同时，千万不要以为，先进入市场就可以安枕无忧。我相信，在互联网时代，谁也不比谁傻5秒钟。你的对手会很快醒过来，很快赶上来。他们甚至会比你做得更好，你的安全边界随时有可能被他们突破。我的建议就是"小步快跑，快速迭代"。也许每一次产品的更新都不是完美的，但是如果坚持每天发现、修正一两个小问题，不到一年基本就把作品打磨出来了，自己也就很有产品感觉了。所以，这里讲创新的灰度，首先就是要为了实现单点突破允许不完美，但要快速向完美逼近。

第三，灵活度：敏捷企业、快速迭代产品的关键是主动变化，主动变化比应变能力更重要。互联网生态的瞬息万变，通常情况下我们认为应变能力非常重要。但是实际上主动变化能力更重要。管理者、产品技术人员而不仅仅是市场人员，如果能够更早的预见问题、主动变化，就不会在市场中陷入被动。在维护根基、保持和增强核心竞争的同时，企业本身各个方面的灵活性非常关键，主动变化在一个生态型企业里面应该成为常态。这方面不仅仅是通常所讲的实时企业、2.0 企业，社会化企业那么简单。互联网企业及其产品服务，如果不保持敏感的触角、灵活的身段，一样会得大企业病。腾讯在 2011 年之前，其实已经开始有这方面的问题。此前我们事业部 BU 制的做法，通过形成一个个业务纵队的做法使得不同的业务单元保持了自身一定程度的灵活性，但是现在看来还远远不够。

第四，冗余度：容忍失败，允许适度浪费，鼓励内部竞争内部试错，不尝试失败就没有成功。仅仅做到这一点还不够。实际上，在产品研发过程中，我们还会有一个困惑：自己做的这个产品万一失败了怎么办？我的经验是，在面对创新的问题上，要允许适度的浪费。怎么理解？就是在资源许可的前提下，即使有一两个团队同时研发一款产品也是可以接受的，只要你认为这个项目是你在战略上必须做的。现在，很多人都看到了微信的成功，但大家不知道，其实在腾讯内部，先后有几个团队都在同时研发基于手机的通讯软件，每个团队的设计理念和实现方式都不一样，最后微信受到了更多用户的青睐。你能说这是资源的浪费吗？我认为不是，没有竞争就意味着创新的死亡。即使最后有的团队在竞争中失败，但它依然是激发成功者灵感的源泉，可以把它理解为"内部试错"。并非所有的系统冗余都是浪费，不尝试失败就没有成功，不创造各种可能性就难以获得现实性。

第五，开放协作度：最大程度地扩展协作，互联网很多恶性竞争都可以转向协作型创新。互联网的一个美妙之处就在于，把更多人更大范围地卷入协作。我们也可以感受到，越多人参与，网络的价值就越大，用户需求越能得到满足，每一个参与协作的组织从中获取的收益也越大。所以，适当的灰度还意味着，在聚焦于自己核心价值的同时，尽量深化和扩大社会化协作。

第六，进化度：构建生物型组织，让企业组织本身在无控过程中拥有自进化、自组织能力。这一年来，我也在越来越多地思考一个问题：一个企业该以什么样的型态去构建它的组织？什么样的组织，决定了它能容忍什么样的创新灰度。进化度，实质就是一个企业的文化、DNA、组织方式是否具有自主进化、自主生长、自我修复、自我净化的能力。我想举一个柯达的例子。很多人都知道柯达是胶片影像业的巨头，但鲜为人知的是，它也是数码相机的发明者。然而，这个掘了胶片影像业坟墓、让众多企业迅速发展壮大的发明，在柯达却被束之高阁了。为什么？我认为是组织的僵化。在传统机械型组织里，一个"异端"的创新，很难获得足够的资源和支持，甚至会因为与组织过去的战略、优势相冲突而被排斥，因为企业追求精准、控制和可预期，很多创新难以找到生存空间。这种状况，很像生物学所讲的"绿色沙漠"——在同一时期大面积种植同一种树木，这片树林十分密集而且高矮一致，结果遮挡住所有阳光，不仅使其他下层植被无法生长，本身对灾害的抵抗力也很差。要想改变它，唯有构建一个新的组织型态，所以我倾向于生物型组织。那些真正有活力的生态系统，外界看起来似乎是混乱和失控，其实是组织在自然生长进化，在寻找创新。那些所谓的失败和浪费，也是复杂系统进化过程中必需的生物多样性。

第七，创新度：创新并非刻意为之，而是充满可能性、多样性的生物型组织的必然产物。

创意、研发其实不是创新的源头。如果一个企业已经成为生态型企业，开放协作度、进化度、冗余度、速度、需求度都比较高，创新就会从灰度空间源源不断涌出。从这个意义上讲，创新不是原因，而是结果；创新不是源头，而是产物。企业要做的，是创造生物型组织，拓展自己的灰度空间，让现实和未来的土壤、生态充满可能性、多样性。这就是灰度的生存空间。

互联网越来越像大自然，追求的不是简单的增长，而是跃迁和进化。腾讯对组织架构的不断调整，就是为了保持创新的活力和灵动性，而进行的由"大"变"小"，把自己变成整个互联网大生态圈中的一个具有多样性的生物群落。

## 用户需求与协作创新

程冠军：从卖产品到卖服务，再到今天的送服务，互联网企业的成长模式是对传统商业模式的一场革命。我们看到，腾讯只所以把"需求度"排在创造生物型组织的"七个维度"首位，是不是出于对"用户需求"的重要性考虑？

马化腾：大家可能认为说用户有点老生常谈，但我之所以在不同场合都反复强调这一点，是因为最简单的东西恰恰是做起来最难的事情。腾讯也曾经在这上面走过弯路。现在很受好评的 QQ 邮箱，以前市场根本不认可，因为对用户来说非常笨重难用。后来，我们只好对它进行回炉再造，从用户的使用习惯、需求去研究，究竟什么样的功能是他们最需要的？在研究过程中，腾讯形成了一个"10/100/1000 法则"：产品经理每个月必须做 10 个用户调查，关注 100 个用户博客，收集反馈 1000 个用户体验。这个方法看起来有些笨，但很管用。我想强调的是，在研究用户需求上没有什么捷径可以走，不要以为自己可以想当然地猜测用户习惯。比如有些自认为定位于低端用户的产品，想都不想就滥用卡通头像和一些花哨的页面装饰，以为这样就是满足了用户需求；自认为定位于高端用户的产品，又喜欢自命清高。其实，这些都是不尊重用户、不以用户为核心的体现。我相信用户群有客观差异，但没有所谓高低端之分。不管什么年龄和背景，所有人都喜欢清晰、简单、自然、好用的设计和产品，这是人对美最自然的感受和追求。现在的互联网产品已经不是早年的单机软件，更像一种服务，所以要求设计者和开发者有很强的用户感。一定要一边做自己产品的忠实用户，一边把自己的触角伸到其他用户当中，去感受他们真实的声音。只有这样才能脚踏实地，从不完美向完美一点点靠近。

程冠军：互联网是一个互生和共赢、共享的平台，互联网的最大魅力就在于资源共享。网络使地球变小，使人的世界变大。现在很多人想利用互联网平台进行创业和创新，您怎么看互联网的竞争和协作型创新？

马化腾：对创业者来说，如何利用好平台开展协作，是一个值得深思的问题。以前做互联网产品，用户要一个一个地累积，程序、数据库、设计等经验技巧都要从头摸索。但平台创业的趋势出现之后，大平台承担起基础设施建设的责任，创业的成本和负担随之大幅降低，大家可以把更多精力集中到最核心的创新上来。对我个人来说，2010、2011、2012 年以来，越来越意识到，腾讯成为互联网的连接者也就是帮助大家连接到用户以及连接彼此方面的责任、意义和价值更大。在这个过程中，我们要实现的转变就是，以前做好自己，为自己做，现在和以后是做好平台，为大家而作。互联网的本质是连接、开放、协作、分享，首先因为对他人有益，所以才对自己有益。对腾讯来说，我对内对外都反复强调我们作为平台级企业一定是有所为有所不为。现在肯定还有许多不尽如人意的地方，我们也希望通过各种渠道，听听大家对如何经营好开放平台的意见和建议。这绝不是一个姿态，而是踏踏实实的行动力。一个好的生态系统必然是不同物种有不同分工，最后形成配合，而不是所有物种都朝一个方向进化。在这种新的思路下，互联网的很多恶性竞争都可以转向协作型创新。利用平台已有的优势，广泛进行合作伙伴间横向或者纵向的合作，将是灰度创新中一个重要的方向。我相信每一个创业者都怀有一个成功的梦想，我与大家分享的是腾讯十几年互联网实践的一点体会。它肯定是不完整的，但它同样也遵循"小步快跑"的灰度法则，需要一步一步去完善，大家可以继续发挥和探索。我希望的是，腾讯不仅是能让大家赚到钱的平台，更能成为业界一起探索未来、分享思考的平台。以后每年，但凡在创新方面能有所心得，我都会跟大家一起分享。

## 互联网跻身主体经济

**程冠军**：工业革命在不到一百年的时间内所创造的生产力，比过去一切世代创造的全部生产力还要多，还要大。今天，以互联网为引擎的信息革命所创造的生产力正超乎以往所有，并且移动互联网所展示巨大的威力更是让人们对未来世界充满无限神奇的梦想。您怎么看移动互联网的发展？

**马化腾**：四十多年前，两台相距几百公里的计算机第一次连接以来，互联网迅猛发展。越来越多计算机连接起来，诞生了很多新现象，我们面对一个全新的世界。如今，移动互联网正在展示巨大的威力。移动互联网的使用时间已经超过PC互联网，而且还在快速上升。虽然商业模式在现阶段有些滞后，但移动互联网潜在的机会一定会是PC互联网的10倍甚至更多。移动互联网将更多的实体、个人和设备连接在一起，互联网不再只是新经济、虚拟经济，而是要成为主体经济不可分割的一部分。这是一个大趋势。现在是一个非常关键的时期。如果没有抓住机会，未来会相当危险。这里指的不仅是纯粹的互联网公司，还包括传统的各行各业。企业家如果认为互联网与自己所在的行业没有关系，或者想结合互联网但没有考虑移动互联网的特征，未来将在竞争中被边缘化。另外，拥抱移动互联网不见得很难，只要适应移动互联网的产品特征和精神，思路稍加转变，一样能够跟上形势。

# 通向互联网未来的"七个路标"

**程冠军**：前不久，您提出了通向互联网未来的"七个路标"，这与您过去提出的创造生物型组织"灰度法则"的"七个维度"似乎有异曲同工之妙。请您为我们分享一下您的"七个路标"。

**马化腾**：未来互联网会走向何方，会怎么发展？作为一名从业者，我也是摸着石头过河，中间会有一些自己的朴素感受，主要是以下七个方面：

第一，连接一切。我们的感受是，智能手机是人的器官的一个延伸，这个特征在这两年越来越明显。智能手机有摄像头、感应器，把人的器官延伸增强了，而且通过互联网连在一起，这是前所未有的。不仅人和人之间连接，人和设备、设备和设备，甚至人和服务之间都有可能产生连接，微信的公众号是人和服务连接的一个尝试。PC 互联网、无线互联网，物联网等，都是互联网在不同阶段、不同侧面的一种提法，它最终是很大、很全面联系的一个网络实体，这也是我们谈论未来一切变化的基础。

第二，"互联网+"。互联网加的是什么？加的是传统的各行各业。过去十几年，中国互联网的发展很清楚地显示了这一点。加通信是最直接的；加媒体产生网络媒体，对传统媒体影响很大；加娱乐产生网络游戏，已经把以前的游戏颠覆了；加零售产生电子商务，过去大家都认为电商的份额很小，但现在已经不可逆转地走向颠覆实体的零售行业。还有，最近互联网金融非常热，讨论很多，越来越多传统企业已经不敢轻视互联网这个话题了。互联网一定要加上每一个行业吗，带来的影响是改良还是颠覆？传统行业不管怎么做，都永远不可能打造成互联网企业吗？我的观点是，传统行业的每一个细分领域的力量仍然是无比强大的，互联网仍然只是一个工具。比如，我们看过去的第一次和第二次工业革命，

18、19 世纪的第一次工业革命发明了蒸汽机技术，19、20 世纪的第二次工业革命有了电力技术。蒸汽机和电力都改造了所有的行业。有趣的是，蒸汽机发明之后，蒸汽机的动力可以大大加速印刷的量，书籍大量地产生，造成知识的大范围传播，培养了大量有知识的人。电发明之后，收音机、电视机、电话都有利于资讯的传播和沟通。这些和互联网的传播、通信的特征很接近。互联网是不是第三次工业革命，或者是其中很重要的一部分呢，我想这是很值得思考的问题。过去没有电的时候，金融也可以做，各个银行也可以记账，交易所里通过经纪人叫价也可以成交。只不过，有了电之后，这些都可以电子化了。所以，传统行业不用怕，"互联网 +"不是一个神奇的东西，而是理所当然的。我相信，互联网会衍生出很多新的机会。

第三，开放的协作。《第三次工业革命》这本书提到，未来大企业的组织架构会走向分散合作的模式。有人说，既然中小企业变的更有效率，大企业应该不存在了吧，就像现在网购有了平台之后，很多小的电商可以做到很多事情？我认为大企业还会存在，但是形态一定要转型，它会聚焦在核心模块，将其他模块和社会上更有效率的中小企业分享合作。前不久，在上海复旦大学搞的"三马论坛"，平安保险董事长马明哲提到一个观点，我挺认同。他说，未来五到十年，现金和信用卡会消失一半，未来十到二十年，银行或者大部分银行的营业网点的前台会消失，后台也消失，只保留中台，就是服务。服务的核心是中台，因为前后都可以外包出去，这是一个大方向。

第四，消费者参与决策。互联网把传统渠道的不必要环节、损耗效率的环节拿掉了，让服务商和消费者、让生产制造商和消费者更加直接地对接在一块。厂商和服务商可以如此之近地接触消费者，这是前所未有的，消费者的喜好、反馈可以快速地通过网络来反映。互联网的一个重要精神，是追求极致的产品体验和用户口碑，这种精神也会出现在厂商和服务商身上。市场上已经开始出现了这样的企业，苹果不用说了，国内的小米手机、雕爷牛腩也是好案例，它们的产品种数不多，但是很精，有大量的用户反馈，有自己的粉丝，讲究的是产品体验。这给我们带来反思，越来越多公司意识到，消费者参与决策对提高竞争力是如此重要。

第五，数据成为资源。连接产生数据，随着传感器和服务增加，数据会大量增加。现在，搜索引擎、电子商务，社交网络，都聚合了大量的数据，这些数据是企业提高竞争力和社会进一步发展的重要资源。电子商务现在非常热，电商可以转向金融，借助用户和商家的信用提供信贷，都是大数据在背后起作用。腾讯社交网络是一个非常大的平台，我们也在研究这些数据，比如，可以怎么把数据与用户的信用结合起来？我们设想，在不知道某个用户的情况下，可不可以设计一个算法，根据他的朋友的信用来算出他的信用？搜索引擎有一个算法叫"Page Rank"，根据每一个页面的调度指向来算出这个页面的值，进而影响到它的排序。我们想象，人的社交属性是不是可以用上信用排序和算法迭代的思路？以后可能会出现一个"人品排名"，这样就可能拼人品了。你交的朋友人品比较好，你的"人品排名"就高。如果你的人品不好，别人就不愿意跟你交友。这还只是我们的一个设想，需要进一步研究，我们希望能够做出一些成绩。大数据在医疗健康领域会有很好的应用，"BT+IT"（即生物＋信息）会带来很多重大创新。深圳有一家公司叫华大生物，从事基因测序工作，他们用大数据技术，把每个人测出来的基因数据全部存起来，一个人的基因是 6G 的数据，它尽量多地测，随着样本的增多，可以更容易地比对每个人的哪个基因有什么特点和问题，一个人的长相，患某些疾病的概率，都可以通过基因来看。这也给治病提供了一条新的思路。以后，药可能是治基因的某一段，基因哪一段出问题，就拿相应的药去治，会给人类带来很多福祉。以前测一个人的基因很贵，随着计算成本的下降，以及样本的增多，未来几年，每个人可能花几百元就可以知道自己的基因状况，如果只是基因的一小段，了解某一种疾病甚至可能只要 10 元钱。

第六，顺应潮流的勇气。很多人都知道应该这么做，但事到临头却往往没有做。我们可以记起来的案例有很多。比如，柯达在胶卷市场的利润很高，它把数码相机技术雪藏起来，希望越晚发现越好，等数码相机普及时，柯达因为没有抓住机会，最终失去了市场。最近一两年，业内这样的案例也有不少，比如诺基亚和黑莓。一年半前，你想象不到诺基亚为什么倒得这么快，2007 年 12 月，诺基亚的市值曾经达到1151 亿美元的峰值，2013 年 9 月却以 72 亿美元的低价卖掉了手机业务；黑莓在 2008 年 6 月，市值曾高达 840 亿美元，是加拿大市值最高企业，现在 40 亿美元还卖不掉。这些血淋淋的案例就发生我们身边。我们看到，巨人稍有不慎，没有跟上形势，就可能倒下。巨人倒下时，身体还是暖的。所以，有人说腾讯拿到了所谓的移动互联网"船票"，其实，谁也不能保证自己一定能走到终点。腾讯一定要深思这个行业该怎么发展。拥抱潮流需要有很大的勇气。过去，腾讯在内部和外部都做了不少改革，在内部进行了组织架构调整，在外部推出了开放战略，这让我们有了一个初步的基础，来适应未来的发展。我觉得，每一个企业都需要不断努力。

第七，连接一切的风险。什么都连接了，有什么弊端呢？第一、二次工业革命造成了诸多问题。地球用几亿年储存的森林、煤炭、石油等资源，都在近 200 年被挖出来烧掉，造成了环境污染、温室效应等问题，现在的空气、水、土壤，我们都欠了很多债，需要以后来还。高科技制造出来的假的、有毒的食物，你是很难分辨出来的。这些都是过去的科技带来的问题，现在我们在承受它的痛苦。互联网一样有"硬币的另一面"。互联网很强大，给人类带来了巨大福利，但也给坏人提供了强大的工具。坏人用互联网做坏事，现在的警察抓不着也没法抓，问题太新，还没有写进法规里，法律无可奈何。还有，我们经常看手机，眼睛变花了，整天低着头，脖颈不行了，健康受到了影响。甚至人际关系也是，有了社交网络，大家见面、吃饭、开会全在玩手机，反而更冷漠了，这些问题都值得我们深思。

以上七个方面是我的一些思考。未来，互联网作为一个工具，将应用在生活的方方面面，不仅包括纯互联网，而且能够跟传统行业结合，跟现实结合。与蒸汽机和电力一样，互联网为所有行业提供了升级的机会，这才是互联网的本质。

**相关链接：**

马化腾，腾讯控股有限公司主要创始人之一，现任公司执行董事、董事会主席兼首席执行官，全面负责战略规划、定位和管理。在马化腾及其同事的努力下，腾讯公司成为中国最大的互联网综合服务提供商之一，不仅用户注册账户数突破 10 亿，还是首家市值突破 1000 亿美元的中国互联网企业。腾讯公司以通过互联网提升人类生活品质为使命，构建了包括社交、门户、电商、游戏等在内的一站式在线生活服务平台。其旗下 QQ 月活跃账户数超过 8 亿，是中国最受欢迎的即时通信产品。进入移动互联网时代后，腾讯公司在继续保有 QQ 优势的同时，推出了被誉为"一种生活方式"的新型即时通信产品微信，成长迅猛，月活跃账户数达到 2.358 亿，并且在多个海外市场取得成功，目前微信海外用户总量已突破 1 亿。与此同时，腾讯公司积极开放自己的技术和能力，与互联网行业共同成长，探索未来。凭借对用户、对中国互联网产业、对社会生活的巨大影响力和卓越贡献，腾讯公司多次被《财富》《福布斯》《快公司》《经济观察报》等国内外媒体评选为最具创新能力的公司。2013 年，马化腾入选《巴伦周刊》"全球 30 位最佳 CEO"；2009 年，入选 CCTV 中国经济"十年商业领袖"；2007 年，入选《时代周刊》"全球最有影响力 100 人之创建者与巨擘"；2005 年，入选达沃斯经济论坛"2006 年度全球青年领袖"；2004 年，入选 CNN 与《时代周刊》联合评选的"全球最具经济影响力人士"。人民网这样评价马化腾："马化腾在模仿间不经意打造了一个庞大的'QQ 帝国'，为中国人创造了全新的沟通方式。创造了中国网络领域一个经典的神话。"

顺势而为，守望相助，稳中求进。现实社会诱惑很多，陷阱也多，我们不能去做超出自身能力的事，不要去赌去冒险，不要犯低级错误，不要为眼前的短期的利益付出未来的巨额的成本。只有谦虚谨慎，孜孜不倦学习，兢兢业业工作，战战兢兢自律，夹着尾巴做人，爬拢脚趾头做事。重大决策要三思而行，"只有想得深，才能做得好；只有常记危机，才能常有转机"。因此，我们必须坚守，必须以平常、平和、豁达、包容、坦荡的心态面对。

——赵林中

# 对话赵林中：国企改革发展的"富润模式"

**编者按**：富润控股集团的前身是国营诸暨针织厂，创建于 1982 年。自 1992 年公司先后合并了国营诸暨酒厂、国营诸暨毛纺织厂、国营诸暨绢纺织厂、诸暨市商业（集团）公司及所属 16 家商贸公司、国营诸暨化肥厂等 22 家国有企业和二轻大集体企业诸暨纺织总厂。1997 年 6 月 4 日，诸暨第一家上市公司——浙江富润股份有限公司在上海证券交易所上市。富润控股集团参与投资出品的《五星红旗迎风飘扬 1》在央视一套黄金档播出，该剧高扬爱国主义精神和理想信仰，荣获中国电视剧第 28 届"飞天奖"一等奖。在当年的全国两会上，富润控股集团有限公司董事长、党委书记赵林中亲手将《五星红旗迎风飘扬 1》光盘送给习近平同志。

**程冠军**：从 21 年前濒临倒闭的国营诸暨针织厂，到今天拥有 50 家子公司、分公司、合资公司、上市公司的股份合作制的托拉斯企业——富润控股集团。富润模式在民营经济十分发达的浙江似乎选择了一条截然不同的发展模式。请您谈谈富润集团改革、改制的发展路径。

赵林中：我自 1986 年服从组织安排，从诸暨县委办公室到国营诸暨针织厂工作，没想到这里会是我奋斗一辈子的地方。那时的针织厂，已到了十分困难的边缘，职工的工资是用产品抵的，诸暨大街上到处可见摆摊推销产品的针织厂工人。从农村联产承包受到启发，我们开始搞承包制，而且获得了初步成功，丢掉了亏损的帽子。由此，针织厂走上了改革发展的道路。

1989 年，针织厂以存量资产嫁接投资，与香港富春公司合资成立了富润针织有限公司。"富润"的名字由此而来。1993 年 8 月国营诸暨针织厂更名为浙江针织厂；1994 年 5 月，以浙江针织厂为主发起人，联合诸暨市电力实业公司等单位，组建设立浙江富润股份有限公司；1995 年 5 月，组建浙江富润纺织集团有限责任公司；1997 年 10 月，兼并商业后更名为浙江富润集团有限公司；1997 年 12 月，更名为富润集团有限公司；2004 年 12 月，更名为富润控股集团有限公司。1997 年 6 月 4 日，浙江富润股份有限公司在上海证券交易所上市。

在国有企业改革的大背景下，我们推行内部改革的同时，在诸暨市委市政府的支持下，对诸暨市的国有企业实施兼并重组。1992 年兼并国营诸暨酒厂，1994 年兼并国营诸暨毛纺织厂，1995 年兼并诸暨纺织总厂，1996 年兼并国营诸暨绢纺织厂，1997 年兼并诸暨市商业集团及其下属 16 家公司，2003 年兼并国营诸暨化肥厂，2004 年购并安徽六安化肥厂。共承接债务 9.2 亿元，接收职工 9450 人。

富润集团的产权制度改革始于 1992 年，我们实施介于承包制和股份制之间的技改募股模式，而后在部分厂推开。2003 年，按照党的十六大和十六届三中全会关于"使股份制成为公有制的主要实现形式"的精神，对下属企业采取"母体不变、团队增量参股设立子公司、出资不少于 20%，期权配套"的办法，建立

"新体制"，经营体制与机制得到有效改善，管理团队参股新增资金3000余万元，企业盈利水平明显提高。2007年，我们按照"统一政策，分类实施，分步推进"的改制原则和"先身份置换、后产权置换""先商业、后工业、再集团"的改制进程，完成了商业企业改制。2011年12月，富润控股集团已由国有独资企业，变为市国资办持19%、由管理团队和职工共同组建的惠风公司持股81%的有限责任公司。

程冠军：国有企业改制之后，国有的股份比例减少，过去国有企业的党组织、工会、团委等是不是都削弱了呢？国有企业的思想政治工作是不是还像以前一样重要呢？

赵林中：完成改制以后，我们企业成为真正意义上的市场竞争主体，必须立足于富润的实际，以前瞻性的眼光和开阔的视野，确立更高的目标和追求，以产业报国的使命感，在成就事业的过程中实现自身价值，实现自我超越。要继续为社会做贡献，更要有社会责任感。

集团改制启动之初，我们就明确提出，不管牌子怎么换，体制怎么改，内部机制怎么变，企业党组织的战斗力不能削弱，依靠工会和职工办企业、民主管理的思想不能变，思想政治工作不能弱化，国有企业的传统优势不能丢弃。我们要继续发扬和传承富润多年来在实践中积淀起来的文化和理念。我们要相信群众、相信党。好的理念可以贯穿到企业永久，可转化为生产力。只要我们坚持、坚守、积累、自信、坦诚，以诚相待，与人为善，稳中求进，顺势而为，这些将会是我们最大的资产。今天的富润集团不但是典型的劳动关系和谐企业，而且享有较高的社会美誉度。

改制后，集团仍然保留了国有股份，集团序列有32家企业还含有国有成分，多的19%，最少的1.94%。因此，我们继续提倡"忠诚于党的事业，忠诚于国有资产，忠诚于富润的事业，办事认真，处事公正，经营廉正，艰苦勤奋"的准则。过去我们讲：虽然不是老板，但要像老板一样管理好国有企业。现在从一定程度上讲可以称老板，但不能像贬义意味的老板那样，唯利是图，拜金主义。改制后哪些要转变，哪些不能变，要基本明白。小事糊涂点可以，思想、路线、方针不能糊涂。

为了加强经常性思想政治工作,我们制定了《富润控股集团经常性思想政治工作条例》（简称《六十条》），《六十条》是我集团在多年实践中形成的行之有效的思想政治工作运作机制，集中体现了"以人为本"的管理思想和"富国润民"的抱负，是贯彻党的十七大提出的"拓宽党员服务群众渠道、构建党员联系和服务群众工作体系"要求的具体体现，是构建和谐企业的重要载体，是必须长期坚持、深化、完善的一项基础性管理制度。2006 年 6 月，中国纺织工业协会做出决定，向全国纺织行业推介《六十条》。

不管企业体制怎么改，机制怎么转，牌子怎么换，思想政治工作不但不能削弱，还要根据实际不断加强和改进。在新的历史条件下，坚持、发扬和创新《六十条》意义重大。为与时俱进提升企业思想政治工作，经汇集广大干部职工的建议意见，前不久，富润控股集团党委组织对《六十条》进行了第七次修订。

**程冠军：**富润集团改制之后，您是如何实现股份制公司的规范管理，如何不断完善法人治理结构的？

**赵林中：**改制是为了更好地发展。发展是硬道理，增强企业实力，改善职工生活，保持稳定，都离不开发展。集团虽然完成了改制，但改革的任务依然存在，负债率仍然很高，改革永无止境。适应集团产权制度改革的实际，我们要优化机制，提升管理，提高运行水平。要统观全局，从整体上把握改革、发展、稳定的关系，做到相互协调，相互促进，实现可持续发展。

制度之于公司就像规矩之于方圆，就是企业的法律。没有制度要建立制度，出现漏洞要修订完善制度，确定了制度就要以制度为准绳，谁也不能无视制度，谁也不能随意废止制度。如同货币只有流通起来才能带来实质的增值和享受一样，只要真正执行下去，制度就能给企业带来效益。我们提倡决策程序化、组织系统化、业务流程化、管理行为标准化、绩效考核尽可能量化。说到企业决策规范化、程序化，有个公式叫"99＝1"，即99次决策正确，如果有1次失误，就有可能万劫不复。只有规范，才会有生命力。

改制之后，产权多元化了，解决了出资人到位的问题，但面对的股东亦即出资人也更多了，因此必须严格按照《公司法》《公司章程》《母子公司管理关系指引》等规章，不断完善法人治理结构。"物竞天择，适者生存"，形势逼人，不进则退，不进步就要被自己所淘汰。在这个世界上，没有什么人是不可替代的，没有什么东西是必须拥有的。如果你想走得快，那就一个人走；如果你想走得远，那就一起走。我们可以无视自己，但不能无视法律、规范。

程冠军：据了解，富润集团较早地进入了文化产业，文化产业对于富润来说是个相对陌生的行业，富润在这方面的效益如何？另外，请您结合文化产业谈谈富润集团自身的企业文化建设。

赵林中：富润集团2010年参股长城影视集团，长城影视是第一股东，富润集团是第二股东。我们也是从此开始生产文化产品的。现在总投资30个亿的影视基地也落户在诸暨。文化产品既有经济效益也有社会效益。投入文化产品，产品出来产生社会效应，鼓励人、激励人，文化产品，首先要有人来看，阅读和收视率要高，如果没有人看，自娱自乐是没用的。

富润的文化，包括管理的机制、体制，这是一个大文化。我在九届全国人大的会议上的一次发言说，改革开放新时期，企业文化只用毛泽东的思想不行，光

⊕ 赵林中接受作者采访

有邓小平理论也不够完善，我们企业的文化应该是毛泽东加邓小平。这时，参加我们小组讨论的曾庆红同志说："林中同志你等一等，我建议你，建议你要加上'三个代表'，这样就全了。"曾庆红同志说得好，这就是一个大的文化，是大政方针。因此，我认为，做企业文化既要吸收西方的精华，东方文化优良的东西也不能丢，同时要符合党和国家的大政方针。

富润集团的核心文化是8个字：创新、包容、奋发、进取。我们一直注重企业文化建设，现在研究转向了投资文化产业，并且已经取得了丰硕成果。为了发展文化产业，我们组建了浙江长城影视集团，去年我们推出的《五星红旗迎风飘扬》大型文献纪录片，向建党90年献礼，被中央电视台黄金时间播出，荣获中国电视剧第28届"飞天奖"一等奖，经济效益和社会效益都非常明显。今年，我们继续推进《五星红旗迎风飘扬》系列，向党的十八大献礼。

程冠军：您在各种场合一再提出"坚持稳中求进，做永久、本分、和谐的企业"，稳中求进也是党中央、国务院的重要战略部署。请您谈谈"永久"和"本分"的具体内涵。

赵林中：从 2004 年开始，我们每年的年终总结报告中都会出现"稳中求进"4 个字。事实证明，我们的这个决策是正确的。2012 年，我公司位列《中国证券报》"2012 年金牛最佳分红公司"榜单，公司在过去 5 年坚持高分红比例赢得了最佳分红榜的第五名，赢得市场的认可。公司上市 16 年来，累计现金分红已超过 3 亿元，兑现了创立时"今日借你一粒籽，来年还你一担粮"的承诺。

当全社会从实业转向投资、产业空心化的时候，我们坚守主业，还实施转型升级；当很多企业立志做大做强的时候，我们提出做优做强，因为规模大小并不是衡量企业成功的标准；当全国上下都在提又快又好的时候，我们说，不妨又好又慢，因为速度快慢也不是评判企业成果的尺度。一味求快，有时灵魂也会跟不上。这有点如"啤酒理论"。故我想我们富润应该用自己的步调慢慢向前走，在一个崇高的目标的支持下，不停地走，即使慢，只要不后退，只要少走弯路，也一定会到达目的地。俗话说，天下熙熙，皆为利来；天下攘攘，皆为利往。早些年，大家都急不可耐，急着赶路，急着生财，急着过上好日子，越急就越不自信。终于有一天，大家信起自己了。于是慢下来，走一程，思量一程，好多的急，都在"走路"中明白了，原来慢慢地走也是好的，"慢"不等于"停"，很多事是不能急的，欲速则不达嘛。把快的脚步放慢一些，走走，理理，思量思量，想一些该想的事。甚至像列宁说的，退一步，进两步。那是怎样的一种从容啊！

富润是一个特殊的企业，我们必须"在风险可控的前提下，选择自己可能会获胜的方向，做力所能及的事，不做力所不能及的事，做正确的事比正确地做事更重要。不要去赌，不能碰运气。要说运气，大概就是机会碰巧撞到了你的努力。要平和、舒缓、理性地打造财富，保证不犯大错误。改制了，我们不能因为监管体系改变了就产生随意性，相反更应"头要冷，心要热，劲要足，识时务，做该做能做且可以做好的事"，老老实实打造永久、本分、和谐的企业。

程冠军：作为一个较早上市且又较早改制，并最终取得成功的国有企业的领导者，您对企业管理者有什么样的忠告？

赵林中：这个忠告主要有三点：1.听党的话，跟政府走。这是肯定的，但党和政府的号召只是指导宏观的政策性的一个方向，涉及我们微观的企业时，就要根据实际找好结合点，相信但不能迷信。更不能政府一号召，就头脑发热、膨胀浮躁甚至虚荣心作祟，盲目做大做强。否则一旦某个环节出现问题，不但做不大做不强，可能还会做成一个零。这样岂不是对党和政府的不负责任，也是对自己对家庭对社会的不负责任？所以明确方向，找准定位，量力而行很重要。根据自身条件，或做强做大，或做精做专，或做小做强、做小做精、做小做专，我赞成做强做专做实，不要弄成不大不小不精不专不尴不尬。2.注重规范。虽说我们的市场经济还不成熟，民主法制建设还不健全，但任何一个企业或者个人，都是渺小的。我们谁也无法看清自己的后背，只有尽可能保持冷静和清醒，遵纪守法，循规范，守底线。正如企业上市，上市是好事，但上市对企业和经营者团队提出了更高的要求。企业上市，管理团队的思想、境界、格局都要跟着"上市"。"上市后制度必须大于老板。如果没有准备好，宁可不上市"。经过一个阶段的发展，我们原先的优势在消失，新的优势未找到，只有不断创新发展、转型升级。但又不能随便去创新、去转型升级、去上高新项目，最后弄得不高兴。3.顺势而为，守望相助，稳中求进。现实社会诱惑很多，陷阱也多，我们不能去做超出自身能力的事，不要去赌去冒险，不要犯低级错误，不要为眼前的短期的利益付出未来的巨额的成本。只有谦虚谨慎，孜孜不倦学习，兢兢业业工作，战战兢兢自律，夹着尾巴做人，爬拢脚趾头做事。重大决策三思而行，"只有想得深，才能做得好；只有常记危机，才能常有转机"。因此，我们必须坚守，必须以平常、平和、豁达、包容、坦荡的心态面对。现在这个社会钱少的不轻松，钱多的也不轻松，每个人都似乎有点生活得慌里慌张的。但不能因为我们这个社会有那么多的两难问题、双重矛盾，我们便消极悲观，生活中从来都不全是黑暗，人间一直有暖色。在此，以美国诗人霍尔姆斯的诗《不管怎样，还是应该》中的最后两句与大家共勉：

你多年建树的业绩可能毁于一旦；

但是不管怎样，还是应该去努力建树。

献出你的全部才华去造福于人类，可能会使你身陷困境；

但是不管怎样，还是应该向人类献出你的才华。

**相关链接：**

赵林中，富润控股集团有限公司党委书记、董事局主席。全国劳动模范，荣获全国"五一劳动奖章"，全国优秀党务工作者。赵林中本着一个共产党人"富国润民"的不懈追求，推行体制改革，20年间先后兼并22家困难企业，化解债务6亿多元，安置职工9450名，把濒临破产的小厂变成浙江省百强企业，资产增值500倍，2005年实现销售20亿元，利税1.1亿元。富润集团分别被中组部评为"全国先进基层党组织"，被全国纺织总会评为"全国纺织工业双文明建设优秀企业"，被省总工会评为"职业道德建设先进集体"。赵林中先后当选为九届、十届、十一届全国人大代表。荣获全国"五一劳动奖章"、全国劳动模范、全国优秀党务工作者、中国创业企业家、中国纺织企业文化建设十大知名人物等荣誉称号，被中华全国总工会评为全心全意依靠职工办企事业"十佳"，获《半月谈》思想政治工作创新奖。

今天我们所说的"中国式管理"并不指我们老祖宗的管理，我们的祖先不乏管理经验，如《易经》《管子》《孙子兵法》等都是管理的经典之作。但，管理思想要随着时代的发展进步不断地与时俱进，既要坚持自己的文化，又要不断地吸收外来的先进的管理理念，这样才能实现管理创新。工业革命取代了农耕文明，信息革命又在涤荡着工业文明。我常用一句形象的话比喻"鼠标取代了铁锹"。从这个意义上讲，中国特色的社会主义市场经济体系就要有中国特色的管理。

——常德传

# 对话常德传：青岛港模式与中国式管理

## 学习创新：青岛港发展的利器

**程冠军**：青岛港曾获得首批全国创建学习型组织标兵单位，您本人也曾获得全国十大学习型人物荣誉称号。学习型组织的创始人、美国著名管理大师彼得·圣吉曾断言：未来企业的竞争是学习力的竞争。您是这样认为吗？青岛港实现又好又快发展的路径是靠学习吗？

**常德传**：创新是企业的灵魂，学习是实现创新的前提。青岛港是较早创建学习型组织的国有企业。长期以来，我们以创建学习型企业为契机，坚持人人学习、全员学习、持续学习，培育和提升了企业的学习力，这也是青岛港实现科学发展的动力之源。

在创建学习型企业的过程中，我们作为经营者必须处处带头，"冬练三九"、"夏练三伏"，和员工同吃、同住、同劳动，发挥好模范带头作用。在企业发展过程中，企业经营者的责任就在于培养人和激励人，在企业发展、创造财富的同时，还要为员工搭建干事创业的平台，让企业的各类人才涌流而出，使广大员工自身的价值得到充分展现。因此，要把培育和造就一支德才兼备、干事创业的员工队伍作为企业的神圣使命，使企业成为教育人、培养人、锻造人的大熔炉、大学校，不断地从文化上进行教育、引导、启迪，从业务技能上进行全面的培训，创建学习型企业，培养知识型员工。

在创建学习型企业的过程中，我们持续开展企业文化的历练，在企业内部坚持一元化思想，用卓越的企业文化统一全体员工的共同意志，树立共同的价值观，一个信仰、一个声音、一个劲头，万众一心，众志成城，将自己的命运与国家的命运、企业的命运紧密相连，将个人的追求融入企业的共同理想。正因为如此，青岛港的广大员工为了事业的发展，才不计个人得失，一切从港口的利益出发，辛勤付出，无私奉献。在全港形成了一呼百应、众志成城的强大凝聚力、向心力，铸就了港口发展的强大精神支柱。

在创建学习型企业的过程中，青岛港大力实施"个十百千"工程，强化员工的理论和技能培训，即建立了1个人才培训中心（青岛港湾职业技术学院），创建了10个科技创新基地，建立了100个职工图书室和学习之家，设立了1000个职工学习园地，为广大员工提高技能、建功立业搭建平台、创造条件。青岛港还通过奖励自学成才员工，选派行业拔尖人才和技术骨干走出去学习管理经验和技术技能，邀请院士、专家来港举办现代科技管理、企业管理等各类知识和技能培训班等等，保证了员工知识技能的及时更新换代。

在创建学习型企业的过程中，我们按照"干什么，学什么；缺什么，补什么；练什么，精什么"的原则，让员工人人都在岗位上学习，提高员工的操作技能，不断适应企业快速发展的需要。多年来，我们始终坚持"五学"活动，连续20多年开展操作技术大比武和技术工人考工晋级，现在已发展成为5472名专业技术人员和 6839 名技术工人为主体的高素质员工队伍。80%以上的技术工人都成为高级工、技师和高级技师，远远高于发达国家 30%的平均水平。码头工人许振超只有初中学历，但是 30 多年来勤于学习钻研，不仅成为桥吊专家，而且带领桥吊队 8 次打破世界纪录，成为中国产业工人的杰出代表，挺起了中国工人阶级的脊梁。中国"金牌工人"许振超就是一个学习型的员工，同时也是一个创新型的员工。由他负责的青岛港自主开发的码头节能减排重点项目"油改电"工程在应用推广上取得了新进展。通过"油改电"，"绿色"港区覆盖面进一步扩大，码头节能减排效果明显，月节支就可达 200 万元。为了培养更多的"许振超"，我们在用人机制上打破"四唯"，坚持"四不唯"（不唯学历，不唯职称，不唯资历，不唯身份），以能力论英雄，谁能干谁干。对于在港打工的农民工，青岛港同样对待，9500 多名农民工中，有 540 多人担任了班长、副班长，35 人担任了队长、副队长，1 人当上了公司副经理。良好的学习和人才机制使青岛港成为人才成长的肥沃土壤，职工学习、创造的积极性充分地涌流出来，仅近两年，青岛港员工练出"绝活儿"1500 多项，创出服务品牌 687 个，创出行业、全国、世界纪录 700 多项。

## 以人为本：青岛港永远的责任

**程冠军**：科学发展观的核心就是以人为本，企业管理的法宝也是人本管理。我认为，无论国有企业还是民营企业，如果不善待员工，这样的企业就不是个好企业，这样的企业也永远做不大、做不好。青岛港在发展过程中，始终坚持以人为本的理念，叫响了"工人伟大，劳动光荣"，请您谈谈青岛港集团坚持以人为本理念的具体做法。

常德传："得道多助，失道寡助"，只有"得人心"，才能成大事。企业兴衰荣辱，关键在人。办企业就是办人，把人心理顺了，那么企业也就办好了。企业间的竞争，关键是人心向背的竞争，人才的竞争。谁拥有了人心，谁拥有了人才，谁就拥有了竞争优势，谁就拥有了长盛不衰的根基。因此，搞好企业经营，必须始终坚持以人为本，坚持企业发展动力来自于员工，企业发展目的造福于员工，从而推动实现企业和员工个人的和谐共赢、共同发展。

坚持以人为本，首先要善待员工，把员工当成"上帝"。企业经营者要牢记"没有员工就没有企业"。无论什么制度，无论什么体制，"工人伟大，劳动光荣"都是颠扑不破的真理。要高度重视员工的岗位、发展和福利，始终把员工"拥护不拥护，赞成不赞成，高兴不高兴，答应不答应"作为办一切事情的出发点和落脚点。

坚持以人为本，必须把岗位视为员工的命根子。员工没有岗位就没有了前途和奔头，所以首先要重视员工的岗位，这是对员工最大的爱护。在计划经济向市场经济转变的改革开放过程中，青岛港同样面临着人浮于事的困境，"人往哪里去"成了当时最大的难题。但是，我们认为，一个员工连着三个家庭，一个员工如果下岗了，就意味着自己和双方老人的三个家庭跟着遭殃。同时，我们企业应该主动为国家承担责任，不能把自己的人员压力推向社会、推给国家。所以，我们始终坚持"只要愿意干，好好干，尽职尽责地干，就绝不撒手不管"，不把一名员工推向社会，通过业务培训、重金造岗、扩大发展等途径，保住了全体员工的岗位。国际金融危机爆发后，我们更是把保岗位作为最大的民生，在生产困难的情况下，千方百计为员工造岗位、找饭碗，使包括8000多名农民工兄弟在内的全体员工人人有岗位，还新招了1990名大专以上毕业生。

坚持以人为本，必须加强与员工的沟通。我们的做法是让员工当家做主，企业内部没有高低贵贱之分，只有分工不同。我们在企业内部构建了一种平等、互信、友爱、和谐的人际关系，为员工参与企业管理、反映利益诉求、开展建言献策等提供了充分行使民主权利的制度保障和民主舞台，让广大员工敢于讲话，善于言表，使企业与广大员工结成紧密的事业共同体、命运共同体和利益共同体。

坚持以人为本，必须把企业打造成亲情和谐、人气旺盛的大家庭，让员工过上红红火火的好日子。我们认为，一个企业就应该是一个大家庭，就应该让员工过上好日子，营造亲情浓浓、和谐美满，团结一致、共建共享的氛围。所以，企业经营者要时刻把员工的安危冷暖放在心上，让员工共建共享企业发展成果。

青岛港始终将"一心为民，造福职工"作为宗旨，坚持为近3万名员工和离退休老同志做好事、办实事，"冬送温暖、夏送清凉"，同心共建，和谐共享。我们把员工生命健康放在第一位，年年组织健康查体，跟踪治疗。在2000年国家房改之前，为员工全部解决了住房的后顾之忧。为员工及家属赠送生日蛋糕，提供营养美味的班中餐，建设高标准的职工休息室和浴室。到今年已经连续22年第32次为员工增长工资，广大员工过上了幸福美满的新小康生活，成为港口发展的最大受益者。

我们对港口8000多名农民工，一视同仁，当成自己的兄弟姊妹，同工同酬，与正式员工一个单子发钱，一个食堂吃饭。我们在近2500名农民工装卸工人中评聘了200名装卸工艺员、助理装卸工艺师、装卸工艺师，使农民工也能像知识分子一样评职称，体面劳动，尊严生活，实现了"四个根本性转变"（由技能匮乏向又红又专转变、由挣钱吃饭向实现价值转变、由短期务工向当家做主转变、由打工者向新时期产业工人转变）。集团有1/10的农民工在本市购买了住房，1/5的农民工子女进入了城市学校，117人开上了私家车，过上了名副其实的城市生活。

# 中国式管理：打造青岛港模式

**程冠军**：中国社会科学出版社隆重推出了您的专著《常德传论国企》。之后，中央编译出版社又推出了《常德传论中国企业之道》。这两部专著可以说是您从事港口工作 40 余年、从事港口管理 20 余年所积累的工作经验和管理智慧的结晶。袁宝华同志在《常德传论国企》的序言中评价说，您"成功地创造了具有中国特色的社会主义的管理模式——青岛港模式"。您能解释一下"青岛港模式"是一个什么样的管理体系吗？

**常德传**：综观全球，基业长青的企业通常都是扎根于一套永恒的核心价值观，为利益之外的追求而生存，并能以内生的力量不断地自我更新，因而长盛不衰。无数的事实已经让我们看到，追求企业长盛不衰、建立一个比个人生命更伟大、更持久的组织，是一定要拥有比别人更长远的眼光、更独到的见解的，而且也一定要付出比别人更大的努力、做出更大的牺牲的。

"青岛港模式"是社会各界给我们的荣誉，如果我们的管理经验能称其为"模式"的话，这个"模式"应该是全体青岛港人的骄傲。我常说，世上没有救世主，也没有神仙皇帝。什么样的管理是最好的管理，适合的管理才是最好的管理。改革开放 30 年来，我们的党坚持、发展、创新马克思理论，走出了一条中国特色的社会主义道路，同时我们也形成了中国特色的社会主义市场经济体系。在这个体系的指导下，我们也逐步形成了自己的管理体系，这就是"中国式管理"。今天我们所说的"中国式管理"并不指我们老祖宗的管理，我们的祖先不乏管理经验，如《易经》《管子》《孙子兵法》等都是管理的经典之作。但，管理思想要随着时代的发展进步不断地与时俱进，既要坚持自己的文化，又要不断地吸收外来的先进的管理理念，这样才能实现管理创新。工业革命取代了农耕文明，信息革命又在涤荡着工业文明。我常用一句形象的话比喻"鼠标取代了铁锹"。从这个意义上讲，中国特色的社会主义市场经济体系就要有中国特色的管理。国有企业改革发展到今天，经过一轮又一轮的大浪淘沙，不适应市场经济发展的被淘汰了，今天能够屹立在市场经济潮头的是我们的骄傲。现在，我们进入世界 500 强的大部分是国企。青岛港在长期的发展实践中就积累了一套具有中国特色的、适合自己的管理经验。"青岛港模式"并不神秘，而是把高深莫测的管理从课堂中解放出来，概括起来就是：践行"三大使命"（精忠报国、服务社会、造福职工），传承"三个一代人精神"（一代人要有一代人的作为，一代人要有一代人的贡献，一代人要有一代人的牺牲），坚持"四抓一树"（抓根本、抓班组、抓交流、抓素质，树形象），提升"五级管理"（集团为决策层、公司为经营层、队为管理层、班为操作层、车为执行层），强化"四种力量"（用真理的力量启迪人心、用情感的力量温暖人心、用民主的力量凝聚人心、用人格的力量激励人心）。

我们的这套管理体系一说就懂，一说就灵，正是这套管理体系才造就了今天的"青岛港模式"。

通过青岛港的发展实践，我们认为，企业发展必须要遵循世情、国情、社情，在此基础上形成自己的企业管理哲学，并且与时俱进确立起"以我为主、博采众长、融合提炼、自成一家"的管理体系，这是企业应对各种风险挑战、实现持久发展的关键所在，更是企业长盛不衰的必由之路。

**相关链接：**

青岛港，具有 117 年历史，是太平洋西海岸重要的国际贸易口岸和海上运输枢纽，也是我国第三大集装箱运输港口，中国第二个外贸亿吨吞吐大港。近年来，青岛港在著名企业家常德传的带领下，实现了又好又快发展，其发展模式一再引起社会的广泛关注。青岛港被交通部确定为全国交通系统"三学一创"典型和全国港口行业唯一的示范"窗口"，并获得全国文明单位、首批全国创建学习型组织标兵单位、袁宝华企业管理金奖、国家环境友好企业、全国十大国家质量管理卓越企业、中国十大最具影响力品牌、五一劳动奖状、中国企业管理杰出贡献奖、全国思想政治工作优秀企业、中国企业500强、中国最具影响力企业之一等荣誉称号。常德传也因此被誉为"港口管理的教父"，他先后被授予全国劳动模范、全国优秀企业家、全国首届"创业企业家"、新世纪中国改革十大新闻人物、全国十大学习型人物等荣誉称号。此外，青岛港还培养了新时期产业工人的杰出代表——中国"金牌工人"许振超。

常德传，青岛港（集团）有限公司原董事长。在担任青岛港（集团）有限公司董事长期间，以其卓越的经营管理业绩，先后获得全国劳动模范、全国优秀企业家、首届"袁宝华企业管理金奖"、全国首届"创业企业家"、首届十佳"中国杰出质量人"、全国质量管理突出贡献者、十大"中华孝亲敬老楷模"、亚太最具创造力之华商领袖、新世纪中国改革十大新闻人物、中国改革开放30年十大基业长青人物、"中国改革功勋人物"、中国鲁商30年功勋人物、中国节能减排功勋人物杰出贡献奖、"全国用户满意杰出管理者""全国推行全面质量管理30周年杰出管理者"等一系列荣誉称号。是享受国务院"政府特殊津贴"专家，第十届、十一届全国人大代表，中国首批国际高级职业经理人，中国首批高级职业经理。上海海事大学、大连海事大学客座教授，被誉为中国港口管理界的"教父"。

精彩语录

　　"五个一"系统工程是辽河油田在认真总结油田开发建设 40 年来企业党建经验的基础上，提出的党委工作的基本定位和总体思路。通过对党委工作要素的优化设计和系统集成，我们把党委工作定位为：与时俱进服务好"第一要务"，求真务实抓好"第一责任者"，拓宽思路开发好"第一资源"，面向市场打造好"第一品牌"，以人为本把握好"第一信号"。

——孙崇仁

# 对话孙崇仁：
## 辽河油田党建"五个一"工程的时代意义

**程冠军**：辽河油田党委"五个一"系统工程是国有企业思想政治工作的成功范例。任何一项工作思路的提出，都不是凭空构想出来的，必然有其内在动因。请问辽河油田党委"五个一"系统工程是在什么背景条件下提出的？

**孙崇仁**：辽河油田是一个具有40年勘探开发历史的大型油气田，原油年生产能力1000万吨、天然气年生产能力8亿立方米，是我国最大的稠油、高凝油生产基地。1999年年底，按照中国石油重组分立的统一部署，辽河油田一分为三，形成了辽河石油勘探局、辽河油田公司和辽河石化公司三个相对独立的石油石化企业，同在"中国石油"一面大旗下竞相发展。辽河油田公司和辽河石化公司都是中国石油上市公司，而辽河石油勘探局作为辽河油田的存续企业，除了承担工程技术、加工制造、生产贸易、能源开发及综合利用等业务外，还负责3.5万多名离退休职工、2.7万多名职工家属、2.8万多名有偿解除劳动关系人员的管理工作，需要勘探局提供油田矿区服务的职工、家属和离退休人员等多达33万人。同时，辽河石油勘探局主营业务生产能力过剩 30%，职工总量富余 25%；净资产中 50% 以上为非经营性资产，能够进入市场参与竞争的装备较少；很多单位缺乏盈利基础，仅经费补贴单位就有 19 个，占全局的 40%；企业办社会负担沉重，每年高达 8.5 亿元以上。面对"人往哪里去、活从哪里找、钱从哪里来"这三大矛盾，历届领导班子带领广大干部职工坚持服务主业求生存、开拓市场谋发展，尤其是新一届党政领导班子以科学发展观为指导，面对新形势，制定并实施了两个"三步走"发展战略和"4442"工作思路，实施走出去战略，使全局经济规模、增长速度、发展空间发生了深刻变化，2007 年主营业务收入突破 200 亿元，实现了经济总量三年翻一番的目标。

在企业突飞猛进的发展形势下，由于市场区域较宽、业务分布较广、发展压力较大，一些单位把全部工作精力都摆在了加快企业发展和提高经济效益上，在主观上产生了"唯经济论"的思想，致使党委工作定位模糊、功能弱化，对党建工作"抓什么"、"怎么抓"缺乏准确的认识，使党建工作的政治优势和服务功能得不到充分的发挥。为此，2005 年我们从解决"怎么抓、抓什么"问题入手，重新界定全局党委工作的思路和定位，提出了党委"五个一"系统工程。也就是说，党委"五个一"系统工程是在辽河油田转变发展方式、实现新发展的大背景下提出来的。

**程冠军**：作为一项系统工程，必然有其内在关联性。请问辽河油田党委"五个一"系统工程的主要内涵和内在关系是什么？

**孙崇仁**：党委"五个一"系统工程是辽河油田在认真总结油田开发建设 40 年来企业党建经验的基础上，提出的党委工作的基本定位和总体思路。通过对党委工作要素的优化设计和系统集成，我们把党委工作定位为：与时俱进服务好"第一要务"，求真务实抓好"第一责任者"，拓宽思路开发好"第一资源"，面向市场打造好"第一品牌",以人为本把握好"第一信号"。其中,与时俱进服务好"第一要务"是出发点和落脚点,求真务实抓好"第一责任者"是核心和关键,拓宽思路开发好"第一资源"是基础和根本,面向市场打造好"第一品牌"是结合点和切入点,以人为本把握好"第一信号"是前提和保障。党委"五个一"系统工程,是一个互相联系、互相依存、互相促进的完整体系,它不仅涵盖了辽河油田党委工作的内容、任务和目标,而且还进一步拓展了企业党组织的功能和定位,对于做好全局基层党建工作具有很强的指导意义和现实意义。

**程冠军**:任何一项系统工程的实施,都需要运用和借助一定的抓手和载体去推动、促进。请问在党委"五个一"系统工程实施过程中,你们运用和借助了哪些抓手和载体?

**孙崇仁**:在推进党委"五个一"系统工程过程中,我们配套实施了16项"子工程"。其中包括创建"四好"领导班子;创建"六个一"党支部;先进性长效机制建设;开展形势任务主题教育;实施思想政治工作"四有六要";开展八荣八耻"三进入"活动;推进"家"文化建设;构建惩治和预防腐败体系;推行厂务公开、民主管理"三个一"制度;建设"三支队伍"工程;创建"责任机关、阳光机关、效率机关"活动;实施青年素质工程;落实扶贫帮困"四不让"承诺;开展信访稳定长效机制建设;构建平安和谐矿区;实施EAP(员工帮助计划)等。

通过配套实施16项"子工程",使党委"五个一"系统工程融入了中心、进入了管理,达到了"思路新、载体活、切入准、效果好"的目标,为企业改革发展稳定提供了坚强保证,助推了辽河油田科学发展、和谐发展。辽河油田荣获了全国先进基层党组织、中央企业先进基层党组织、全国文明单位、全国管理竞争力百强企业、改革开放30年全国企业文化优秀单位、新中国成立60年中国文化管理典范单位等一系列荣誉。目前，党委"五个一"系统工程已被收录到"中央党校党建教学案例库"和《全国基层党建经典案例》。

程冠军：刚才，您在党委"五个一"系统工程的"子工程"中，提到思想政治工作"四有六要"。能否对思想政治工作"四有六要"进行一下解释和说明？

孙崇仁：石油企业野外作业性强、生产流动性大，是一个没有围墙的特殊工厂。2005 年以来，随着辽河油田市场领域的不断发展和扩大，业务范围从省内扩展到省外，从陆上延伸到海洋，从国内发展到国外，施工队伍遍布国内 23 个省（区），以及 15 个国家和地区。油田干部职工常年野外施工，远离市区，工作艰苦，生活单调；特别是国外施工地区政局不稳、社会动荡、经济落后、环境恶劣，不同的宗教民俗、艰苦的工作环境、枯燥的生活模式，极易诱发干部职工的思想情绪，产生心理压力。对此，我们认为思想政治工作必须结合石油企业特点，把工作重点直接聚焦到职工的情感世界，坚持以人为本，注重人文关怀，积极搭建职工情感交流、情绪宣泄、情操培养的沟通平台，营造亲情浓厚、爱岗敬业、奋发有为的成长环境，不断拓展思想政治工作的发展空间和作用渠道，实现人企价值的同增并展、双赢互进。为此，按照"继承、融合、创新"的原则，我们总结推出了思想政治工作"四有六要"。所谓"四有"，就是在思想政治工作的思路上，坚持"有理、有情、有形、有效"，做到理字当头情为重、形有载体效果好；所谓"六要"，就是在思想政治工作的原则和流程上，要尊重人、要关心人、要理解人、要帮助人、要引导人、要培养人。其中：尊重人、理解人是基础；关心人、帮助人关键；引导人、培养人是目的。

思想政治工作"四有六要"，把"以人为本"放在思想政治工作的首位，抓住企业改革发展与职工思想行为的变化，捕捉职工心理、情绪和观念的演变，以及复杂的内心世界，主动介入职工的意识领域，倾听职工的呼声，体察职工的感受，解决职工的困难，把握职工的追求，促进职工的成长，于"细微之处见真情"。当职工遇到困难时，给予热情的帮助和关怀，让职工感受到家庭般的温暖、朋友式的真情；当职工受到挫折时，给予及时的安慰和鼓励，让职工体验到组织上的信任、同志间的理解；当职工感到迷茫时，给予正确的引导和沟通，让职工领悟到人生的真谛、奋斗的方向；当职工取得成绩时，给予充分的肯定和激励，让职工享受到自我的成就感、集体的认同感，从而营造出一种"勤奋工作、快乐生活、健康成长"的和谐氛围。

程冠军：进入 21 世纪之后，企业竞争已进入"文化制胜"的时代。如何培育企业的核心价值观，如何推进企业文化建设，已经成为企业经营者面临的最新挑战。据了解，辽河油田在企业文化建设中推出了独具特色的"家"文化，请问辽河油田建设"家"文化的动因和内涵是什么？

孙崇仁：辽河油田推进"家"文化的动因主要有三点：一是"家"文化的核心就是"和谐"，建设辽河"家"文化是实现企业"科学发展、构建和谐"两大主题的迫切需要。二是石油人素有"因油立家"的文化传统，"哪里有石油，哪里就是我的家"，这首传唱了半个世纪的石油赞歌，成为辽河石油人四海为家、报效祖国的真实写照。三是辽河油田经过 40 年的开发建设，凝结了深厚的"油缘、地缘、血缘"关系，以及"亲情、友情、爱情"纽带，职工群众形成了以油田为家、以油田为荣的家园意识。基于这三点认识，为了凝聚职工身在辽河、发展辽河、奉献辽河的荣誉感和责任感，我们提出了建设辽河"家"文化的构想。

辽河"家"文化的创建主题是：我是石油人、辽河是我家、我与企业同创业共发展。我们的团队精神是：关爱员工，以人为本；关心企业，爱厂如家；关注社会，尽责奉献。发展愿景是：坚持人企价值共融，形成情感共同体，建设和谐之家；坚持人企价值共创，形成责任共同体，建设发展之家；坚持人企价值共享，形成利益共同体，建设幸福之家。我们的建家途径是：情感建家聚真情、民主建家保权益、制度建家促规范、学习建家提素质、品牌建家树形象、平安建家创和谐。围绕这些基本理念，我们建设了企业文化教育中心，命名了 60 个示范基地和示范点，帮助和指导各二级单位结合本单位生产经营的特点和地域特征，创建和培育了苇海"家"文化、"高凝油"文化、"红海滩"文化、特种油"热"文化、"感恩"文化、"执行文化"等各具特色的文化载体，丰富了辽河"家"文化的"血肉"，使"家"文化建设呈现出百花齐放、百舸争流的良好态势。

程冠军：我们还了解到，近年来辽河油田还引进了员工帮助计划即 EAP 服务。对于绝大多数的中国企业来说，EAP 是一个崭新的概念。能否介绍一下辽河油田实施 EAP 的情况？

孙崇仁：EAP（EmployeeAssistanceProgram），源自于美国，直译为员工帮助计划，又称员工心理援助项目、全员心理管理技术。从 20 世纪 80 年代起，EAP 在英国、加拿大等欧美发达国家逐渐盛行，目前世界 500 强企业中有 80%以上建立了 EAP。它是由企业为员工设置的一套系统的、长期的福利与支持项目。通过专业人员对组织的诊断、建议和对员工及其直系亲属提供专业指导、培训和咨询，旨在帮助解决员工及其家庭成员的各种心理和行为问题，提高员工在企业中的工作绩效。辽河油田 EAP 的服务理念是：关注员工生命质量、提升心理健康水平、促进和谐企业建设；服务内容是员工压力管理、职业生涯设计、人际关系调适、人格完善和成长、新员工环境适应、情绪管理、工作与生活平衡、婚姻与家庭、亲子关系与子女教育、危机事件干预等。

员工帮助计划，不仅是企业思想政治工作延伸和深化，也是建设"家"文化的一项重要内容。回顾辽河油田的 EAP 之路，我感慨万千。早在 2004 年下半年，我受命同时担任油田公司和勘探局两家单位的党委书记。组织的重托，责任的重大，给我们工作提出了更高要求。如何带领班子成员和广大干部员工以良好的精神面貌和健康的身心素质，投入到油田科学发展、和谐发展的工作实践中；党建思想政治工作如何在新形势下进一步服务好企业中心工作等，一直萦绕在我的脑海里。恰恰此时，我们请到了国内知名的心理学专家杨凤池教授来油田为处级干部开展心理培训。凭着多年的工作经验，我意识到这是一个有前景有作为的领域，便开始寻找机会在油田推动这项工作。在此期间，特别是2004年辽河油田的一个二级单位发生了一起事件：一名员工留下三封遗书后跳楼自杀了，这名员工由于离婚后缺少社会支持系统，孩子学习成绩差导致内心歉疚，加之违反单位规定受到了处罚，她内心感到难过而无助，最终造成了悲剧的发生，实在令人惋惜。这件事对我的震动非常大，让我陷入深深的思考：我们企业组织的关怀这个时候在哪里呢？辽河"家"文化的温暖这个时候怎么体现呢？我们有没有在处罚后对其进行思想开导和精神抚慰呢？如果那时有EAP，相信情况一定会截然不同。因此，从2005年起我们开展心理咨询活动和培训；2007年在钻采工艺研究院开始EAP项目试点工作；2009年，开始在辽河油田全面推进员工帮助计划。目前，我们已经培训了350名心理咨询师、62名国际注册EAP项目管理师，选拔聘任了22名热线咨询师，建立了EAP门户网站，开设了两部热线电话和网上咨询，在基层单位设立12个EAP网上专栏，积极开展特殊群体心理辅导及个案转介工作，对外部市场员工进行了团体咨询，对部分单亲员工进行了心理辅导，对科研人员进行了心理压力调适，为驾驶员举办了团训活动，开展了关键作业岗位员工、安全环保和交通管理干部、新入厂员工心理健康知识培训；并接听热线咨询132人次、面询16人次、转介12例、入户心理咨询70多人次，员工对EAP的服务满意率达85.95%，使EAP项目成为职工群众名副其实的"精神福利"，有力地促进了企业的科学发展、和谐发展。在 2010 年 11 月 7 日召开的第四届中国国际 EAP 培训班上，辽河油田的经验得到与会专家的充分肯定。国际 EAP 协会主席约翰·梅纳德先生亲笔题词：我代表国际 EAP 协会衷心祝贺辽河油田 EAP 项目！并祝贺你们已经开展了令人振奋的 EAP 服务，通过帮助员工进而帮助了企业。我们鼓励你们继续努力，更希望保持和发展你们非常有价值的 EAP 服务！

**相关链接：**

党的十七届四中全会做出的《中共中央关于加强和改进新形势下党的建设若干重大问题的决定》，根据世情、国情、党情的深刻变化，提出了"提高党的建设科学化水平"这一重大命题和重大任务。近年来，辽河油田围绕这一重大命题和重大任务，对创新国企党建工作进行了积极的探索和实践，总结实施了党委"五个一"系统工程，增强了党建工作的生命力和创造力，推动了企业科学发展、和谐发展。为了进一步深入了解辽河油田"五个一"工程的创建成果和时代意义，作者与时任辽河油田党委书记、中国石油党建思想政治工作研究会副会长的孙崇仁进行了对话。

孙崇仁，1975 年毕业于华东石油学院矿场地球物理专业，教授级高级政工师，中国石油大学（华东）、成都理工大学、西南石油大学兼职教授，重庆科技学院客座教授，中国石油党建思想政治工作研究会、中国石油大庆精神铁人精神研究会副会长。孙崇仁同志长期从事石油企业管理和党务工作。在其 40 年石油职业生涯中，担任过基层指导员、团委书记、工会主席、纪委书记、党委书记等职务；从 1996 年起，先后担任过辽河石油勘探局、辽河油田公司党委副书记、书记，中国石油驻辽西地区企业协调组组长、盘锦市委副书记。现为辽宁省委委员、辽宁省政协常委，是党的十七大代表。曾荣获全国劳动模范、中央企业优秀党务工作者、第13届《半月谈》思想政治工作创新奖等。他组织实施的党委"五个一"系统工程，在2007年12月23日中央党校举办的"贯彻十七大精神、创新国企党建工作——辽河石油勘探局党委'五个一'系统工程经验高层研讨会"上得到了与会专家、学者的高度评价，并被收录"中央党校党建教学案例库"。

失败是成功之母，成功是失败之父。失败孕育了成功，成功包含失败的风险。我们要正确地认识失败对我们这个组织的意义。在科学发展过程中，失败必不可少，但是怎样把这种失败转化成组织的核心能力，通过失败走向成功最为关键。

——梁小虹

# 对话梁小虹：航天文化的启示

编者按：2013年6月26日8时7分许，搭乘3名中国航天员的神舟十号载人飞船返回舱，在内蒙古中部草原上顺利着陆。"神十"载人飞船于6月11日傍晚从酒泉卫星发射中心成功发射升空，在15天的太空飞行中，"神十"飞行乘组3名航天员圆满完成进驻天宫一号、飞船与天宫一号自动和手控交会对接、中国首次太空授课、中国首次航天器绕飞交会试验以及航天医学实验、技术试验等一系列太空活动。为进一步了解长征二号FY10运载火箭发射神舟飞船的时代背景和重大意义，作者与中国运载火箭技术研究院党委书记兼副院长梁小虹研究员进行了对话。

程冠军：长征二号FY10运载火箭发射神舟飞船是党的十八大以来最重要的一次太空发射活动，也是习近平同志提出中国梦的伟大号召之后的一次航天发射。习近平同神十航天员通话时说"飞天梦是强国梦的重要组成部分"。中国梦也是强国梦，强国梦离不开飞天梦。请您谈谈本次发射的政治意义。

梁小虹：这次发射政治意义重大，主要有三个方面。第一，继续支撑中国梦。十八大以后提出中国梦，中国梦不是一蹴而就的，它是一个历史进程，需要我们不断地去实践，只有如此才能实现中华民族的复兴和崛起。复兴和崛起是与一些重大历史事件相联系的。航天发射就是一个重大历史事件，可以说，没有航天事业的巨大成就，就没有中国今天的国际地位。第二，振奋精神、凝聚力量。本次航天发射的成功举世瞩目，增强了炎黄子孙的凝聚力和向心力。第三，科技创新，坚持不懈。载人航天工程第一步是发射载人飞船，建成初步配套的试验性载人飞船工程，开展空间应用试验；第二步是在第一艘载人飞船发射成功后，突破载人飞船和空间飞行器的交会对接技术，并利用载人飞船技术改装、发射一个空间实验室，解决有一定规模的、短期有人照料的空间应用问题。第三步是建造载人空间站，解决有较大规模的、长期有人照料的空间应用问题。这次应用性飞行是第二步第二阶段的最后一次飞行试验，为第三步建立空间站打基础。空间站是大国和强国的象征。在太空建设空间站对我们来说就是一个中国梦，是一个标志性的里程碑式的梦。

习近平总书记亲临发射现场为宇航员加油，并与航天员亲切通话，这说明党中央对这次发射高度重视。5月4日，习近平同志到中国航天科技集团公司中国空间技术研究院，同各界优秀青年代表座谈时寄语青年一代：只有进行了激情奋斗的青春，只有进行了顽强拼搏的青春，只有为人民做出了奉献的青春，才会留下充实、温暖、持久、无悔的青春回忆。这既是对年轻人的希望，同时也是对我们的要求和鼓励。

程冠军：中华民族是一个有理想的民族，中国古代龙的图腾，古代神话里的女娲补天、嫦娥奔月、后羿射日等都是美好的梦想。从敦煌壁画里的多姿多彩的

"飞天"就可以看出，在中华民族的美好梦想里面，最最美好和最最渴望的就是飞天梦。

梁小虹：杨利伟上天的那一刻就圆了中国人的飞天梦。在四大文明古国里，其他三个古国的文化都没有延续下来，只有中华文明流传下来，一个重要的原因就是中国比其他的民族更具有好奇心。我们的文字很多都和天有关系。但是那时候，我们的自然科学比较落后，我们的祖先只能借助一个神话表达这种想法。神话反映出民族对未知世界的好奇，这正是中华民族的一个优秀特征。好奇心是创新的原动力，如果一个民族对新事物都不好奇，怎么能探索未知世界？中国航天50多年的发展历程表明，只有满足民族的好奇心，才会有创新的原始驱动。

地球是人类的摇篮。从发展的眼光来看，地球承载人类一定有自己的局限性。中华民族的飞天梦可以支撑中华民族的未来。美国好莱坞大片《2012》预言中国方舟拯救世界。为什么说方舟是中国的，而不说印度或俄罗斯。因为好莱坞的导演心底明白，只有中国的体制和技术才有可能造出"诺亚方舟"。不要以为好莱坞大片只是艺术想象，任何想象都是建立在现实条件的逻辑思维基础上的。

程冠军：这虽然是导演的合理想象，但这种想象可以折射出中国人能干出别的国家在短时间内不可能做到的事情，这说明我国政体和国体的优势是可以集中力量办大事。另外，请您介绍一下目前我国的卫星拥有情况在国际上处于一个什么样的地位？

梁小虹：我们的航天梦既和过去的梦有关，又和未来的梦有关。我们1984年才有拥同步通信卫星。我们的气象卫星从无到有，从风云一号到风云二号、三号，未来将发射风云四号。目前，中国的气象卫星同美国、日本共同支持全世界的天气预报。目前俄罗斯和欧盟都没有，过去我们也要借助别的国家。我们虽然在卫星的研究上成绩斐然，但是现在我国才拥有100多颗卫星，俄罗斯有400多颗，美国有900多颗。这个差距依然很大。卫星不但用于和平，还有军事用途。美国在科索沃战争、伊拉克战争，第一次调用了160多颗卫星，第二次调用了80多颗卫星。现在，美国已经开始研究火星了。未来，人类肯定有一天会走出地球的。如果等到人家都能走出地球的时候，就剩下我们中国人，那我们的民族就悲哀了。

**程冠军**：长征二号ＦＹ10运载火箭发射的神舟飞船是中国第五艘搭载宇航员的飞船。因此，这次发射备受国内外关注。请您谈谈这次发射的基本情况和背景。

**梁小虹**：长征二号ＦＹ10运载火箭发射神舟飞船是党的十八大以后的第一次重大航天科技活动，因此备受瞩目。本次发射是首次应用性飞行，所谓"应用性飞行"，它是要在神舟八号和九号的基础上，继续验证技术的成熟度和可靠性。既然是应用性飞行，可靠性要求就要比前几次高。正因为如此，我们把这次发射的目标定位为"连战连捷，尽善尽美"。相对于神舟九号的"十全十美，神箭神奇"目标又有了新的变化。"连战连捷"是最低标准，"尽善尽美"是最高要求。"连战连捷"的意思是说，无论发射多少次都必须次次告捷，这是最低标准。所谓"尽善尽美"，我们要求的不仅仅是成功，而是所有系统最优。这是相对于神九提出的"没有最好，只有更好"而言的。这次发射，我们在火箭的可靠性、安全性、量化管理等方面又做了大量深入细致的工作，最后确保了火箭的成功发射。

**程冠军**：这个空间站是建在什么地方？空间站建立之后，对于中国航天事业的发展有什么重大意义？

**梁小虹**：这个空间站建在距离地球三四百公里的近地轨道上。空间站就像盖房子一样，房子盖好了，才能把人和实验器材送上去，任务完成了再把人接回来，这样我们就有了往来太空的通道。拥有了空间站我们就拥有了太空阵地。目前，拥有空间站的国家只有美国和俄罗斯。美国在空间站的飞船主要靠租用俄罗斯"联盟号"往上运送物质。过去美苏都搞飞船，俄罗斯虽然停止了飞船试验，但其"联盟号"火箭依然有运输能力。美国因事故停止了航天飞机，并因此失去了太空运输能力，俄罗斯拥有运输的能力却没有飞船，因此两家一拍即合。我国将来既拥有自己的空间站又有自己的火箭，就可以在这个领域赶超发达国家水平。党的十八大提出要实施创新驱动发展战略。要坚持走中国特色自主创新道路，以全球视野谋划和推动创新，提高原始创新能力就必须具备在太空领域进行科学实验的能力。

程冠军：据了解，这次长征二号ＦＹ10运载火箭发射的神舟十号载着印有研究院为217名试验队员刻的"中国印"图案。"中国印"登上太空很有意义，因为"中国印"是中华文明的一个标志性符号。这表明中华文明不但影响地球和全人类，还将影响太空和宇宙。

梁小虹：为了确保实现提出的"连战连捷、尽善尽美"的目标，试验队做了很多策划，这个策划体现了思想政治工作在科研实践活动当中的创新和创造。我们为每一位试验队员刻了一方"中国印"，217名试验队员把自己的名字在纸上联成一个"心"型，"心"中间写一个"箭"字，表示箭在心中，下面是"连战连结、尽善尽美"八个大字。这个由中国印组成的"箭在心中"搭载火箭跟宇航员一起飞上了太空。

从1999年12月30号第一枚火箭发射，一直到第十次发射，每个队员的名字都写在纪念册上，发给每一个队员，上面写上"历史不会忘记你们"。以此增加队员每一次完成任务时的使命感、责任感和荣誉感。告诉每一位队员，你今天的工作尽管可能是普通的、默默无闻的，但是你所创造的业绩，国家、人民、党会记住你的!

我们为什么要做上述工作?因为任何一项工作,时间长了都会产生麻痹思想,为了克服麻痹思想,我们发挥思想政治工作优势,策划实施了这项有意义的活动。在动员时,我们提出了新的成功观:成功不等于成熟,成熟不等于可靠,可靠不等于万无一失。因此,我们要穷尽最大的努力,把所有的风险全部找出来。过去我们提出"如履薄冰",现在我们提出了"如临深渊"。万丈深渊比薄冰更可怕,一公分的薄冰,掉下去最多鞋子湿了,却没有生命危险,而深渊掉下去就万劫不复。在没有深渊的情况下,必须有如临深渊的精神状态和精神准备,从意念里有一个深渊,做到这一点太难了。因此,我们所做的思想政治工作,就是让试验队员意识到工作中永远有深渊。稍不留神就会有极小概率出现。

程冠军:纵观中国航天事业的发展,新中国成立 60 多年来,特别是改革开放 30 余年来发展势头一直很好。即使在十年动乱时期,中国航天依然成绩斐然。这是为什么?

梁小虹:第一,我们有党中央强有力的领导和支持。当年,周恩来总理在对航天的关心指导可以说是呕心沥血。东方红一号卫星上天的时候,有人提出要放 N 个毛主席像章。像章放上去卫星就会超重,在当时那个政治挂帅的年代谁敢对此说不!当时的卫星重量 128 公斤,当时的长征一号火箭推力有限,放那么多毛主席像章,重量增加,后果难以预料。对此,谁也不敢表态,最后还是总理表态:不放!在对专家的保护上,周总理亲自点名对重点专家不许批斗,保证他们科研生产的工作。在当时在那种条件下,如果没有中央强有力的支持,是根本做不到的。不仅是周总理,邓小平、聂荣臻、张爱萍等领导也对航天事业倾注了大量心血。特别是聂帅和张爱萍将军,张爱萍将军晚年还经常不通知就拄着拐棍来基地参加我们的会。第二,我们有一个科学的中长期的战略规划。1965 年至

1972 年实施"八年四弹"规划，八年研制出四种新型导弹，即中近程、中程、中远程、远程洲际导弹。20 世纪 70 年代我们有"三抓"，一是向太平洋海域发射远程运载火箭，二是潜艇水下发射巨浪一号固体燃料导弹，三是发射地球同步轨道试验通信卫星。第三，强烈的爱国主义精神支撑无私奉献和技术创新。中国的知识分子拥有爱国主义精神，在爱国主义精神的驱动下，"文革"期间的派别之争和个人恩怨全部被爱国精神统筹和感化了。尽管有的人在"文革"期间受到冲击，但仍然坚持搞研究。爱国主义驱动下的中国知识分子有一种把中国的火箭事业搞上去的精神，他们是我国知识分子中最典型的代表。

程冠军：改革开放 30 多年来，随着市场经济体制的逐步确立，西方思潮的不断冲击，人们的价值观念发生了很大变化。这期间，航天人是怎么耐得住寂寞，守得住岗位，继续潜心研究并取得了如此巨大的成就？

梁小虹：市场经济对航天事业带来了巨大的挑战。当时，最突出的问题就是人才大量流失。改革开放之后，外资不断涌入并到处去挖人才。我们的普通工作人员到了外企就可以当主管，几年之后就开着私家车回来了。这个诱惑非常大。航天事业人才是第一位的，因为航天研究是几千甚至几万人在一个系统里协作，因此人员要经过严格的系统工程训练。人才流失的最终结果是导致质量下降，从 1992 年 3 月 22 日长征二号 E 运载火箭发射终止，到 1996 年 2 月 15 日长征三号 B 运载火箭 Y1 发射失利，同年 8 月 18 日长征三号运载火箭 Y14 发射失利，连续出现了三次失利。针对市场大潮的冲击，我们提出了用事业留人、感情留人、待遇留人、环境留人的理念。由于我们这个工作做得比较早，到了 21 世纪初，我们已经全面完成了人才队伍的新老交替。此刻，我们的"少帅军团"已经形成了 10 年。2003 年的神舟五号发射时，杨利伟就是神舟"少帅军团"中的一员，他虽然很年轻，但是早在 10 年前就已经成熟了。80 年代我们解决了人数的问题，

90 年代我们解决了人才的问题，今天我们要解决人物的问题。我们不但要有人数、人才，还要有"大家"，有人物。在我们已有的人物当中，我们拥有两弹一星元勋钱学森、发动机专家任新民、结构强度专家屠守锷、控制系统专家梁思礼、冶金学和航天材料专家姚桐斌等一批著名专家，正是这些大家引领和带动了中国航天科技事业的发展。但是仅仅有他们还不够，航天事业的飞速发展需要更多的"大家"和人物。

程冠军：航天科技是一个高风险的职业，如果万一出现失败，我们怎么去面对？您认为在航天事业中应如何发挥党组织的思想政治工作优势？

梁小虹：失败是成功之母，成功是失败之父。失败孕育了成功，成功包含失败的风险。在面对失败的问题上，院党委主要做了以下两个方面的工作：第一，我们要正确地认识失败对我们这个组织的意义。在科学发展过程中，失败必不可少，但是怎样把这种失败转化成组织的核心能力，通过失败走向成功最为关键。比如长征二号 C 运载火箭 Y26 由于游机框架失效造成了发射失败，给我们带来什么启示？过去，我们只关注关键件、重要件，但是不关键的部件一旦出现问题，同样会发生危险。为了预防失败，我们制定了五条标准：一是故障复现；二是机理清楚；三是定位准确；四是措施有效；五是举一反三。第二，要给大家树立信心。一旦失败，万马齐喑。但这个时候要告诉大家：前途是光明的，道路是曲折的，要正确对待失败。失败的关键在于思想上没有深渊意识，就一定会失败。每个人所有工作都有深渊意识，按照尽善尽美的要求去处理，把风险都控制住。这样，火箭失败概率是往后推的，推到什么时候？推到你一松懈失败就立刻到来。全体技术人员都以"我的火箭我负责，我的火箭我放心"的标准来做工作。火箭发射是一瞬间，但基础工作却要做很久。航天试验是一项风险性极强的科学活动，因此每一次发射都有风险。我们所说的万无一失，是逻辑上和理论上期望值。因此，在思想上，科学试验不是百分之百成功，而是经过努力做到百分之百放心。这就是我们党组织思想政治工作的巨大作用。思想政治工作不是去做具体的研发和设计，也不参加具体的评审和风险分析，而是从思想上保证试验的成功。

**相关链接：**

梁小虹，十一、十二届全国政协委员，中国运载火箭技术研究院党委书记兼副院长、高级工程师，长期在中国航天领域工作，在探索企业内部管理规律方面有着独到的见解，在企业党的建设、企业文化见解和人力资源管理等方面，有着丰富的实践经验。中国航天科技集团公司"2518核心人才"、国防科技工业"511工程"高级管理人才。出版专著《航天精神》。

　　我认为做企业一定要懂得有选择性地忘记过去。特别是作为 CEO，你必须要看看现在做的东西，哪些需要放弃不做。除此之外，还要用 20％的精力思考未来，考虑好明天要做什么。企业要腾出精力去迎接明天可能会发生的挑战，这就是多重地平线战略。

——李　纲

# 对话李纲：埃森哲把脉中国企业

程冠军：中国的改革开放到今天已经走过了 36 年的历程，作为全球最大的管理咨询公司，埃森哲自 1993 年进入中国至今已经 20 年，您认为在 20 年的发展当中，中国的企业发生了哪些变化？埃森哲名称的意义就是注重未来，在为中国企业包括政府的服务当中，你们是如何贯彻注重未来这个理念的？

李纲：中国加入了 WTO 以后，很多行业引入了竞争机制，开始有了压力，这种压力是怎么赢得客户，怎么抢占市场，怎么提高销售额，怎么降低成本，怎么增加利润。而且随着改革的不断深入，这些要求就会越来越多。现在，许多中国企业要走出去，要融入更大的国际市场，而这个市场对它又是陌生的，面对这个陌生的市场，企业仅仅靠自己的力量已经不够，因此更要寻求国际化专业咨询公司的帮助。如今，我们在大中华区的客户群 70% 是中国公司或政府单位，30% 是跨国公司。在 70% 当中约有 45% 到 50% 都是来自央企，如中国电信、中粮集团、中石化、国家电网等。当然，我们也十分关注发展势头强劲和高科技的民营企业。

埃森哲 1993 年刚进入中国的时候规模还非常小，那时候，国内对我们的业务还没有充分认识。比如，当时我们给国内的一些企业做信息化服务时发现，不少企业只愿意花钱买硬件，对于软件则大部分选择使用盗版。但我们的主业是为客户提供专业服务，归根结底是要出结果，我们要帮客户明天比今天做得更好，所以我们更注重怎么能够使客户明天的绩效比今天更好。对于卓越绩效的关注，使国内客户逐渐认可了专业服务为他们未来发展提供的帮助，因为绩效是可以衡量的，不管是整个营业额的绩效、利润率的绩效，还是市场份额的绩效，都可以衡量。政府对绩效有不同的衡量，主要是政府开支的降低，效率的提升等，更重要的是群众对政府服务的满意度的提高。

程冠军：埃森哲进入中国以后，为中国的许多大型国有企业做过咨询服务，据了解中石化就是你们的客户。请您谈谈为大型国有企业做咨询的一些体会。

李纲：我们主要注重于行业领军者，因此全球客户的总数并不繁多。目前，《财富》全球 100 强企业当中有 89 家是我们的客户，全球 500 强企业中有 3/4 是埃森哲的客户。我们专注这些大客户的原因有三个：第一，大集团信誉好，利于长期合作；第二，大企业大而复杂，因此更需要专业咨询公司的帮助；第三，行业领军者都希望自己永远走在前面，不愿意跟着别人后面跑，因此更愿意去尝试创新的东西；第四，既然他们是领军者，因此有较强的支付能力。

埃森哲伴随着中国经济发展而成长。中国企业对专业服务的认识已经由开始的被动、被迫，到今天的主动。1999 年，时任国务院总理的朱镕基力推国有企业改组上市，目的是通过上市倒逼企业改革。因为企业只要想上市，就必须做出改变，当然这个改变对当时的国有企业绝大部分是被动和被迫的。企业要上市第一件事要找投资银行，投行发现这个企业的组织架构、企业战略、绩效考核等多个方面都不符合要求，银行就建议企业找咨询公司来帮他们搭建这些架构。当时中

🔺作者与李纲交谈

石油选择了麦肯锡，中石化就选择了埃森哲。我们要帮他们做什么呢？首先是把他们公司的"故事"讲清楚，公司靠什么发展，发展战略是什么，如何降低成本，如何增加收入，如何提高企业利润等。为了做好这些，我们的专家就进驻企业分析他们的经营状况，而不是拍着脑袋说你去怎么做，也不是写一份漂亮的文字报告，而是深入到生产管理的现场去调研，真正找到降低成本的空间，再提出减少跑冒滴漏、增加销售收入等一系列建议，并合理调整企业的组织结构。另外，我们还要在最短的时间内给一个庞大的公司建立一个最基本的财务系统，使他能够合规、按时、准确地提交出财务报告。最后，当我们帮助企业把上市前的准备工作都做好了，才发现这个企业的管理已经得到了很大的提升。之后，我们就帮助企业实施 ERP 系统。ERP 系统是建立在信息技术基础上，以系统化的管理思想，为企业决策层及员工提供决策运行手段的管理平台,它跳出了传统企业的边界，从供应链范围去优化企业的资源。我所说的上述流程只是一个例子，从中我们可以看出中国企业在接受服务的过程当中，由被动到主动，由初级阶段到高级阶段的转变过程。

程冠军：自 2007 年开始，埃森哲每年都会发布中国企业卓越绩效报告，这个研究报告究竟是个什么概念？它对中国企业有什么帮助？

李纲：首先必须说明这个报告不是一个排行榜。之前，我们花了 5 年的时间，研究了全球 6000 家企业，发现其中有 500 家企业属于高绩效企业。我们所认定的高绩效企业的标准是，企业在一个相当长的经济周期中始终领先于它的同行，这个周期一般是 10 年。这个年度报告我们每年发布一次，目的不是向社会公布谁是第一，谁是第二，因为这样就会把大家注意力分散了。我们的目的是通过持续研究把企业稳定的、共性的东西提炼出来，然后告诉大家一个高绩效企业必须怎么做。这个报告更多的是给我们的客户一些结论性的东西。一个优秀的企业必须经得起不同的经济周期，无论高潮还是低潮总比他的同行做得更好。这样的企业基本上有三个特点：第一，这些企业对自己的市场定位都非常明确，是靠成本优势还是靠产品优势，定位很精准。第二，这些企业一定都有自己的底蕴，也就是我们常说的文化软实力。第三，这些企业并非什么都做却没有专长，而是都有自己独特的能力，而且这个独特能力别人无法在短时间内复制。如本田汽车，它的独特能力并不是造汽车，而是造发动机，本田发动机从最小的割草机发动机，一直做到汽车发动机。发动机技术是它的长项，因此它就可以适应不同的经济周期，汽车市场好的时候多卖汽车，汽车市场不好的时候靠发动机，所以它就能够比别人活得更好。

程冠军：中共十八届三中全会通过了《中共中央关于全面深化改革若干重大问题的决定》（简称《决定》），从《决定》看出，这次改革力度前所未有，可以说是自 1978 年以来的 35 年之后中国改革的又出发。您怎么看当前背景下的中国国企改革？中国企业走出去的前景如何？

李纲：中国的国有企业在国民经济当中占据着非常重要的位置，因此国有企业改革直接影响整个国民经济，所以谨慎是必要的。过去这几年当中，国有企业改革步子的确是慢了些。我感到这方面应该尽快扭转，要继续深化国有企业改革，使其更加市场化。这次中共十八届三中全会所作出的《决定》对国有企业改革终于有了重大突破。首先是确立了使市场在资源配置中起决定性作用，这是中国市场经济理论的重大突破，这个理论一突破，国有企业改革走向市场化之路就成为必然。

现在大家都说中国的企业必须走出去，我感觉有相当一部分企业有比较大的盲目性，一定要避免像搞运动一样一哄而上。这些年，走出去似乎成了一个时髦的口号，好像如果企业不走出去的话，这个企业的领导就没水平。有些企业感到在国内市场经营困难，就想到国外去做，这就有相当大的盲目性。走出去到底为了什么？有的企业在中国市场都没有做好，非要跑到国外市场，但国外市场的不可预见性更强，也会更难做。其实，经济全球化之后，中国市场在大部分行业已经是全球市场的一部分，所谓的全球化和国际化，实际上在本土市场上已经实现，因此千万不能忽视本土市场，要想国际化，首先要先把本土市场做好。既然中国市场已经是全球市场的一部分，企业的重要任务就是练好内功，无论是产品研发、市场营销，还是供应链管理，如果这些都没有做好，贸然走出去失败的可能性就会更大。在这方面，华为做得就比较好，它有自己非常明确的目标，其产品在中国有一份天地，但是它又一定要到其他国家去生长。过去，在全球只要一说电信设备领先者，一般都认为是思科、爱立信，而现在大家会说是华为、思科、爱立信。

程冠军：作为世界咨询业的巨头，埃森哲是一个全球化的公司。如果把你们的中西方客户做一个比较研究，您认为中西方文化的差异主要是什么？具体到管理方面，中国企业还有哪些问题需要解决？

李纲：第一，对于中外企业来说，企业一把手所关注的都是我们的主要目标。因此，对埃森哲来说，无论中外企业我们都必须了解一把手所关注的问题是什么，这是共性。第二，就我们所做服务的内容而言，中国市场比成熟市场仍落后很多年，西方企业 10 年前做的事情，中国企业也许现在才开始做，中国虽然起步比较晚，但发展比较快，赶上也只是一个时间的问题。第三，中国企业的特点是体量大，比如我们在国外为一个客户做人力资源系统，这个公司可能几万人已经是规模很大了，但在中国一个大国企可能有 100 万员工，做 100 万员工的人力资源系统，所碰到的复杂程度和国外企业通常的几万人，就完全不可同日而语。第四，中国企业相对于西方企业有它的单一性，这种单一性包括语言的单一性、文化的单一性等。比如在国外，一个几万人的公司员工可能来自五大洲几十个国家，因此人力资源系统既要考虑巴西的劳工法，又要顾及法国的劳工法以及德国工会的力量等，数量虽小，构成复杂。在中国，一个有 100 万员工的企业，这些员工基本上都是来自国内。另外，与西方企业相比，中国企业还存在两个短板：一是对现代管理学的运用，大部分中国企业相对西方起步较晚，因此在管理水平上相对薄弱。二是有些中国企业做事不够认真，无论什么事情做个"大概这样"就认为可以了。这是一个巨大的挑战。对于企业来说，要想提高管理水平，做事情就必须精益求精。

程冠军：当前，中国的经济正在转型，中国的企业也在寻求新的转型升级之路。您提出中国企业转型的多重地平线，您能解释一下多重地平线的含义吗？

李纲：多重地平线不仅仅限于中国企业，对任何一个企业来讲，如果我是一个企业的管理团队，我的精力如果是 100 分，我只要花 70 分把今天的业务做得更好，使企业能够盈利、能够保住或抢占更大的市场份额，能够让客户满意就可以了。除此之外，我们还要花 10 分的精力有选择性地忘记过去。什么叫有选择性地忘记过去？就是不要把所有的包袱都背上。如果一个企业这也要做，那也要做，一直在做加法，这个企业肯定经营不好。因此，做企业一定要有所选择，要抛弃过去的一些东西。在这方面最典型的例子就是柯达，柯达为什么会从一个世界最大的影像企业走向破产？当数字影像媒体兴起的时候，它一直不舍得忘记过去，对过去的成就和行业地位很留恋、很纠结。它一直认为，过去除了富士可以跟它比拼，没有人可以跟它比拼。毋庸置疑，一直以来柯达在民用影像、专业影像、医疗影像、大量文档扫描等各方面都是做得最好的。但是，当数字化的时代到来了，柯达总不愿意去抛弃过去的任何一块，总认为这些都是好东西，舍不得丢掉。那么，当整个数字化大潮袭来的时候，等它醒过来时已经太晚了。因此，我认为做企业一定要懂得有选择性地忘记过去。特别是作为 CEO，你必须要看看现在做的东西，哪些需要放弃不做。除此之外，还要用 20 分的精力思考未来，考虑好明天要去做什么。企业腾出精力去迎接明天可能会发生的挑战，这就是多重地平线的战略。

**相关链接：**

埃森哲，全球领先的管理咨询。它原是安达信（Arthur Andersen）会计事务所的管理咨询部门，1989 年成立安达信咨询公司（Andersen Consulting），2000 年与安达信从经济上彻底分开，2001 年公司更名为埃森哲（Accenture）并在纽约证交所上市。在 2013 年《财富》全球企业 500 强排行榜中排名第 385 位。

李纲，埃森哲全球副总裁、大中华区主席，曾就读于复旦大学物理系，之后在美国休斯敦大学取得电子工程硕士学位。1985 年在美国加入埃森哲，曾在美国、阿根廷以及中国香港等地生活和工作。1998 年起就任埃森哲中国区董事总经理。如今，作为埃森哲全球副总裁、大中华区主席、埃森哲全球领导委员会成员，李纲在大中华区领导着一支近 9300 人的队伍，已使埃森哲成为大中华区为数不多的能够同时为跨国集团和本土企业提供创新服务的机构之一，并完成了诸多重大项目又获得无数荣誉和奖项。李纲认为："能够做你喜爱做的事，把喜爱做的事做得与众不同，一生保持持续学习的能力，这就是职业幸福感的由来。"

　　三一是改革开放的产物，创办于 1989 年，它是随着祖国的强盛发展起来的。三一核心文化价值观念，首先是使命，我们要实现品质改变世界。三一的愿景是：创建一流企业，造就一流人才，做出一流贡献。

——梁稳根

# 对话梁稳根：
# 中华民族伟大复兴，三一恰逢其时

编者按：三一集团现在已经发展成为年销售额超过 800 亿元的国际化企业集团。在不到 20 年时间里，梁稳根把他所创建的三一重工变成中国第一、世界第六的工程机械制造商，变成了全球最大的混凝土机械制造商。三一之所以走出中国，走向世界，成功的原因是它乘上了共和国 30 年改革开放尤其是后 20 年城市化进程的时代列车。党的十八大期间，十八大代表、三一集团董事长梁稳根接受了记者采访。

程冠军：我随中央党校调研组到三一调研时，三一人告诉我们，三一之所以走出中国，走向世界，成功的原因是它乘上了共和国 30 年改革开放尤其是后 20 年城市化进程的时代列车。党的十八大提出了经济、政治、文化、社会、生态文明五位一体的战略部署，三一今后的发展思路会不会有新的变化？三一的生产管理模式是丰田模式，三一收购德国的普茨迈斯特之后，又进来了德国文化，三一的核心文化是中华文化并带有湖湘文化的味道，今后，三一将如何解决文化的冲突与融合？据了解，每年"三一节"您都要给员工发表讲话，十八大以后的明年的"三一节"您准备讲些什么？

梁稳根：中国经济发展得益于中国改革开放30年，特别是得益于十六大到十八大的这10年，三一去年销售额是802亿元人民币，10年以前的2001年，我们的年销售额仅仅是6.2亿元人民币，利税9600万元人民币。近10年来，我们在科学发展观的指引下，发展很快，发展很好。中国未来的城市化进程前景巨大，因为中国13亿人口还有6.5亿在农村，这6.5亿在农村相当于美国人口的二倍多。这是一个巨大的发展空间。因此，城市化对三一的发展仍然是一个很大的支撑，另一个主要的支撑，就是中国经济持续增长的支撑。

三一在经营管理和发展模式上，一直在学习国外先进的管理经验。但是，我们还是以中国文化、中华文明作为支撑的。优秀的湖湘文化对三一的事业也是一个很好的支撑，并在三一起到非常重要的作用。能吃苦，能拼搏，这都是湖湘文化的一种表现。这些优秀的文化在三一人的身上也得到了体现。我是湖南人，我非常热爱湖南。三一从零开始，在湖南经营到现在800多亿的销售额，市值成为上市企业五百强，主要也是得益于湖南良好的投资环境。我感谢湖南给我们提供了这么好的环境。三一在湖南有好几个工厂，当然，三一近年来走出去的步伐也在不断加快，我们到上海发展，到北京发展，到巴西发展，到德国发展，到美国发展或者到其他地方去发展，都是为了三一事业，为了民族工业的振兴，为了我们中华民族的伟大复兴。

我们收购普茨迈斯特以后，世界各国的文化在我们企业里多元共存。要知道，文化是这样一种东西，中国的也好、美国的也好、非洲的也好，人类主流文化美好的东西基本上都是一致的。无论是佛教、基督教、伊斯兰教，还是我们的儒家学说也好，都是为了美好的未来。我们对企业文化的要求是，无论是我们收购的德国企业，还是其他任何企业，主流核心价值观和企业目标都要和三一保持一致。如诚信、守法，一切为了客户等。在主流核心价值观和目标一致的前提下，可以求同存异。事实证明，这种融合和求同存异是成功的。现在，我们的普茨迈斯特以及我们在美国、巴西的企业运行都比较健康。

十八大以后的明年的"三一节"，我要跟三一人讲话，内容主要是讲信心，讲我们的光明前景。十八大以后，我觉得中国的发展未来的前景更加的光明。我不是作为十八大代表讲好听的话，实实在在是这样的。我们从新一代党和国家领导人务实、亲民、从容的作风就可以看出，新一届党和国家领导人有两个坚持，一是坚持中国特色社会主义道路，坚持邓小平理论、"三个代表"重要思想、科学发展观。另一个就是坚持改革开放。有了这两个坚持，中国伟大的前程和光明的前景是完全可以期待的。

**程冠军：**三一的发展有目共睹，三一的经营业绩和经营质量都非常高。请您谈谈三一靠什么来提高企业的软实力？

**梁稳根：**三一用20年的时间，销售额从零开始，到去年已经达到802亿元人民币，3亿元的利税。员工从8人到现在5.8万人，三一的发展是靠科技创新，我们有6000多名研发人员，在全球有31个研究院，有200多个研究所。我们完全是靠研发推动创新的。

关于软实力的问题，三一至今还没有进军文化产业，但是，我们有自己的文化，这就是——品质改变世界。就是以高品质的产品去改变中国产品的世界形象。所以，进军文化产业并不是我们急需要做的事情，三一现在更重要的依然是专注于自己的产品。我一直在思考，怎么样去推动中华民族的软实力？如果中国人能够做出很多世界领先的世界级品牌，这就是软实力，软实力不软，它实质上是中华民族的硬实力。中国文化的影响力是恒久深远的。我们的责任是通过商务交流活动，向世界各国家、各民族推广我们中华民族的优秀文化。

三一有一部形象专题片《三一与祖国同行》，这部电视片是有来历的。那是2003年，胡锦涛总书记要到三一来视察，我们接到通知后，就做了这个时长8分钟的专题片，定名为《三一与祖国同行》。我们的目的是通过这个短片向胡锦涛总书记汇报三一的发展成就。胡锦涛总书记来三一的日子是2003年10月3日，这也是让所有三一人激动和骄傲的一天。事实上，三一也是随着祖国的强盛发展起来的。三一从1989年开始创建，是改革开放的产物，也是祖国强盛的产物。所以说《三一与祖国同行》是我们发自内心的一个表述。三一核心文化价值观念，首先是使命，我们要实现品质改变世界。三一的愿景是：创建一流企业，造就一流人才，做出一流贡献。

**程冠军**：您是党的十七大和十八大代表。关于你和党的关系，据了解，您是追求了十八年才加入了中国共产党。作为一名共产党员，当党的利益和企业利益发生冲突的时候您会做出怎样的选择？如果党让您弃商从政，您愿意吗？

**梁稳根**：我很早以前就想入党。中国共产党党员是有理想，追求上进的人。所以，只要你亮出自己的身份：我是共产党员！大家相对来说就更加尊敬你。我很小就想入党，大学毕业和参加工作以后，一直在孜孜不倦地追求党。是什么原因促使我这样做呢？是理想、信念。因为我希望我的事业能与中华民族的复兴，与共产主义事业联系在一起，就会更有力量。所以这就是我长期追求入党的原因。但是，非常遗憾，我大学成绩不太好，没入上党。大学毕业参加工作两年以后又辞职干民营企业。在江泽民总书记建党80周年讲话之前，在中国民营企业是不能入党的。建党80周年讲话以后，党的十六大修改党章，民营企业终于可以加入党组织了。我非常荣幸实现了自己的人生理想——加入了中国共产党。十六大以前，10年以前，想入党都不行，更不能当党代表。所以我们民营企业今天能当党代表，并且有这么高的比例，这是一个很大的进步。民营企业党代表这个角色，充分体现了主流价值观对这个民营企业的认可。也就是代表党和政府对民营企业家这个阶层的认同和支持。

作为一名共产党员，当然党的利益与个人利益发生冲突的时候，我将坚定不移地把党的利益放在第一位。如果党需要我把属于我的那一部分全部交给党，我都非常高兴，当然也不会有这种事情。我的财产乃至我的生命都是属于党的。这是一个共产党员必须具备的素养和素质。一个人为大众的利益去服务、去牺牲更有价值。因为共产党的利益是广大人民的利益。这是一种信念，是一种使命。我弃商从政这件事是空穴来风，中国更需要企业家，并且我也不会从政。我大学毕业以后分到一个兵工厂做技术员，做了一年的副处长，然后就下海做三一重工，现在怎么会再从政呢？

**程冠军**：三一的国际化是三一的第三次创业。三一的前两次创业都比较成功，有时候成功会导致企业内部有一些自满的情绪，您对这个问题怎么看？

**梁稳根**：三一的第一次创业是在我的家乡涟源——一个非常偏僻和欠发达的地方。在那里，我们把年销售额做到了一千万人民币，后来又做到一个亿。我们把它定位为刚刚起家的第一次创业。第二次创业是我们从涟源来到湖南省会长沙，当时我们提出了一个"双进战略"。所谓"双进战略"，即进入大中城市，进入大的行业。那时，我们就开始进入了现在的工程机械行业。二次创业的"双进战略"取得了比较好的效果。那么，我们把国际化看作第三次创业。我相信，第一次和第二次创业都取得了成功，第三次创业当然会获得更大的成功。如果没有第一次、第二次的成功，那就不可能存在第三次创业。我们在第一次、第二次创业取得成功的情况下，会不会感到骄傲呢？会不会影响我们的第三次创业呢？不会的。因为我经常处在一种挫折感之中，因为我们总是把自己的目标定得比较高，这样，实现的结果总是离目标还有一定的差距。我这个人其他情绪可能都会产生，唯有骄傲自满是不太可能的。

程冠军：三一在自主创新方面所取得的成就有目共睹。在您眼中自主创新到底指什么？是指技术创新，还是管理模式的创新？关于中国企业走出去有成功的案例，也有失败的案例。您认为中国企业走出去如何规避风险？

梁稳根：2012年科技大会，三一是作为唯一的一家企业代表在会上发言，这说明国家对我们科技创新所取得的成绩是肯定的。三一发展的动力主要是靠科技创新，创新不只是科技还包括管理模式的创新。我们是一个生产销售重工业产品的公司，通过科学技术的创新推动产品不断地升级换代，在全球提高它的竞争力，这是最主要的。中国企业走出去，成功的案例有，失败的案例也有。我们的走出去大部分是成功的，但也有失败的时候。比如，我们在巴西的投资就很成功，估计3年以后盈利能力能达到4亿元人民币左右，今年也有1000万美元的盈利。我们在德国收购的普茨迈斯特也很成功。我们在美国和德国的绿地投资也比较成功。当然，也有不成功的，譬如现在我们的风电项目就是不成功的案例。怎么规避风险呢？首先，主要是不断提高产品的竞争力。其次，要熟悉各个国家的投资环境和法律环境等。再次，就是要有优秀的人才。最后，走出去，要"以夷制夷"，也就是说要实现本土化。比如我们的普茨迈斯特也好，在美国和德国的绿地投资也好，高管都是使用当地的人员。

程冠军：非洲市场现在在三一重工的国际化的进程当中扮演着怎么样的角色？三一在美国受到不公正的待遇，华为和中兴也受到了同样的对待。您是如何想到寻求司法途径解决状告奥巴马的？日本发生核泄漏时，三一曾免费支援泵车，面对现在的中日关系，您的心情是怎样的？

**梁稳根**：非洲与欧美比，关税壁垒很小，我们的产品打到非洲市场比打到欧洲市场、美国市场、日本市场要容易得多。所以我们现在非洲的发展非常好。关于华为、中兴和三一在美国遇到的问题。华为、中兴和三一所面临的不是同一类问题。华为遇到的是国家安全壁垒。三一是已经进入美国的市场了，美国政府突然又不让我们做了，把我们的权力给剥夺了。我们开始建厂的时候，美国军方提出离他们军事领地太近，让我们后移几百米，我们就移到了后边。但建成以后，美国总统又说我们影响国家安全，实际上这是一种不公正的处理。我们为什么起诉奥巴马？因为奥巴马为三一在美国的投资设置壁垒，违反法律，侵犯我们的财产和权利。这次，奥巴马再次当选美国总统我们感到很高兴，因为这个事情还没有结果，他夺走了我们的财产不能一走了之，他继续当总统，我们起诉他还有对象存在，所以这是一件好事，我们还找得到他，如果他不当总统了，我还很担心去找谁呢！

关于中日问题，我一直为我们能够为日本的核救援提供泵车援助，发自内心的自豪和高兴。从长远来看，中日必须友好。中国有一句古话"远亲不如近邻"，与你相隔得很远的亲戚，还不如很近的邻居对你有帮助。中国要发展繁荣，周边关系很重要，跟日本的关系更重要。虽然三一是民营企业，但是我们要通过我们的商业活动，及时帮助加强民间的友谊。尽管"二战"时期日本侵略过中国，现在日本在对待中国的领土钓鱼岛问题上又歪曲历史，但是这些日本右翼分子的行径并不代表全体日本人民。所以说对于援助日本核泄漏救援这个事情，我一点也不感到后悔。如果还有这样机会，中国人要用包容的心态和宽广的胸怀去帮助它，支援它。

**程冠军**：作为民营企业的领袖，您能否谈一谈对政治体制改革的希望？您如何看待"国进民退"这个概念？现在有不少中国的企业家移民海外，您自己会不会考虑移民？

梁稳根：过去的30年，我们的党和国家都在不断地推行改革。我对政治体制改革的期望是，希望民主政治进一步地加强。另外就是希望中国的公平、公正、法治得到进一步的完善，实质上主要是法治的完善，只有法治，才能实现公平。十八大报告刚刚出来的时候，我是挑选着看的，首先看到一个"坚定不移鼓励和支持民营企业的发展"，看到这一条我就放心了。这证明我们的基本国策没有改变。我不希望国进民退，也不希望民进国退。国有企业在中国的国民经济和社会的发展中，无论是过去、现在和将来，都会起到相当重要的作用。作为民营企业的党代表，我希望打破垄断，加快市场化进程，期望中国进一步改革开放。新一轮的改革实际上就是把政府和市场的关系不断进行调整，改革不断地深化就是让市场支配资源的能力越来越强，越来越大。开放更多的市场给民营企业，给民营企业更大发展的空间。

关于我会不会移民的问题，一个美国记者曾经向我提问过，他断言说，我总有一天会移民到美国去的。我回答他说：什么事都会发生，这件事情绝对不会发生。我一不会移民，二也不想当政治家，这是我发自内心的话。我要生一千次的话也要生在中国，我要死一千次的话，也希望死在中国。我为我是中国人而感到非常自豪。我有一个儿子，大学毕业后在公司工作了3年，现在在美国哈佛读书。至于他将来是不是回三一，在同等条件下可以考虑他进来，但具体要由他自己决定，我现在暂时不能决定他的方向。我个人没有移民，我的儿子没有移民，我的妻子也没有移民，我的董事没有一个移民的。当然三一没有规定企业的员工不准移民，他们都是受我这种思想的感染。

无论是美国的企业家，德国的企业家，还是中国的企业家，都会热爱他的民族，热爱他的祖国，积极地参与这个国家的政治活动。我参加国家的政治活动，热爱我们的伟大的国家，热爱我们的中华民族。经济全球化了，世界好像变得没有国界了，但是无论怎么变企业家是有国籍的。

程冠军：我们知道今年三一的利润率呈下降趋势，加上人民币单边升值的压力，三一对此有什么样的应对措施？最近有传言说三一要进入房地产项目，三一有什么具体的投资计划？

梁稳根：三一并没有走多元化发展的道路。受大环境的影响，三一今年的业绩比去年确实有一点下降，但是也不是大幅度下滑，这是随着中国经济的调整一种正常的调整，我们上半年有70多亿的利税，我们现在还有很好的空间，非常健康。有人说三一要大举进入房地产，这是谣传，是别有用心。为什么？房地产在中国，现在大家的看法还不是太正面。三一作为一个民族品牌，在国人和在大家的眼中还是比较正面的，所以别有用心的竞争者，就造出这样那样的谣言：三一大举进入房地产，三一到处圈地等。这都是别有用心的谣言。我澄清我们没有任何房地产的项目，但是也不能说我们完全没有房地产。为什么呢？因为我们在这里建一个工业园，就在这里面建几栋宿舍，这个是房地产吗？所以这完全是谣言。现在国家对房地产进行调控，我们希望房地产健康地发展。我们销售额利润40%到50%的增长，这些数据全都讲的是三一集团，而不是三一重工。我们在前五年已经增加了8亿的投资。我们收购了普茨迈斯特之后，我们的产品的品质日趋完善，跟美国水平、欧洲水平越来越接近，有的甚至已经更好了。所以我们已经具备了国际化的条件。对于资本市场，对于人民币的单边升值，我们已经有了一个非常严格规避汇率风险的机制。

程冠军：三一在国外投资战略具体有哪些国家？下一步还会不会到海外去收购？您是从零开始到现在的中国第一，有人说您抓住了机会，今天还有同样的机会吗？

梁稳根：三一花了 5.25 亿欧元在德国收购了世界混凝土巨头德国普茨迈斯特。收购之后，发展非常好。去年普茨迈斯特的利润是 600 万欧元，今年的利润估计在 4000 万欧元以上。

三一的国际销售额已经占到 45% 到 50%，收购普茨迈斯特给予我们的帮助很大。我们收购普茨迈斯特的另一个原因，是普茨迈斯特对三一的国际化进程会起到重要的推动作用。我们希望通过普茨迈斯特这个平台，一是把普茨迈斯特本身这个品牌做得更大，二是把它作为三一进入国际化的两条腿之一，另一条腿是我们的绿地投资，在德国我们做了 1 亿欧元的绿地投资。此外，我们在德国、巴西、美国、印尼都有很多投资。今后，我们还会根据市场的情况加大对外的投资，我们还会加大收购的杠杆，不排除再到欧洲去收购。我认为，现在的欧债危机对我们来说是一个机会。

三一的发展不是靠一个机会，做企业要有良好的核心价值。诚信、守法是三一的基本价值观。三一有两个原则，第一，我们从来不通过任何的政府关系去获得额外的商业利益。这是我们的一条必须坚守的原则。第二，我们绝不通过违反法律和道德底线的做法去获得任何的发展机会。正因为我们坚持这几点，我们的发展一直非常健康。机会是始终存在的，有变化就有机会。任何一个变化都会带来一个机会。技术的进步、产品的更新换代、社会制度的变迁和进步等，都是机会。三一很幸运，我们是恰逢其时，刚好遇到了改革开放和中华民族复兴这么一个大好机遇。

10 年之后，三一的目标是年销售额实现 3000 亿元。

机会永远存在，但现在是最好。

**相关链接：**

三一集团有限公司，始创于1989年。自成立以来，三一集团秉持"创建一流企业，造就一流人才，做出一流贡献"的企业愿景，打造了业内知名的"三一"品牌。目前，三一已发展为中国最大、全球第五的工程机械制造商，也是中国最大的混凝土机械制造商。集团核心企业三一重工于2003年7月3日上市，是中国股权分置改革首家成功并实现全流通的企业，并于2011年7月入围FT全球市值500强，成为唯一上榜的中国工程机械企业。

三一集团主业是以"工程机械"为主体的装备制造业，混凝土泵车全面取代进口，且连续多年产销量居全球第一；挖掘机械一举打破外资品牌长期垄断的格局，实现中国市场占有率第一位。2012年，三一重工并购混凝土机械全球第一品牌德国普茨迈斯特，改变了行业的竞争格局。三一秉承"品质改变世界"的使命，不断推动"中国制造"走向世界一流。目前，集团业务已覆盖全球150多个国家和地区。

近年来，胡锦涛、温家宝、李克强、张德江、俞正声、张高丽等党和国家主要领导人相继视察三一，对三一坚持走自主创新发展道路，为中国装备制造业振兴所做的贡献给予充分肯定，并寄予厚望。

三一连续获评为《福布斯》"全球最具创新力的100家公司"、《财富》"最具创新力的中国公司"、中国企业500强、中国最具竞争力品牌、中国工程机械行业标志性品牌、亚洲品牌50强。

三一重工董事长梁稳根是三一集团的主要创始人，中共十七大、十八大代表，八、九、十届全国人大代表，先后获评"全国劳动模范"、"全国优秀民营企业家"、"优秀中国特色社会主义事业建设者"、CCTV"中国经济年度人物"、《福布斯》"中国上市公司最佳老板"。

　　我们三一人希望能够为中国贡献出一个世界级的品牌，希望自身能够为中国企业的发展创造一种成功模式。转变和转型，要好好地研究，转型不是喊口号不改革根本就无法转型。如果不培养大量有竞争力的企业，不提升中国企业的科技创新水平，转型就是空谈。只有深化改革，建立一种新的游戏规则，才可以实现转型升级。

——向文波

# 对话向文波：国家命运和三一的未来

程冠军：您是三一重工总裁，也是三一集团的"三个第一人"中的战略第一人。请您介绍一下三一近年来都取得了哪些成绩？

向文波：三一创办于 1989 年，核心产业是装备制造。三一是中国最大的工程机械企业，居全球第 6 位，主营业务全球第一。在三一进入挖掘机这个行业之前，中国 90% 的挖掘机是外资品牌，挖掘机是工程机械行业最主要、最核心的产品，可以称得上是机械行业"皇冠上的明珠"。我们既是国际市场的第一，也是中国市场的第一。三一的挖掘机带动了行业水平，这是中国工程机械行业的一个巨大进步。在三一进入起重机行业以前，中国没有 300 吨以上的起重机，我们进入这个行业就搞了"神州第一吊"—— 400 吨的起重机，这个跨度很惊人。现在，我们不但能生产 400 吨的起重机，而且能够生产世界最大的 3600 吨的起重机。至此，我们中国的吊车行业已经完全可以不需要进口了。现在，中国的核电站吊装大部分是用三一的设备。高铁施工，过去主要装备都是进口的，现在全部实现进口替代。现在，我们收购了全球最大的工程机械制造商德国的普茨迈斯特，全部实现了替代。在煤炭机械方面，我们有一家上市公司在沈阳，主要生产掘进机、液压支架，也实现了全面进口替代。

全国世界 500 强的上市公司大概二十几家，三一是其中一家，并且是机械行业的唯一的一家。我们计划是到 2015 年集团销售实现 3000 亿元，挺进世界 500 强。这个数字看上去不太好接受，但是，只要我们看一下三一的成长就可以得到答案，我们 2007 年的销售才过百亿，2011 年已经达到 800 亿，已经接近千亿。在经济危机爆发以前的 5 年间，我们的扩增能力、销售增长力是 68%，利润是 95%，每年的利润是翻番的。2011 年我们仍然实现 49%的高速增长，利润增长了将近 60%。根据我们以往的发展，2011 年的速度已经是慢的，因为下半年的调控，全球经济危机，对我们有些影响。因此，2012 年三一销售未过千亿目标。但这并不影响三一良好的发展势头。

三一是非常干净的民营企业。我可以自豪地讲，三一从创办的第一天开始，它的资本的积累过程都是非常清晰的，整个的财富积累的过程是非常干净的。我们没有钻国家任何制度的空子，比如双轨制，倒买倒卖，三一没干过；比如说在国企改制中，三一没搅浑水，没收购任何一个国企；我们也没有涉足房地产，没有去炒过股票。长期以来，三一踏踏实实，一步一步地做实业，坚持依靠创新推动发展。

程冠军：三一的高速发展一是得益于中国经济的高速增长，二是得益于中国的改革开放，改革开放为民营企业发展创造了良好的环境，这是三一发展的外在因素。外因是环境，内因才是企业发展的真正动力，请您谈谈三一高速发展的内在原因？

向文波：从三一自身来看，三一从起步到今天的规模一直是做实业，主要是靠科技创新和以人为本。第一是科技创新。在中国的所有的行业里面，最接近世界水平的行业就是工程机械行业。这里面一个很重要的原因就是三一的驱动，我们驱动了整个行业的发展。在行业中，很多中国第一、世界第一的产品，都是三一自主研发的。我们的专利数量排在同行业首位。我们的研发投入占销售收入的5%，我们的研发人数超过1万人，占总人数的1/6。在传统的装备制造业，这么大投入是极为罕见的。三一的发展不是靠节约成本，不是靠资本运作，主要是靠产品开发。我们的第一驱动力就是科技创新。这个创新包括技术创新、体制创新、管理创新、文化创新。第二是以人为本。在三一的文化里有一种"帮助人成功"文化。我们明确提出，帮助人人都能成功。以人为本，在三一体现在各个方面。首先是我们对人的关注，如我们给人人提供良好的工作和生活环境，三一的员工宿舍和食堂都堪称一流。三一的董事长梁稳根对工作环境的要求非常高，他经常对我们作这样一个比喻："假设你的儿子在这里工作，你要放心，就这么一个要求"。我们注重对每一个三一员工进行培训和培养。我们有自办的大学——三一工程学院。中国的企业能像三一这样自办大学的为数不多。目前，只要自愿申请，我们的高管都可以去一流的商学院学习。近年来，三一是向中国商学院输送学员最多的企业。我们在这个方面是不惜代价的，三一有两项费用是不受预算控制的，分别是研发费用和培训费用。我们给人人提供发展的机会。在三一，20多岁的总监，30多岁的副总裁等有一大批。很多人在三一获得了发展的机会。我们有很好的薪酬福利。三一被资本市场评为造富机器，这里产生了很多百万、千万，甚至亿万富翁。现在三一的年平均薪酬是人均10万元。以人为本，在三一不是喊在口头上，是落实在行动上。可持续发展要有一种积累，这种积累就是技术积累、人才积累，我们是立足于企业的可持续发展，再考虑公司的整个资源的配置和我们的发展策略。以人为本，科学发展，这是三一的基本体会。

程冠军：尽管三一有很多苦衷，但是在承担社会责任上你们做的一直很好。

三一在履行社会责任上有哪些特色？

向文波：首先是一般意义上的社会责任。比如说国家出现的一些自然灾害，我们都是积极采取措施去帮助、援助。包括玉树地震、汶川地震、发生冰雪灾害，我们都给予了很大的支持。在汶川地震的时候，我们是率先捐款的企业，捐款1800万元。如冰雪灾害，我们把所有的设备都开上去破冰，后来在其他地方破冰的时候，都采用了三一的方法。我们还有1500万元的入市救助资金。三一重工团委设置了孤儿救助资金1500万元，建立了孤儿救助长效机制。

上述一般意义上的社会责任，我觉得这不是主要的。我理解的社会责任首先是对员工负责，让员工有比较好的收入，用我们董事长梁稳根的话就是，"让员工过上富裕尊严的生活"。其次是解决就业问题，为社会创造就业机会。三一从零开始，现在已经有7万多人，在我们这个县城里，3个人中就可能有一个人跟三一有关。再次，就是为中国的产业发展做贡献。企业首先要把自己的产品经营好，为中国能够创造一个世界级品牌，从而提升中国经济的竞争力。三一立志要让外国对中国企业重新认识，因此我们下力气做出让他们服气的事情。如，智利矿难，我们的设备去救人；日本福岛核事故，我们去支援。这两件事使外国人对中国的企业刮目相看。在发展过程中，我们注重打造现代企业的发展模式和发展理念，创造一种新的发展模式，创造一种全新的社会价值，这也是一种社会贡献。我们强调品质改变世界，通过自主创新获得成功，然后这种成功被别人复制，这是一种更大的贡献。在产品的研发上，三一不断研发新的节能技术，强化节能减排，这也是社会贡献。

我觉得对社会责任的理解，现在有一些偏颇，比捐款多少，比裸捐，这不是一个正常现象。作为一个企业家来讲，怎么运用财富为社会创造价值，这才是真正的社会责任。裸捐是西方国家有些人为了避税才采取的政策。但是，中国人不理解，觉得这个很伟大。其实在国外裸捐是避税手段。中国现在还是发展的初级阶段，中国要做的事情太多了。如果说我们的社会真的发展到一定程度了，我们的财富观也会发生变化，我们目前还是发展的初级阶段，还要解决一些基本问题，绝不能拔苗助长。因此，我们说三一最大的贡献是什么？不是说赚取了丰厚的利润，而是打造了一个品牌，形成了一种价值理念，一种发展模式，这才是我们最大的贡献。

**程冠军：**三一大力实施技术创新、产品创新，并因此取得了丰硕的成果。究其原因是三一建立了一个良好的创新机制。机制使创新在三一成为一种常态。三一的这个机制是怎样建立的？有哪些独到之处？

**向文波：**三一在创新方面的优势首先是体制机制的优势。如我们的科技创新，科技创新不仅仅是企业自身的问题，还有评价机制的问题。怎么去评价科技成果，很重要。三一有一套鼓励创新的机制，激发员工创新，扩展创新的潜能。员工只要有创新成果，他的待遇、地位就会更高，赚的钱就更多，还可以享受股权激励。这在国有企业很难做到。三一的创新能力可以说世界领先。这个领先并不是说我们产品技术水平已经世界第一了，主要是针对我们对科研的重视程度来说的。我们的科研投入达到5%，我们的研发队伍达到1万人，占总人数的1/6。

在中国主流文化里，大家都是想做官，不想经商，不想搞科技创新，不想当技术人员。三一创造了一种文化，大家都不愿意做官，而是愿意搞研发。我们在薪酬上对科研比较倾斜，一个普通的科研人员，待遇比一个部长的待遇还要高。研究生到我们这里，进门就是月薪6000元，3年就可以过万。研发起薪就是7000元。

现在中国很多聪明人都到了政府机关，大家都是聪明脑袋，但是这些聪明脑袋却在干一些低效的事情。我们靠的不是国家的扶持，国家没有拨什么经费给我们。我们需要的只是一种平等的、良好的竞争环境。由此我们也可以想见，政府最大的责任，就是创造良好的竞争环境。

程冠军：中国现在正在从一个制造业的一个大国，向制造业的一个强国进行转变，在这种转变中，三一要担当什么样的责任呢？

向文波：三一的发展印证了中国特色社会主义道路的正确性。中国特色社会主义道路是正确的，中国政府是世界上最想发展的政府，是发展劲头最足的政府，追求发展的劲头是全世界最好的。我赞成现在的体制，但是这与我们完善和改革，搞得更有效率并不矛盾。我发自内心的认为，目前的中国经济体制至少适合于中国现阶段发展要求，所以，我们不要被别有用心的人去蛊惑，诸如宪政、多党制、完全西化，这都是错误的。

三一是一个有理想的企业，我们曾经带动了中国股市的改革，成为股权改革的第一个吃螃蟹的企业。当时，三一看到中国资本市场如果再不改革，已经寸步难行。因为此前，中国的资本市场只有一个 IPO 市场，股权不能流动，不具备完全意义上的资本市场。为了推动资本市场的改革，我们可以说不惜代价。当时梁总开会就讲，国家之责大于企业之利，中国可以没有三一，但是不能没有一个健康的资本市场。三一对中国资本市场是一个很大的贡献。

我们三一人希望能够为中国贡献出一个世界级的品牌，希望自身能够为中国企业的发展创造一种成功模式。转变和转型，要好好地研究，但提升不是喊口号。不改革根本就无法转型。如果不培养大量有竞争力的企业，不提升中国企业的科技创新水平，转型就是空谈。只有深化改革，建立一种新的游戏规则，才可以实现转型升级。这就像百米赛，如果允许你不按规则办事，人家跑的时候你可以伸出一条腿，把人家搞倒。或者说，你可以吃兴奋剂不被查处，那就麻烦了，因为你破坏了游戏规则，人家都不愿意参与了。中国经济现在面临着这样一个问题：外资企业、国有企业、民营企业的竞争地位是不一样的，对大家的游戏规则也是不一样的。这就和体育比赛一样，如果有人可以吃兴奋剂不查，那就无法实现公平竞技。我们虽然是民营企业，但是跟家族式的民营企业不一样，我们是有一批志同道合的年轻人创办这个企业，我们的周身充满有理想主义色彩。尽管现在有很多困难，但是我们依然是坚定不移把自己的命运跟国家命运捆绑在一起。

程冠军：您认为国有企业与民营经济，在发展中应如何实现优势互补？中国经济未来改革的方向应该是什么？

向文波：如果让我来定义中国特色社会主义，有以下几条：第一，坚持社会主义道路、坚持改革开放不动摇；第二，国家资源一定要坚持国有；第三，建立社会主义市场经济体系，国有企业在一些战略性产业、资源性行业、民生行业应该成为主题，而对一些完全竞争性的领域，应该充分发展民营企业的作用，这样

⚉三一集团总裁向文波与作者在三一集团合影留念

才能实现资源的有效配置。国企和民企就相当于国家的两个儿子：一个在家里孝敬父母，管好自己的事，国泰民安；另外一个去外面去打拼和竞争，这才比较合理。

三一做到今天，更需要通过国际化成为一个世界级企业。这个时候，我们就需要一个宽松的条件，需要政府的支持。目前，中国的企业走出去，不管你是民营企业还是国有企业，国外只看你是中国企业。你到我们这干什么？有什么目的？我们到阿尔及利亚，当地的记者就问我，"你们到我们这里干什么？是不是为了我们的石油？"这些问题就不是一个简单问题了。我们目前对企业国际化的认识高度不够。企业的国际化实际上是国家意志力的外延，是一种国家战略。欧美的国际化，实际上是殖民地文化，英国女王都有参股，西班牙皇室也是参股的。国际化不能单打独斗，它需要国家力量的支持。国外企业走出去的时候政府都很支持，总统、省长都为企业充当说客。现在，美国企业的国际化也是这样，美国公司来收购我们的企业，美国的商务部长为此专门跑到中国来做说客。我希望中国企业特别是民营企业走出去的时候也能得到相应的支持。目前我们整体上对国企走出去的政策扶持还可以，但对于民营企业就不是一样的待遇。我们的愿望还是要进一步改革开放，改革开放的目标，就是进一步市场化，规划市场秩序，进一步放宽管制。

民营企业在中国已经是解决就业的80%，税收已占半边天。民营企业可以说扛起了中国的社会责任。但是，民营企业所得到的支援和帮助，相对国有企业却不在一个水平。我们一说中小企业融资难，这个中小企业肯定是民营企业。国家每年几千亿的科研资金，民营企业得到的支持却很少。

近几年来，三一主要是靠自身的努力，当然也抓住了国家一些产业政策方面的机遇。但是国家产业政策对三一的支持相对来说比较少，我们主要还是民营企业的体制优势，要是没有这种体制优势，根本就没法跟国有企业竞争。三一作为一个比较大的民营企业，有些困难还是可以克服的，但相对那些小微的民营企业来讲，可能就会更加困难。发展到这个阶段，我们自己感觉到也很难。过去我们自主研发产品，然后靠市场去销售，遇到的这类问题比较少。但是发展到今天这个时候，当我们需要上市、融资、并购的时候，这些问题就来了。

改革开放 30 年来，中国的民营经济取得了长足发展，正是改革开放的政策和良好的发展环境造就了三一。但是如果给三一更好的政策，我们会更灿烂。几十年来，我们没日没夜的工作，每天早晨 7 点就开早会，没有节假日和礼拜天。我们的高管层在海外没有资产，没有移民。我们克服各种困难，永不停步，目的是为国家做更大的贡献，为国家创造民族品牌。作为经济 GDP 总量已经是全球第二的中国，现在所面临的问题是：有总量，没质量；有规模，没竞争力。归根结底是要进一步加大改革开放，加大市场化，减少管制，减少行政审批。管制和审批越多，腐败、寻租就越多，效率也就越低。我希望下一个 10 年改革能够有新举措。

**相关链接：**

向文波，三一重工股份有限公司总裁，中国第一金牌职业经理人。十一届全国人大代表，享受国务院政府津贴的专家。中国工程机械工业协会和中国建设机械工业协会常务理事、国务院中外企业集团发展研究中心第一届理事会理事、湖南省世界贸易组织研究会理事、美国设备制造商协会会员、湖南交通职业技术学院兼职副院长、长沙市工商联合会副会长、长沙市民营经济研究会副会长。2011年度福布斯全球富豪上榜人物，荣获 2002 年"中国优秀民营科技企业家奖"、"2002 年紫荆花杯杰出企业家奖"。

**精彩语录**

　　三一人的智慧在于服务，这个服务主要是挖掘了客户的核心需求，这就是商业智慧。再好的机器，也不可能不出问题。我们挖掘了客户的特殊的核心的需求以后，用服务来抗衡竞争对手的技术，这是我们的第一步胜利。

——何真临

# 对话何真临 1：解读三一模式

**题记：** 党的十八大前夕，我接到任务，随中央党校课题组赴三一集团调研，调研课题为"中国特色社会主义在实践中"，三一集团也是本次系列课题选择的唯一一家民营企业，这次调研对我来说收获最大的就是结识了三一的副总裁何真临先生。

我对何真临的印象是博学、深邃而有锋芒。一幅"唯楚有才"和舍我其谁的感觉。我与何真临的对话是在他离开三一之前，由于其身份原因一直没有公开发表，今天的何真临已经实现了他当年与梁稳根的君子约定——七年之痒之后，归去来。2013 年，何真临离开三一，《我与首富梁稳根：揭秘三一》也成为他对三一的一个文化交代。

在何真临离开三一一年之后，"与何真临五论三一"全文作为本书的一个重要章节与读者见面，可以说这是继何真临新书《我与首富梁稳根：揭秘三一》之后的三一再揭秘。

——作者

**精彩语录**

湘商的崛起，是以三位工程机械的领袖为代表的。从生产模式看，浙商是小商品，湘商是重工。三一的总裁项文波说过一句这样的话：原来人们都认为我们湖南人只会种田，只会杀猪，只会打仗。但是，当工业化的滚滚潮流扑面而来的时候，像梁稳根这样的企业家却能够脱颖而出，这就是时势造英雄。

——何真临

程冠军：三一采取的生产管理模式是丰田模式，你们在借鉴丰田模式的基础上，有没有把它与三一的管理相融合？

何真临：三一的管理模式是引进的丰田模式。在现场管理中，我们借鉴丰田模式推行 6S 管理。在我们公司，丰田管理模式是所有人都应知应会的，所有的高管都要考试。我们认为，制造业如果没有丰田模式的导入，要做到效率最优化，库存最小化，废品最低化是非常难的。因为丰田模式是围绕着效率、库存等几部分来做文章的。

在管理方面，三一有三个理念。第一是服务理念，第二是研发理念，第三是发展理念。在服务方面，我们拥有先进的 ECC 控制中心，也叫企业资源控制中心。这是一个远程诊断系统，目的是为客户更好的服务。我们的服务理念是"一生无忧"。企业能否生存，首先就是看它对客户的服务是否到位，资源的配置是否精准。我们的服务半径是 150 公里，任何一个客户，只要找到三一，在 150 公里范围之内都有我们的服务人员提供上门服务。我们对客户的承诺就是两个"2"。客户的任何需求，我们 2 小时到达，2 天之内解决问题。要实现 2 小时到达的服务承诺，就要把服务半径限定 150 公里，否则就没办法准时到达。我们承诺

2 天之内解决问题，如果解决不了，我们会给客户相应的赔偿。要信守承诺，必须有三个方面的保证：第一是服务公司的数量和质量；第二是配件的配套；第三是 ECC 系统，这些都是保证我们能够实现服务承诺的一环。为了做好服务，我们在每一台设备上都装有一个 GPS 终端，实现远程定位。这样可以有效地防止司机干私活，因为我们的定位能够把设备划定在特定的区间内，如果超过这个区间，设备就自动报警。我们利用 GPS 定位系统安装了三一自己开发的一个软件，这个软件能够实现对售后远程诊断，售后百分之七八十的故障，我们都可以实现远程诊断，这样，我们就可以有针对性地派工，有针对性地做出维护方案。这种无缝对接的服务，彻底解决了泵车主人的后顾之忧。

三一根据丰田模式提出了三一模式 HPS。这是三一的市场管理模式。H 就是三一，P 就是管理，S 就是模式，HPS 就是"三一管理模式"。这个模式实现了从产品图纸的设计到下线出厂全过程监控。丰田模式要完全实现本身需要一定的条件，在某种意义上说，丰田模式在今天的三一还缺乏土壤，最主要是缺乏供应链的土壤。丰田模式几乎是零库存模式，它用生产节拍有效地掌控每个环节。丰田模式到三一之后，我们还要对其进行改造，不改造不可能全面实施。比如，我们给它插上信息化的三个轮子，这三个轮子分别是：第一，云计算；第二，智能化；第三，移动互联网。如果没有移动互联网作为平台，一切都不能实现。可以说，现代的一切变革都基于移动互联网。比如说云计算，没有移动互联网，云计算就没用。只有实现了信息化，丰田模式才会更加完善。

程冠军：海尔率先提出了"云服务"理念，云服务是指通过网络直接销售和服务到农民。我认为海尔的云服务是虚拟的"云"，而三一的 ECC 系统这个"云"是更完全意义上的"云"，是一种更理想的"云服务"。有人说三一的成功是技术创新，也有人说三一的成功靠的是良好的服务。在参观了三一的 ECC 系统之后，我认为三一的服务系统的确是无与伦比的。

何真临：表面上看，ECC 只不过是用了 GPS、GRS 这一体系，其实不然，因为 ECC 的很多元器件，都是三一自主研发生产的。这个系统如果没有一个强大的资源为它配套，一个元件出了问题，就会全盘崩溃。中国在移动的工程体系里面，只此一家。在其他领域，虽然有比我们还早几年的，但它是静止的，我们是动态的，所以一直到目前，没有一个能够和我们竞争的。

在现代营销理念中，服务是最重要的核心竞争力。工程机械，不在机械的本身，而在创新能力和服务能力。如果从商业智慧的角度来说，我们要满足的是客户特殊的核心的需求，那么对一个分运营商来说，他需要的不是你这一台机器，而是一个稳定的、可靠的、便捷的、大排量的、高压力的综合功能的设备。这个功能既与你机器的经济有关，又与你的服务有关。用服务打造技术，这就是我们的智慧。什么叫用服务打造技术？你的机器比我好，我的维修比你好。我的机器出了问题，我可以马上来。如德国的设备在中国一出问题，少则十天半月，多则几个月才能解决。三一人的聪明智慧在于服务，挖掘了客户的核心需求，这就是商业智慧。再好的机器，也不可能不出问题。我们挖掘了客户的特殊的核心的需求以后，用服务来抗衡你的技术。这是我们的第一步胜利。

程冠军：相比之下，德国的工程机械，包括汽车制造业，他们的服务理念与技术之间是一种什么样的关系？

何真临：德国是技术立国，但服务跟不上。他们不完全是不重视，而是资源不够。主要原因在于我们是主场，他们是客场，他不了解中国。过去我们中国人讲"得中原者得天下"，面对整个的世界而言，我们可以这么讲：得中国市场者得天下。中国的市场何其大？所以，向文波总裁说，只有做了中国的老大，才能做世界的老大。2010 年，我们销售了 4500 台专业农机械，相当于除我们之外全球销售量总和的 2.25 倍。

程冠军：宗庆后先生告诉我，娃哈哈刚刚做饮料的时候定位儿童。有人跟他提建议说，只做儿童定位太窄了。宗庆后则认为，中国有 3 亿儿童，一人一瓶就 3 亿瓶，这个市场就大得不得了。他的非常可乐敢跟可口可乐打，靠的就是渠道。他说，你可口可乐到不了的地方我能到，当时很多人质疑他，但事实证明他赢了，现在非常可乐在可乐市场已经做到第三位了。

何真临：我们不得不佩服宗庆后是渠道控制的高手。任何一个穷乡僻壤，都可以看到娃哈哈，他的渠道控制的水平可以想见。渠道的建立，需要大量的资金，再好的产品，货不到铺就等于零。你再厉害，我买不到你的，等于零。因此，铺货是很重要的，所以在经济学的理论里面，管理学的理念是渠道为王。娃哈哈是渠道制胜，三一实质上也是渠道制胜，只不过我们靠的是服务渠道，并为建立的这套系统投入了 4000 多万元。任何一个客户一旦看了我这套系统，他就会买我的。买得放心，什么都不怕，不懂也不怕。不怕你不买，只怕你不来，你到我公司来看了我的产品之后，你再决定去买谁的。但，你会考虑买谁的更放心。

程冠军：三一的这套服务系统就像当初日本的傻瓜照相机一样，它是一项"傻瓜"技术。正是靠为消费者提供方便、周到、细致的"傻瓜"型服务，才使得日本的相机行销全世界。三一是出于什么样的考虑研发这套系统的？

何真临：这个渠道的建立，公司副总裁唐修国功不可没。唐修国对信息化情有独钟，当时的信息化建设就是由他负责的。当时投入 4000 万元看起来很大，今天看来，这个价值几十个亿都不止，主要它提升了三一的品牌价值。我们的服务理念叫"选择三一，一生不忧"。

三一的发展，可以用新型工业化的集聚化来解释。信息化引领工业化、工业化提升信息化、技术最强、效益最好、能源消耗最小、环境污染最小、有效地利用劳动力。这七句话，三一全部实现了。新型工业化就是这七句话，了解了这七句话，三一全部都可以解读。

在科技创新上，我们有一个框架——六高。六高是一个良性循环链。一是高投入，包括对软件的投入，硬件的投入；二是高人才集聚；三是高发明创造；四是高知识保护；五是高品牌；六是高效益。最后通过高效益反过来反哺高投入，这样循环反复，就一步一步地推进了三一的国际化。

我们新型工业化的研制很前沿，具体说有以下特征：首先是 ERP。ERP 是内部整合系统。所有做元件的人梦寐以求的就是 SAP，后来是 ERP，就是内部的新型整合系统，就是资源整合系统，它把各种资源，通过信息化整合起来，变成一体化。其次是数字化工程。我们通过数字化工程实现了流程的最佳，实现了人的积极性最大程度的调动。远程控制和远程联动大大地节省了成本，又提到了实际

作者与三一集团原副总裁何真临在一起

效用。最后是模拟样机的信息化。这种信息化大大节省了人力物力，以前做一个样机，动辄几千万，动则1个亿的投入，万一失误就完了。现在信息模拟，不需要花钱。信息化为人类节省了大量的人力、物力、智力，把人的空间极大程度拉小了，把时空缩小了。因此，信息化是个革命性的东西，没有信息化，就没有现在的一切创新、创造；或者说，一切创新、创造都是基于信息化这个平台。没有信息化，三一不可能构筑现在的商业模式。

程冠军：三一能把大批的年轻人吸引到这里来，在这里扎根，与公司同发展、共命运。三一是靠什么把年轻人的活力激发出来的？

何真临：任何一个年轻人都是有理想，有抱负，追求发展的。而三一就正好满足了这些东西。第一，青年人在三一不会丧失动力和目标。因为除了你本人自发向上之外，每天公司都会给你更高的目标。就拿梁稳根来说，他已经是中国首富了，对于他来说，金钱、地位什么都不缺，但他现在每天依然是辛苦地工作，几乎每天工作都超过十几个小时，其他副总也是如此。他们的这种工作激情，激励着年轻人去不断实现更高的目标，这是我们能够吸引年轻人的地方，也是三一事业的凝聚力所在。第二，我们能够给年轻人提供宽广的平台。三一的高速成长提供了无数个岗位，这些岗位在其他企业可能需要奋斗20年，而在我们公司三五年就可能到这样的位置。只要你有能力，就有平台，有空间，就可以实现自己的抱负。第三，我们的人才选拔制度公平、公正、透明。另外，我们的薪酬福利待遇在业内和地区都是首屈一指的，这就是被我们称为行业领先、地区领先的薪酬福利政策。

程冠军：我们看到三一文化是中西文化的大融合。你们对西方舶来文化的借鉴，是不是通过国际化来实现的？另外，三一的产业布局是什么样的？

何真临：对于西方的先进文化和技术，我们的办法是通过国际化这个机会

"拿来"。有一次我在重庆的演讲就提出，国际化是全球的优质资源的一个共享。我们不单单是看中了国际化给我们提供了一个出口的舞台，更重要的是我们使全球优势资源得以共享。三一泵车的液压件、柴油机、重卡，都是"拿来"的别人的现成的创新成果。没有这些"拿来"，就不可能有三一的今天。我们是站在巨人的肩膀上创造了三一。表面上是技术的融合，实际上骨子里是一种文化的融合。

关于产业布局，我们在上海有一个产业园，这个产业园有我们国际领先的现代化工厂。我们在宁乡有一个很先进的数字化工厂。在我们的产品布局中，我们的机械在市场上的占有率达到了全球第一。我们的长臂水泥泵车臂长达 86 米，是全球的世界基尼斯纪录的保持者。这是我们具有标志性的产品。另外我们还有标志性技术，我们的大排量、长壁架、轻量化技术在业内都是领先的。我们有很多专利在支撑，更有标志性的人才在支撑。我们是中国第一家生产 300 吨以上的起重机的企业。对于起重机而言，吨位越大核心技术难度就越高，以前，我们国家 400 吨以上的起重机全靠进口，现在 900 吨以上基本都没有问题，我们公司去年生产最大是 3600 吨。

**程冠军：**梁稳根每天都在做什么？大部分时间在三一总部吗？除了会议之外，他会到你们的基层跟员工谈心交流吗？我跟纳爱斯董事长庄启传交流时，他说，在纳爱斯工厂的车间里发生任何一个事情，随时都会有人给他报告，这一点，梁稳根能做到吗？

**何真临：**梁稳根首先关注的是企业的方向，尤其是大的方向。第二是企业的用人。他很少在办公室，一个月有大半的时间在全国和世界各地飞来飞去。但他只要在公司，就一定参加公司的早餐会。然后就是参加高管的会议和参加生产检查、质量检查，这个时候，他会与员工进行交流。梁稳根在公司设置了一个董事长信箱，基层员工可以通过信箱反映问题。对每个员工反映的意见，梁稳根都都会认真阅读并批示办理。

三一人是经济动物。为什么说它是动物呢？因为我们三一人敢拼命，敢用人，敢重奖有贡献的人。前年的三一节，我们奖了一个主管媒介的CEO，他是一个双料人员，因为他的贡献大，我们一次奖励他4.3个亿。这么大的数额我们敢奖，这也是民营企业体制的优势，如果是国有企业，500万你都不敢奖。从一个完全白手起家的产业，发展到中国第一品牌，又在香港上市。由此可见，三一是一个很有趣的企业。

程冠军：您说三一对惩治腐败比国有企业还要严厉，具体都体现在哪些方面？

何真临：第一，三一有一个较好的运作体制，我们专门成立了一个审计监察部，相当于国有企业的纪委。这个部门对商务采购盯得很紧。另外，我们的财务对商务采购本身采取内部互相监督，防范体制比较完善。第二，我们发挥董事长信箱作用，你如果有问题反映给董事长，董事长看到之后会马上派人调查核实，如果调查核实清楚了，对被投诉人的处罚一般是开除，有的可能还要追究法律责任。同时，对于举报人的奖励也很重。我们的规则就是：重奖举报人，重罚被举报人。所以在三一，一般是没有人敢触碰红线，因为谁也不想把自己饭碗砸烂。

程冠军：三一发端于湖南，梁稳根和一批创业者也都是湖南人，我感觉三一的高层都非常有个性，湖湘文化对三一一定会有十分重要的影响。您认为这种影响主要体现在哪些地方？您认为湖湘文化的最显著特征有哪些？

何真临：三一的文化的渊源，应该是来源于三个方面：第一个是博大精深、源远流长的中华文化；第二个是地域文化的影响，那就是湖湘文化；第三个就是舶来文化，即西方文化中对品质的重视。中国文化更多的是一种抽象的、集成的、宏观的、全局的文化。而西方的文化则是不断分解和细分的一种文化。制造业本身就是需要东方文化的支撑，就是需要这种集成的、整合的文化。三一其实是把中华民族的优秀文化精神构建和集成为核心竞争力，然后再用这个核心竞争力去整合西方文化中精工的那些元器件，所以才有了这么一个集大成的三一。三一文化是对全球文化的整合。比如说品质改变世界，这就是中西文化的集成，品质在中国传统文化里是没有的，中国人对品质是模糊的。中国没有品质的概念，品质是西方的概念，是西方文化，是西风东进以后的一个新的概念。制造业所代表的是品质的历练。如果不结合西方的品质文化，我们没办法谈制造。因为制造文化的核心是品质。所以，品质改变世界，蕴含了舶来文化的精髓。那么改变世界的本身，又是东方文化的精髓，修身、齐家、治国、平天下。平天下不就是改变世界吗？

湖湘文化不同于一般的文化概念，一般的文化是作为一种摆设，一种炫耀，一种士大夫的精神寄托，而没有把文化当成一种改变世界力量，湖南人把文化当成了改变世界的武器。马克思说：批判的武器当然不能代替武器的批判。中国的湖南人是把批判的武器和武器的批判融为一体了，这就是经世致用。湖湘文化主要有四个特点。第一，心忧天下；第二，经世致用；第三，实事求是；第四，敢为人先。湖湘文化中的实事求是文化源于岳麓书院，毛泽东同志就是从那里走出来的，并把实事求是文化变为我们党的一大法宝；三一的文化，是经世致用的一种文化，三一人是把文化当作一种改造世界的利器，品质改变世界，这就是致用。心忧天下——三一人作为一个制造业的民族品牌，它考虑的不是通过制造业赚钱，而是通过制造来建立一个高品质的中国品牌，去改变世界，这是一种心忧天下的情怀！那么，当中国改革开放还处于一种朦胧状态的时候，梁稳根毅然决然的辞官下海，那要冒多大的风险，这是不是敢为人先？说到实事求是，三一的文化中，更多的不是把它当作束之高阁、津津乐道的一种精神，更重要的是，它把实事求是运用到了制造的每个领域、研发的每个领域，把品质改变世界，作为引领我们各项事业的一面旗帜。在这种文化的理念的指导下，我们才实现了突破。这就全面解读了三一与中国文化、湖湘文化的关系。

程冠军：一方水土养育一方人，一方文化也造就了一方人。改革开放30年，江浙文化造就了浙商团队，浙江涌现出了像鲁冠球、宗庆后、南存辉等一批众多的企业家。您能谈谈湘商吗？

何真临：浙商是小商品起家，湘商是不鸣则已，一鸣惊人，做就做惊天动地的大事。他们没有崛起之前默默无闻，崛起之后会声响很大。厚积薄发，惊天动地。湖湘文化在近代史上所写下的都是浓墨重彩的几笔。湖湘文化名人当中首推曾国藩。蒋中正每天把《曾国藩家书》放在自己的办公桌上，《曾国藩家书》在今天也是教育子孙后代的重要的典籍。毛泽东则说，曾国藩是用文化打败了太平天国。太平天国提出了不伦不类、不中不洋的主张，而曾国藩则举起了捍卫民族文化的旗帜，因此所有的读书人都响应了。所以曾国藩的厉害不光是在于他的局势和手段，还在于他文化的号召。从湖南走出的新中国领袖毛泽东能够"搅得周天寒彻"，靠的就是6个字：打土豪，分田地。他把中国广大百姓几千年的诉求挖掘出来，满足老百姓，谁不来干革命？因为旧中国大部分老百姓都没有土地。因此，文化是从根本上激发需求的一种动机。毛泽东有与天奋斗的一腔豪情，但他又是一个刚柔相济的人，看到穷苦百姓没有饭吃，他会流泪。他把马克思主义理论同中国革命实践相结合，产生了中国共产党的文化——毛泽东思想。毛泽东的伟大之处在于他用伟大的文化改变了中国。从曾国藩到毛泽东，他们的身上都有湖湘文化的影子。

曾国藩是湖湘文化的领袖，是湖湘文化的集大成者。湘商是在改革开放中期后期异军突起的，湘商不像浙商，浙商起步比较早，在改革开放初期就已经崛起了。那么，湘商的崛起，是以三位工程机械的领袖为代表的。从生产模式看，浙商是小商品，湘商是重工。三一的总裁项文波说过一句这样的话：原来人们都认为我们湖南人只会种田，只会杀猪，只会打仗。但是，当工业化的滚滚潮流扑面而来的时候，像梁稳根这样的企业家却能够脱颖而出，这就是时势造英雄。

湖湘文化本身孕育了一批敢为人先，心忧天下的仁人志士。他等待着天时的召唤，当天时一到，他就脱颖而出，很豪迈。

**相关链接：**

何真临，享受国务院特殊津贴专家，七、八届全国人大代表，全国劳动模范，曾任湖南省企业家协会副理事长，后任三一集团副总裁、党委第一副书记。2006年退休受邀加盟三一。何真临为三一集团副总裁、党委第一副书记，他有着传奇的阅历。20世纪80年代，由于技术上的卓越贡献，何真临成就了企业家的梦想，被99.37%的职代会代表推选为厂长，他在任新化瓷业集团董事长、总经理兼党委书记期间，连续当选了七届、八届全国人大代表。在七届人大会上因与李鹏总理的对话，被李鹏总理赞誉为"学者型的企业家"。在八届人大会上，由于对话中引出了朱镕基同志的名言："又吹哨子又打球，准赢"，引起了全国各大媒体的追捧，被戏称为"职业议员"。20世纪90年代，何真临"企而优则仕"，被提拔为省轻工业厅副厅长、省轻工集团副总经理、省盐务局副局长。2006年，退休后的何真临受三一董事长梁稳根先生诚邀，加盟了三一，六年来，在博鳌亚洲论坛、博鳌亚洲论坛中日企业家交流等国内外大中型论坛发表各种演讲上百次。"何总独树一帜的财富观、慈善观，别开生面，这源于他深厚的东方文化底蕴。"《胡润百富榜》创始人胡润如是说。

2013年1月，何真临新书《我与首富梁稳根：揭秘三一》全球首发会在北京举行，在这本书中，作者何真临从三一的管理与变革，三一的竞争与内外部发展环境、梁稳根的人生历程、企业经营理念、爱国情怀、国际化视野、个人情感与社会责任感等方面入手，用鲜活的素材与富有感染力的语言，全方位解读了与三一和梁稳根有关的一系列重大事件及其背后的故事，还原了一个真实的三一，也还原了一个真实的梁稳根。这其中既有作者对神秘三一的趣解，也融入了作者对体制，对事业、产业、人生的深层次思考。

# 对话何真临2：三一的责任

梁稳根是一个有理想，能够凝聚人，能够延揽天下英才为我所用的企业家。这样一个人，凝聚一批精英，才创造了今天的三一。他不是一个孤独的英雄，三一的成功不仅是梁稳根一个人的成功，梁稳根集聚了一批精英。

——何真临

程冠军：三一更重要的是责任，这个责任就是承载社会就业，为社会创造财富，更大的就是为国家和改革发展起到积极的促进作用。您能谈谈三一在社会责任方面所做的努力吗？

何真临：三一的责任用儒家思想来比喻就是"穷则独善其身，达则兼济天下"。这是第一个层面。第二个层面就是立德、立言、立功，立德。也就是慈善、救灾、捐助等。企业家要给自己定位准确、职责明确，完成自己的职责，这就是最大的胜利。因此，你一定要完成好第一步，把企业做好，如果没有第一步，其他的你就没资格。如果你企业做不好，还谈什么社会责任？你不立于民生，谈什么社会责任？你的企业没有盈利，谈什么社会责任？因此，基本的达到之后才是立德，然后才是立言。所以立功是第一位的，企业家如果不能在企业界建功立业，承载社会责任，为社会创造财富，何谈社会责任？

**程冠军：** 说到社会责任，您如何看待裸捐现象？您对巴比劝捐有什么看法？

**何真临：** 胡润是我的朋友，有一次他问了我一个非常敏感的问题，他说："何总，你对巴比劝捐作怎样理解？"我对胡润说："胡润先生，我给你两个解读。第一，美国的企业家的慈善，是企业家怀抱着上帝使命来到这个社会，为社会创造财富的。那么他必须在死前，把他的财富交给社会，这是国外的社会责任的起因，是源于上帝的使命。而我们中国就不同了，我们每一个中国人都有留在自己骨子里的一条血脉：第一，穷则独善其身，达则兼济天下，这不就是慈善吗？还有如：仁者爱人；己所不欲，勿施于人；天人合一；人法地，地法天，天法道，道法自然。这就是我们中国的慈善哲学的基准。这个慈善哲学高于西方的慈善哲学，这是第一。第二，巴比劝捐不是时候。就拿三一来做例子，三一现在已经有上千亿的财富了，请问胡润先生，是让三一把它捐出来给那些弱势群体，还是我们用这笔财富，实现企业价值的最大化和社会价值的最大化，每年解决上万个员工就业。二者，哪个更有利呢？道理不言自明。所以，我认为发展是最大的资产。这也是对小平同志'发展是硬道理'的最好解读。"听了我的话之后，胡润先生感到耳目一新，在场的几十位记者也都给我以热烈的掌声。记者们纷纷对我说，何总你今天讲得好，长了中国人的志气。劝捐，我们到了西方那个时候，自然我也劝捐，我们现在不到时候呢。现在要解决就业问题、民生问题。

**程冠军：** 大部分民营企业往往只是某个方面做得比较出色，但"三一"从企业管理、企业文化，到国际化战略，几乎所有地方都做得非常优秀。这是为什么？

何真临：三一的使命是要形成一种商业模式，一种理念，然后为整个企业界和社会所效仿。三一大的管理思想是借鉴德鲁克的管理，现场管理是借鉴丰田模式。我们的核心理念是：品质改变世界。这个理念一直指引着我们前进。

我把三一的成功归纳为四个方面：第一，三一有一位充满理想色彩的、睿智的、有人格魅力的领军人物。如果三一的梁稳根只充满着经济色彩，三一不可能会有今天。梁稳根是一个怀揣着产业报国梦想的企业家，他为中华民族的繁荣富强而追梦。如果不是追梦，他不会有这么大的动力。当三一超过一个亿的时候，就有人置疑三一的动力何在？因为此刻几乎三一所有的老板都已经是亿万富翁。资本市场就认为这些老板已经没有动力了。如果是这样，今后怎么创新，怎么发展？三一从过百亿到现在的利润超百亿，只用了 4 年，什么原因？在追梦，梦是永远的！它是一群高扬理想旗帜，有理想、有抱负，为国家民族打拼的一批人，这是第一。第二，三一有一个志同道合、优势互补、充满理想色彩的核心团队。这个核心团队，实际上是三个人，就是董事长梁稳根所讲的"三个第一人"。战略第一人——向文波；管理第一人——唐修国；技术第一人——易小刚。这三个"第一人"都充满着理想追求，他们志同道合，优势互补。第三，三一让一大批"封疆大吏"脱颖而出。这也是三一更加独特的地方，这个"封疆大吏"主要是指事业部负责人，其实就是各个分公司的领导。三一各个事业部的领军人物，是构成三一模式非常重要的支撑。如果只有老板梁稳根，不想办法让各个事业部的负责人成长为"封疆大吏"，三一就不会取得这么长足的、超常的、快速的发展。第四，三一有一套帮助员工成功的文化理念。帮助员工成功，是我们的一个非常重要的文化理念。在这个理念的指导下，三一成长起一大批人才，也成长起了一支浩浩荡荡、巍峨壮观、特别能战斗的职工队伍。楚汉相争，刘邦说自己之所以得天下，就是"项羽有范增而不能用，而我能任之，所以为我所擒也。"因此，我说，梁稳根是一个有理想，能够凝聚人，能够延揽天下英才为我所用的企业家。这样一个人，凝聚一批精英，才创造了今天的三一。他不是一个孤独的英雄，三一的成功不是梁稳根一个人的成功，梁稳根集聚了一批精英。

**程冠军**：著名管理学家、学习型组织之父彼得·圣吉在解释他的那个学习型组织的时候指出，学习型组织是一只板凳三条腿。我感觉，三一是一张桌子，梁稳根是一个桌子的面，三个第一，再加上您，就是桌子的四条腿，那么众多的追梦人，就是一个个的板凳。可不可以这样比喻？

**何真临**：可以这么讲，众星捧月夜空才会更美丽。什么叫领导？孔子说：譬如北辰。领导就像北斗星，它居中，而众星拱之。梁稳根凝聚了天下精英，让他们去建功立业，给他们开辟一个个舞台。您想与我探讨三一文化的话，我想其中最重要的一个文化就是三一文化的本源是什么？三一文化的本源，一是博大精深的中华文化；二是源远流长的湖湘文化；三是西方的舶来文化。更重要的是，三一有现代化的色彩：品质改变世界。品质二字，是舶来文化。但品质改变世界，又是一个本土化的东西，中国历代的仁人志士都是想以改变世界为己任，修身、齐家、治国、平天下。

三一用品质改变世界，把培训当作职工最大的福利，让员工与企业共成长，这些价值主张，都符合学习型组织理论。学习型组织有五个定义：改善心智模式、建立共同愿景、团队学习、自我超越和系统思考。这些东西在三一的所有的文化中都贯彻了。三一是一个最大的学习型组织，我们把培训当作员工最大的福利。第一，我们每年的培训经费高达8000万元，高薪聘请知名的教授来授课；第二，我们每个月有一个礼拜是学习日，礼拜六不休息，是全员学习日；第三，我们有一个早餐会制度，这个本身就是个沟通，这就是扁平化管理。公司对于早餐会要求很严格，不能按时参加会议必须向董事长请假。如果无故缺席会议，会被作为重大失误。每天的早餐会，董事长梁稳根只要是不出差，必定参加，这就是最好的学习与沟通。早餐会使三一在企业内部建立了一个良好的沟通机制。三一集团这样的规模，董事长平常想与大家沟通时间是非常有限的，大家要见董事长都必须预约，有时候要一周甚至半个月时间才能约到。这个问题怎么解决？早餐会是一个很好的解决之道。董事长与大家一起吃早饭，有重要的事情可以马上与他交流。我在很多大学演讲，我跟大家讲个幽默，我说你们知道我的身价吗？大家说："知道，你是三一副总裁！"我说，非也！你们知道，跟比尔·盖茨吃一顿饭要花 65 万美金。跟世界首富巴菲特吃一顿饭更是天价。现在，我们三一的董事长梁稳根是中国首富，那么，我一年 365 天，除了节假日和公差，常常跟梁稳根一起吃饭，你们想一想，我的身价是多少？

**程冠军：**来三一之前，有了解三一的朋友告诉我，如果何总不在家会遗憾的。因为何总是分管文化，他对三一的文化最了解，那么要想调研三一，首先要听何总讲一讲。您做过官员，又在国企里工作，从官员到国企，然后到三一又进行六年的研究。通过这个反复的实践，从实践到研究，然后您又跟这么多的思想家、经济学家进行过交流，这个非常重要。

**何真临：**也是这种特殊的历练，造就了我的今天，为三一的发展尽绵薄之力。在七届全国人大的时候，李鹏同志到我们湖南代表团听取发言，这一次，我与李鹏同志进行了对话。那个时候我是个企业家，我跟李鹏总理提出，要重视企业家在市场经济中的举足轻重地位。当时李鹏给我的评价是"学者型的企业家"。我对李鹏同志说，只有全面提升企业家的政治、经济、社会地位，才能够发挥这个群体的作用。在八届人大上，我跟朱镕基同志又有过一次对话，朱镕基有一句尽人皆知的名言叫"又吹哨子又打球"，这句话就是我在与他对话时引出来的，我当时提出了中国政界的四大弊端。当时，朱镕基总理到湖南代表团听取发言，我们湖南团有的代表在朱镕基总理面前发言显得很胆怯。我认为，这就大大地削减了我们湖南团代表的议政的能力和水平。看到这种情形，我们湖南团的其他代表也很着急，这时，一位领导的秘书对我说："何总，你上吧"，我说："没有点名要我发言啊"。他说："你怕什么！"我最怕激将法。就对他说："怕倒不怕"。结果等大家讲的差不多的时候，我突然说："朱总理，我作为一个企业界的代表，我讲一分钟。"我的话一出口，全场都愣住了，朱镕基马上睁大了眼睛看着我。这时，我就噼里啪啦，用最快的语速，讲了中国政界的四个问题。第一，官商再度泛起；第二，银行，我为鱼肉，他为刀俎。另外还有两个涉及国计民生的重大问题。我讲到官商再度泛起的时候，就打了一个比方，如果把球场比作一个市场的话，那么交战的双方就是企业，裁判员就是政府，我说："请问总理，如果裁判员也来打球？"朱镕基马上语出惊人："又吹哨子又打球，准赢"。

在七届和八届全国人大期间，我既是全国劳模、全国人大的代表，又是享受国务院特殊津贴的专家，还是湖南省企业家协会的副理事长。那时，连南德集团的牟其中也请我去和他交流。牟其中与我从未来中国和世界经济的走向，讲到华尔街，上下五千年，谈了两个小时。牟其中很有气势，大背头、高个子，讲起话来不断打手势，滔滔不绝。他的口才、思维，演讲能力和雄辩都非常杰出。我这个人一生不服输，这次见面，他很佩服我，我也佩服他。

早在那个时候，梁稳根就一直在观察我，看我的锐气和思维，看我的作风和情操。他每次见我都说，你越来越年轻，你的谈话还这么锐利，思想还是那么犀利等。后来他就多次发出邀请，他说："你当什么厅长，你到我这儿来吧。"我说："梁老板，你原谅我吧，我跟共产党奋斗了一辈子，我不能中途变节。你要我来可以，那等我把共产党的这个句号画圆了以后。"后来他就跟我们国资委主任讲，何厅长是一个有气节的人。

我退休刚过几天，梁稳根就来电话："何厅长，我期盼的这一天终于来到了。"我说："老板，你容我再三思一下！"中间又拖了几个月，最后梁稳根请我在三一最有历史意义的一个地方——岳麓山爱晚亭跟我谈了很多。此时，我被梁董事长的诚意所打动了，试想，我已经下来了，已经不是什么厅长，已经是一个草民，三一还是非要我来。我不来对不起三一。我说："来可以，但我有一个条件，我不干经济工作，我说我这一生都是在经济的旋涡里面，进也忧，退也忧。进完不成订单，愧对客户，退无以对员工交代。梁董事长说你干什么都可以，战略、工会、党务、文化。我说干什么都可以，唯独不担经济责任。来到三一，梁董事长就要我分管文化，后来担任党委第一副书记，兼管工会工作，又分管对外联络工作，还有公共关系，还有他交办的一些特殊的任务，很多时候我是他的特使，甚至他的一些私人事务也交我去办理。

程冠军：在三一集团的高管层里，除了您是从政府退下来的之外，还有其他退休或弃政从商的官员吗？您从商之后有什么感想？您怎么评价您自己？

何真临：除了我之外，三一还有两个高管是辞官之后被"收编"的，一个是地方的政协副主席，一个地税务局的局长。我是在体制内画了句号以后9个月才到三一的。我这个人就是这样，直率，没有隐瞒，不装深沉。我总结自己一生有四句话：第一句：技而优则企。技术干的比较好，结果就当了企业家，99.37%的职工选了我当厂长，完全是民选。而且当时我提出来，如果没有80%以上的选票，我绝对不当，民众不拥护，我当干什么呢？第二句：企而优则事。企业干的比较好，当了领导。第三句：政而劣则民。这是一种自贬，也是一种自嘲。我这个人太学术，太自负，在政界原地踏步了14年，退休是草民一个。第四句：名而回归企。最后又回归到企业了。这四句对我的一生的概括。

程冠军：您是一个有思想，敢爱敢恨，敢于承受打击的人。您曾经风云，过去也是湖南在企业家中的风云人物，您与两任总理都有过对话。古人说，曾经沧海难为水，我认为您是曾经湘江难为水。

何真临：这些年，通过三一这个平台，我接触的经济学界的著名学者很多，耳闻目染。早在来三一之前，我曾经在国企工作，我是七届、八届全国人大代表，我所接触的都是中国顶尖级的学者和知名人士。著名经济学家厉以宁先生是我非常好的朋友。我在中央党校学习的时候，厉以宁为我们讲大课，就是我游说他去的，他本来只给省部级班的讲课，结果我们厅级班的领导知道我和他的交情，就游说我去说服厉教授。我对厉以宁说，您讲小课是讲，讲大课也是讲，为什么不可以讲大课呢？结果他就讲了。在中央党校学习期间，在全国人大期间，我接触的一大批中国学界的泰斗。比如说哲学界的李泽厚先生，历史学家刘大年先生，考古学家张忠培先生，他们都是我非常好的朋友。我们都是一交谈就是几个小时，有时候甚至通宵达旦。我的市场经济的启蒙理念，就是著名经济学家、中央党校的王珏教授给我灌输的。

说我有理论，有实践，很重要的一条就是我主要是站在三一这个平台上的。我所讲的每一个经济学的理念，都有三一的案例在支撑，三一是怎么做的？取得了什么样的成果？我们希望社会各界能够全面的、系统的、正确的，从政治的层面、经济的层面、人事的层面、社会的层面、战略的层面等多个角度去认识三一、解读三一。因为三一的成功不是单方面的成功。它抓住了我们国家的发展机遇，深刻领会了主流意识形态的需要。一个企业要能够得到成长，他必须首先认同主流意识形态。主流意识形态造就了三一，其实我的很多解读都涉及这个问题。"三一"人是大智慧、大手笔、大谋略。这个企业之所以办成这样的规模，它是多种智慧的结果。揽天下英才，共举天下大事。简单地说，可以归结为这两个方面，一个是政治智慧，一个是人才谋略。

我跟许多中国学术界的泰斗都有深厚交情。我之所以能够在学术界有一席之地，一是得益于我的历练、思考和与时俱进，更为重要的是，三一给我提供了一个非常大的平台。如果我不是三一的副总，我值什么钱？所以，我感谢三一。

# 对话何真临3：三一的政治智慧

🎤 **精彩语录**

说到战略，三一战略的基础是什么？这个基础就是在中国改革开放的大背景下，我们捕捉到了中国工业化和城市化进程中的巨大的社会需求。我们把产业精准地定位在工程机械上。产业定位，战略最重要。产业不对，一切白费。选择了一个赚钱的行业，你不赚钱都难；选择了一个不赚钱的行业，你要赚钱也很难。

——何真临

**程冠军**：何总您好！据了解，您曾经担任过湖南省轻工厅的副厅长，还担任过大型国有企业的一把手。您退休之后到三一担任副总的位置，您是如何实现角色转换的？

**何真临**：我当了14年的副厅长，后来又担任轻工盐业集团负责人。从轻工盐业退休以后，没多久我就来到了三一。此前，我对三一认真研究了6年，对三一的经济、政治、文化、党务各个方面，应该说还是有一点点认识的。可以这么讲，我这几年到三一，就是研究三一、诠释三一、提升三一，研究、诠释、提升——这么6个字。此前，我一直想写一本三一的书，但一直没有实现。写"华为"的书有若干，但是写三一的书只出现过两本，而且这个两本都不着边际。真正权威的描述三一的书一直到去年还没有出来。主要原因是因为三一的董事长梁稳根一直保持低调，我每次请示他关于写三一的时候，他总是说，可以准备材料，现在还不着急。他是希望进入世界500强之后，再出版关于三一的书。但是，今年，我实在等不下去了，就写了一本《我与首富梁稳根——揭秘三一重工》。这本书可以说是对三一的全面精确解读。

我对三一文化的解读是从学者的角度而言的，梁稳根和向文波他们也从没反对过我，也没批评过我。我的环境十分宽松。三一，不同时候有不同的解读，但是万变不离其宗，大方向基本是一致的，比如说文化的解读，战略的解读，创新的解读，肯定是一致的

我每年写出的东西，也都是源于董事长梁稳根和总裁向文波的演讲。作为一个立足三一这个平台的学者，我不可能去创造一个理念，我只能在三一元素的基础上，进行我的经济学、管理学的诠释，通过诠释来进一步提升。

三一是很有趣的一个企业，尽管任正非在民营企业是最低调的，但是任正非也不时地会发表一篇文章，诸如《我的母亲父亲》《乏味的冬天》《一江春水向东流》等，明确地彰显了他的文化和战略意图。相比之下，梁稳根是最低调的。第一，他几乎不参加各种各样的会议（除非是党的会议），也很少接受媒体采访。关于三一，清华写过我们的案例，北大写过我们的案例，北方交大写过我们的案例，国内很多知名的学校都写过我们的案例。中国共产党的最高学府中央党校也来写过我们的案例。十八大之前，中央召开民企党建座谈会，梁稳根董事长参加

了座谈会，受到了习近平同志的接见。我们2011年进入《经济时报》排名的世界500强，其实它在一定意义上，超过了财富500强。财富500强是一个体验，《经济时报》的世界500强是健康、持续的，是为所有投资者所称道的500强。中国机械行业2000多个企业，只有我们一家进入。

因此，要真正了解三一，不只单纯的了解经济，还要了解政治，了解文化。因为三一的成长，不是单方面的经济的崛起，而是三一人高度的政治智慧、经济智慧和人生智慧的一个结晶。因此，写三一不是那么好写的，它不单纯是一个经济体系，从某种意义上说，三一和主流意识形态完全是融为一体的。董事长梁稳根在当选党的十七大代表的时候就说，我入党以后，就把党的事业和三一的事业融为一体了。

程冠军：三一是政治、经济、文化各个方面智慧的结晶。三一作为一个典型的代表，在很短的时间内，在相当大程度上实现了国家追求的产业发展。您所了解的三一进步和贡献主要有哪些？

何真临：三一的成就不是孤立的，它是在改革开放的大背景下，一个民营企业演绎出的一曲威武雄壮的时代颂歌。三一就像一个剧本，它有背景，有主角，也有时代大势。在三一，不但梁稳根是一个有政治智慧的人，三一的总裁向文波也是一个高屋建瓴的企业家。三一这些年的发展，从管理学上解读：一是战略制胜，二是文化支撑，三是创新驱动。战略在我们发展的历程中，起到了指引方向的作用。向文波被董事长誉为"战略第一人"，在每一个战略的关键时刻，在三一的每一次历史的转折时刻，他都做出了很多巨大的贡献。

说到战略，三一战略的基础是什么？这个基础就是在中国改革开放的大背景下，我们捕捉到了中国工业化和城市化进程中的巨大的社会需求。我们把产业精准地定位在工程机械上。产业定位，战略最重要。产业不对，一切白费。选择了一个赚钱的行业，你不赚钱都难；选择了一个不赚钱的行业，你要赚钱也很难。华为的任正非说，他是一不小心走入了一个飞速发展的 IT 行业。而我们三一人则是通过慎重选择，选择了一个和 IT 不同的行业。用梁稳根的话讲，IT 是打飞靶，也叫飞标。在体育中竞赛有一个竞技项目叫飞标，飞标是需要移动着打的。三一选择的是传统行业，是固定靶。从表面上看，传统行业是夕阳产业，没有前途。其实持这种观点的人根本没有看到传统行业的巨大潜力。在这方面，美国就是最好的例子，美国在自己的工业化过程中，诞生了 100 多个世界工厂。梁稳根经常说，美国有跑道的机场有 5000 多个，到目前为止中国有跑道的机场还不到三百个。这就是发达国家和发展中国家之间的巨大差异，这个差异就给我们提供了巨大的舞台。我们选择固定靶的好处是第一次没打中，我们还可以再打一次。但是，飞标就不同了，一次没打中就跑了。

程冠军：三一最大的成功就是产业选择，离开了产业选择，三一可能没有今天这么非凡的业绩。产业选择是整个战略中至关重要的一环。这一个环节，是决定企业未来的选择。从这个意义上说，三一能够有今天的发展，是因为乘上了共和国高速发展的时代列车。

何真临：是的。我经常从常规的角度和商业的角度，对三一进行一些分析。什么叫常规呢？从经济学的角度，常规有四个解读；从环境学的角度，有三个解读；从人才学的角度，有四个解读。现在，我又萌发了一种新的思维，正在试图从商业智慧的角度来描述三一。商业智慧其实就是现在被商界和经济学家、管理学家们炒得沸沸扬扬的所谓商业模式。商业模式这种定位，我觉得不准确，应该把它定位为商业智慧。

关于商业模式，早些年我曾经与北京大学的王建国教授同台论道。王建国教授在 1997 年的时候提出了一个新的理论——1P 论。我们现行思维，在 1P 论没有出现以前，经典的理论是 4P，再后来到 6P。王建国提出了一个 1P 理论，1P 理论，其实就把商业模式未来的理论中心都勾勒出来了。后来，北大、清华的一些学者，包括内地和台湾的一些学者纷纷出书，商业模式一下子变成最潮的一个名词。现在在企业或者经济学界如果你不懂商业模式，你就 out 了。

我说的常规解读，就是从经济学的角度去解读。有四个解读。一是用自主创新破解了中国经济产能严重过剩的难题；二是把产业链或者说是把价值链提升到研发和服务这两个微笑曲线的高端，有效破解了中国经济在价值链上趋于低端末梢的（地位）；三是用资源节约型和环境友好型两型社会战略，破解了中国经济粗犷的外延式的发展，实施资源节约型、环境保护型战略；四是三一人对中国经济格局发展的最突出贡献，就是我们用虚拟经济与实体经济的良性互动，破解了中国虚拟经济和良性经济的严重错位。这就是三一这些年为什么能够异军突起，为什么能够快速发展的经济学的解读。

**程冠军**：三一把每年的三月一日作为三一人的节日，每年的"三一节"，董事长梁稳根都会有一篇非常精彩的演讲，这个演讲据说几乎从不谈什么经济和利润指标，而是谈文化。由此可见梁稳根是一个有哲学情怀与理想追求的企业家。

**何真临**：董事长梁稳根会在每年的三一节总结过去，展望未来，从文化的角度、哲学的角度、逻辑的角度、经济的角度等对三一的未来进行解读。而我每年基本上都会写一篇比较有分量的，能诠释梁稳根讲话的文章，内容主要是对梁稳根在"三一节"演讲的所感、所悟。梁稳根讲话基本不讲经济，讲的全部是文化，这就是他的哲学情怀与理想追求。2010 年，他讲话之后，我写的解读文章叫《狂飙为我从天落》，副标题是"一个企业家的哲学情怀与理想追求"。2011 年我写了一首长诗，叫《相信三一》。2012 年的"三一节"以后，我写了的文章叫《大智慧、大谋略、大手笔》，从商业智慧的角度，描述三一这些年的成果。这些年，我的主要职责是解读、研究、诠释、提升四个方面，每年都会有很多想了解三一的人向我提问题，我也只有不断地、与时俱进地思索，不断地对三一做出新的诠释。

三一有一个重要的文化理念，叫"品质改变世界"。前不久，我在中国企业文化 30 年论坛上演讲。我的演讲是这样开头的：一代伟人乔布斯走了，但是他留下的是改变世界的理念，这个理念永远激励着我们去探索、去创新、去不懈地追求和超越。我们三一董事长梁稳根先生所缔造的三一核心文化理念也有一个著名的理论——品质改变世界。与乔布斯所不同的是前面加了一个定语——品质。这个定语非常重要，凸显我们的行业特点。从这一点，我提出了对三一品质改变世界的文化诠释。对于"品质改变世界"，我们董事长梁稳根是这样诠释的：用世界一流的技术，来武装我们传统的工程机械，要使之提升到世界一流水平，进而改变世人对中国产品低廉的认识。这是董事长的诠释。那么我作为一个分管文化的副总裁，我这样诠释品质改变世界：改变世界，是古往今来多少仁人志士梦寐以求的追求。哲学家用思想来改变世界，如孟子的修身、齐家、治国、平天下；革命家用枪杆子改变世界，如毛泽东领导的中国新民主主义革命的胜利；政治家用变革来改变世界，如日本的明治维新，小平同志所倡导的改革开放以及它所取得的巨大成就。那么，作为企业家的梁稳根，豪迈地提出了品质改变世界的理念。在和平与发展作为主旋律的今天，显然是最有力的武器。在商潮涌动的今天，我们的英雄就应该是企业家。把三一的这个品质改变世界的理念，和我们古往今来多少仁人志士要改变世界的憧憬融入一起；把企业家与哲学家、革命家和政治家相提并论，这就是我的诠释。

在不同的层面，不同的历史阶段，不同的人在扮演着英雄的角色。当代的英雄当然是企业家。改变世界本身就是一种非常伟大的理想的一种憧憬。谁来改变世界呢？只有哲学家、军事家、政治家，这些人来改变世界。那么今天，我们用品质来改变世界，这个主要角色就是企业家。

程冠军：您刚才反复提的"三一节"，"三一节"是从什么时候开始的？"三一节"是一个什么内容的活动？

何真临："三一节"从1999年开始，这是三一最隆重的节日。"三一节"是一种文化，要实现其持久的生命力和有效的传播，它就要有庆典、有节日，这实际上就是一种文化的内涵。"三一节"的内容：第一，有一个高层报告会，这一个报告会有两个报告和一个讲话。唐修国会作关于经营工作的报告，向文波会作关于战略的报告，董事长梁稳根会发表一个即兴的、慷慨激昂的演讲，最后是晚宴。"三一节"的晚宴就是三一人的除夕夜，晚宴之后，还有一个三一人自己组织和参加的盛大"春晚"，宴会后还有焰火晚会。这样一个"春晚"，全国各地的三一人都会选派他们最优秀的节目来参加。三一人把"三一节"看作自己最隆重的庆典，在"三一节"上，我们还会表彰三一的英雄与模范，总结成绩，展望未来。去年，梁稳根在"三一节"的讲话中回顾了三一的历程，然后提出一个理念：我们大家要相信三一。为什么要相信呢？因为历史证明了三一的成功，听了之后，我很激动，彻夜不眠，一气呵成写出了抒情诗《相信三一》。今年，梁稳根从商业智慧的角度发表演讲，因此，我写了《大智慧、大谋略、大手笔》，这是从商业智慧的角度来解读三一。

程冠军：党的十七届六中全会提出社会主义文化大发展大繁荣。党的十八大报告提出，我们一定要坚持社会主义先进文化前进方向，树立高度的文化自觉和文化自信，向着建设社会主义文化强国宏伟目标阔步前进。中国特色社会主义体制下的三一文化，怎么更好地与国家的大文化背景和文化语境相结合？

何真临：您讲的这个问题很有趣，这也就是我在总结三一的党建文化中，提出的三一的结合。三一的党建可圈可点，我们把党的思想政治工作的优良传统，与三一的企业文化有机地结合起来。三一有很多宏大的文化理念，但核心理念只有三个：

第一个理念就是品质改变世界。共产党只有解放全人类，才能解放自己。我们的品质改变世界与党的宗旨其实是一脉相承的。我们是一个企业，我们不可能说是要去解放全人类，但是我们要用品质来改变世界。因此，我们的核心文化与我们党的奋斗目标是一致的。

第二，江泽民同志、胡锦涛同志、习近平同志多次提出中华民族伟大复兴。最近，习近平同志又把中华民族伟大复兴诠释为中国梦。三一人就是试图用品质改变世界的理念，作为实现中华民族的伟大复兴和中国梦的一种武器。我们就是试图要建立一个屹立于世界民族之林的中国品牌。在世界经济的发展中，中国有很多可圈可点的东西。但现实是令人遗憾的，目前，中国有 63 家世界 500 强企业，但中国人在 100 强的世界品牌中却没有位置。三一希望充当中华民族复兴的一个马前卒。我们首先希望缔造一个 making 三一，然后向日本那样，今后才有 making China。我们这个理念就是刚才跟您讲的，我们要把党的方针、政策、追求、理想、憧憬、愿景都体现出来。比如说，科学发展观的本质就是以人为本。那么三一文化的一个非常重要的理念：帮助员工成功。梁稳根曾经有一段非常语重心长的话，他说：我有一个梦，我梦想每一个三一人都能过上富足而又有尊严的生活。在这个指导思想的指引下，三一缔造了一个文化理念——帮助员工成功。我们不但希望缔造一个经济的王国，我们更加希望改革开放的成果能够惠及每一个人。梁稳根这个中国首富不是单纯地为了他个人，他是一个心怀三一员工，心怀天下苍生的中国首富。这与党的宗旨是一致的，实际上就是以人为本。这就是三一文化的力量及其本源。

第三，三一最重要的一个文化理念，就是为客户创造价值。这个理念是与商品经济的本质相同的。我们要提升一个企业，就要实现企业价值的最大化，首先要实现我们客户价值。这也是经济生活中至关重要的一种智慧。

我们的以上三个关键的文化理念，都吻合了党的追求、理想、憧憬，也吻合了科学发展观的以人为本，吻合了科学发展观的本质要求。为什么说三一的成功，不仅仅是商业智慧，也是人生智慧、政治智慧。三一人是把三一的事业，当作了党的事业的一个重要组成部分，而不是把三一的事业当作是梁稳根的事业，当作梁稳根与向文波等几个创业者的财富帝国。梁稳根、向文波、唐修国等人不止一次地说："如果党要把我们的财富收回给党，我们随时都答应，拿出来，义无反顾"。由此可见，三一的领导班子从心底就没有私权的概念。

**程冠军**：中国著名的民营企业万向集团实现了近40年的高速增长，万向是40年才磨得一剑。那么，同样是一个纯粹的民营企业，三一集团一出现，就给人横空出世的感觉，您认为三一的起爆点在哪里？

**何真临**：三一真正的起爆点是从选择长沙，进入工程机械行业开始的。它选定了一个与共和国共同高速增长的产业。为什么三一的首富梁稳根大家都服气，一些房地产商，大家就不一定服气。因为三一没有寻租。我们的资源大部分是民间的。三一的客户，大部分都是民营企业，大部分是草根。国有企业的比重在我们的经营中的比例非常低。而且我们最有力的就是对这些草根提供一流的服务、一流的产品，他们买了我们的东西能够放心、能够赚钱，当然就会对三一的产品趋之若鹜。您想想，面对这些铁杆客户，我们如果再去搞寻租，那不是发神经吗！

**程冠军**：我看到三一的电视专题片里表述的一句话，如果没有中国的改革开放这样的好政策，也就没有三一的破土而出。也就是说，三一是乘上了近30年中国改革开放的东风，借助中国特色社会主义的制度优势发展起来的。

何真临：我们认为最重要的一点，一个民营企业要实现真正的良性发展不是靠寻租。现在，社会上和经济学界提出民营企业的原罪问题，把民营企业的发展和寻租联系起来。我记得著名经济学家王珏先生、吴敬琏先生都提出过这个问题。在这里，我可以负责任地告诉您，三一不涉及寻租的问题。三一是某种意义上纯粹的市场血统的野蛮成长。著名企业家冯仑不是写了一本书叫《野蛮生长》，优秀的民营企业都是野蛮成长起来的，并从野蛮成长过渡到理性成长。所谓野蛮成长，就是竞争。三一人特别适合市场竞争。在寻租的问题上，许多中国的民营企业是成也萧何，败也萧何。改革开放以来，中国有多少民营企业在寻租中发迹，但曾几何时，他们又纷纷灰飞烟灭。我们三一人不希望通过寻租的手段巧取豪夺，去占有国有资源，而是靠自己的能力去实现市场化的崛起。

中国的改革开放，拉开了市场经济的序幕，但是这个序幕刚刚拉开的时候有不完善的地方，比如说要搞关系，你说我不去搞关系，那是不可能的，除非你是生活在桃花源里！另外，在竞争中有不公平的地方。所以三一人同样要面临这两个问题。三一人借助的是什么？我们就是借助的中国特色的市场化的进程，没有这个就没有三一。这是我们政治智慧的这一层。另外一个层面，是就经济的层面看政治。千万不要小看这一层，中国的很多大牌的民营企业家，一朝兴起，一朝陨落，就是"其兴也勃焉，其亡也忽焉"。他们失败的根本就是：把精力时间用在了寻租。要么政治沉沦，要么经济犯罪。这在中国已经是司空见惯了。

# 对话何真临4：诠释三一文化

🎤 **精彩语录**

IT业靠的是时代机遇，宗庆后卖水靠的是渠道智慧，大部分房地产商靠的是利益寻租，而梁稳根靠的则是中国智慧，他用中国智慧实现了中国制造。三一的中国智慧集中体现就是创新，具体说是商业模式的创新，再具体些就是集成创新。我讲文化的时候，讲过一个别人没讲过的概念。这就是——中国是集成创新的最佳之地。三一也得益于这一点。三一主要是集成创新，三一的产品创新其实很少。苹果的乔布斯从某种意义上是一种模式的创新。

——何真临

**程冠军：** 梁稳根在三一推行和体现的主要是一种什么样的文化？三一虽然是一个非公有制企业，但是党建却搞得很有特色，三一的党建是如何与三一的文化融合的？

何真临：梁稳根在三一主要的文化核心是中国的儒、释、道三家，内圣外王，还有一些舶来文化。他的目的是"师夷之长技以治夷"。他认为中国要屹立于世界民族之林，最根本的是文化取胜。梁稳根的管理思想讲出来之后，可能很多人都听不懂，所以我就为他注释一下，我为他注释的题目叫《狂飙为我从天落》。这是毛泽东诗词《蝶恋花·从汀州向长沙》里面的一句，"国际悲歌歌一曲，狂飙为我从天落"。我这样写的意思是，梁稳根用他狂飙般的思想，启迪三一人的智慧。这种思想，启迪、激励着三一人高扬理想的旗帜。

三一的党建在非公企业当中名列前茅。党的十八大前夕，全国非公有制企业党的建设工作会议在北京召开。三一集团党委参加会议并作书面发言，推出的"三双五结合"党建工作模式得到了与会领导和会议代表的一致肯定。（"三双"即"双培工程""双推工程""双促工程"；"五结合"即将党管干部的原则与企业人力资源工作有机结合，将党组织的权威与企业董事会权威有机结合，将党的先进性建设与企业的超常发展有机结合，将党的思想政治优势与企业文化建设有机结合，将党的宗旨与企业社会责任有机结合。）

在随后召开的学习贯彻全国非公企业党建工作会议精神座谈会上，梁稳根受到习近平同志的亲切接见并发言，梁稳根认为，实践证明，党建是推动企业发展的核心力量。民营企业离不开党的领导、更需要党的领导，民营企业凝聚力量需要党、解决困难需要党，出资人实现人生价值也需要党。

程冠军：中国万向集团董事局主席鲁冠球每年的"七一"都会在企业发表一个讲话。我们看到，梁稳根似乎也有一个政治性的讲话，不过他选择的讲话场合是三一节。两个中国首富可以说是不谋而合。

何真临：真正伟大的企业，文化是相通的。前不久，我在 GE 与几位企业家共同探讨企业文化，我讲的题目是《伟大企业文化都是相通的》。在演讲中，我提出，福特、乔布斯与梁稳根这三位企业家有一种共同的精神——改变世界的精神，他们的精神高度吻合。我认为，企业家可分为两类，一类是伟大的企业家，一类是优秀的企业家，他们之间的区别是优秀的在改变企业，伟大的在改变世界。

未来的世界，绝对是中国的世界。有的学者认为，马克思的本意就是构建和谐社会。从中国文化的角度看，和谐社会恰好可以解决以下三个问题：第一，人与人的和谐，这是儒家的思想。儒家思想的"己所不欲，勿施于人""仁者爱人""穷则独善其身，达则兼济天下""礼之用，和为贵"，讲的就是人与人之间的和谐。第二，天与人的和谐。老子的"天人合一""人法地，地法天，天法道，道法自然""道生一，一生二，二生三，三生万物"等，讲的都是人与自然的关系。两千多年前，我们的思想家已经对和谐社会有了精辟的论述，如佛家的"明心见性"，佛家认为，佛在每个人的心中，佛不是高悬的，我们每个人心里都有佛。当你挖掘出了人的真正的真知和智慧的时候你就成佛了。什么叫佛？很多人都把佛当作一个偶像，实际上佛就是觉悟。佛乃悟也，觉也。觉就是佛，悟就是佛。第三，人与自然的和谐。三个问题解决了现代社会的所有问题。尽管佛教不是中国的传统，但佛教自从传到中国以后，就与中国文化融合了，现在中国是世界上佛教最兴盛的国家。这说明了什么呢？这说明中国的哲学几乎可以解决世界包括当今世界所有的问题，这绝对不是夸大其词。

**程冠军**：您刚才谈到佛教，我想起了生活中的一个小故事：有一次，我和爱人去灵隐寺，爱人去大成宝殿拜佛，来到大殿，她跪下就拜，一副很虔诚的样子。出来以后她跟我说，这是拜的什么佛，我怎么没看见佛啊？我说不可能啊！她说我真的没看见，我就在那儿拜了。我说，这说明佛在你心中。其实，当时我看得真真切切，一尊很高大的佛就立在那里。

何真临：这说明您夫人很虔诚，被佛所折服了。佛教是最高迈的一种宗教。我认为，人生有四种境界：第一种是叫健康人生，这个每个人都知道，健康等于零，什么都等于零，权也等于零，钱也等于零，势也等于零；第二种是事业人生，所谓事业人生，不一定都像梁稳根这样有 700 个亿的家产，即使差一点，你也是事业；第三种是艺术人生，那就是诗词歌赋、琴棋书画等，这是一个人格调和才情的问题，是一个人的品位的问题。如果你不具备这些，就无法达到一定的层次和境界。有人说，一年可以产生一个暴发户，十年才能够产生一个绅士。有一次，胡润请我到湖北搞一个论坛，当时他就提出一个概念——中国的贵人。我说，胡润先生你错了，现在我们还只能说是中国的富人，你不能说什么贵人。贵是什么意思？思想、文化、修养等都达到了很高境界的富人，才能上升为贵人。前面两个层次可以造成富人，但是一定有第三个层次，才会有贵人。除以上三种人生之外，还有第四种人生——哲学人生。比如，我们称一个军事家是儒将，称一个做生意的人做得好是儒商。儒将、儒商就到了哲学境界，哲学境界是最高迈的，因此，在四个境界里面哲学人生是人生的最高境界。

一个人或一个企业家，如果他没有达到艺术人生和哲学人生的层面，就不能说贵。没有文化就不叫贵。贵不仅仅是钱，是文化，是品德，是理想，是追求。所以，一个人要达到富的层面并不难，从富到贵就没那么容易了。中国的改革开放造就了很多暴发户，但是中国改革开放要造就一批真正的儒商，就现实的情况来看，这个过程还很漫长。

程冠军：社会上人们对三一的感觉是，三一是一个有着神秘色彩的企业。尤其是对"三一"两个字的解读，有很多版本，您能介绍下三一名字的由来，以及三一创业初期的情况吗？

何真临：三一是怎么来的？含义是三个一流。在 20 世纪 80 年代末或者 90 年代初，我们先提出了两个一，一个是创造一流企业，一个是创造一流人才。后来，我们又加上了要做出一流贡献。这样就变成三个一流。

关于三一，有两个版本，刚开始创业的时候，向文波并没有加入。当初，梁稳根认为，在他们的团队里，必须有个人去读研究生，所以向文波就去读研究生了。向文波学成之后加盟三一。最原始的四个创始人分别是梁稳根，另外三个一个是唐修国，现在是三一集团有限公司总裁；一个是袁金华，现在在三一的巴西分公司当董事长；一个就是毛中吾，现在在三一的北京分公司当董事长。这4个是最原始的，向文波那个时候也参与了，因为三一的辉煌，是向文波正式加入以后，他在战略层面的贡献很大。

我们公司理论最超前的是向文波，他思维敏捷犀利，敢言别人所不敢言，比如2008年的时候他提出，要把长沙打造成"中国乃至世界的工程机械之都"，此言一出，很多人都说他吹牛。现在已经实现了，现在我们是世界第三，中国第一。2010年，我们净值利润率59.1%，为什么我们能进入世界的市值500强，那就是资本的卓越表现。在国外，市值500强是衡量一个企业成败的关键。过去10年，我们平均每年收入的增幅都超过64%。过去10年持续年增速达到60%。

三一的体制优势体现在：它不是家族制。从产权制度来看，它首先产权合理、明晰。4个合伙人是4个萍水相逢的人。

我作为一个国家干部，退休之后到三一来，不是去为梁氏家族卖命。我们来到三一，不是为哪个人，因为三一已经是一个社会。一个人，当你拥有100万的时候，这个财富是你个人的财富，当你的财富达到了1000万，就很难界定了，达到了1个亿，就绝对不是你个人的了，你根本用不了。梁稳根有700个亿，财富把他推到了风口浪尖，他已经停不下来了。主观上为自己，客观上已经是为社会。他实际上已经超越了固有的概念。

程冠军：三一这个名字和老子的"道生一，一生二，二生三，三生万物"有没有关系？

何真临：三一在缘起的时候，还认识不到三一的哲学。我们提出"创建一流的企业，造就一流的人才，做出一流的贡献"，是很直白的对未来的憧憬。但是，没想到，三一竟然暗合了老子的天道，这就是道生一，一生二，二生三，三生万物。为什么三一能够生生不息，这里面有一些本质的东西，这些本质的东西也就包括了对文化的界定。名字是生命中的一种力量。名不正则言不顺，言不顺则事不成。香港前特首曾荫权来三一考察的时候，董事长梁稳根指名要我向他介绍三一。当时，我来三一才只有一年，身份也不够资格，但梁稳根坚持让我介绍，那一次，我对三一进行了哲学的解读。因为，我发现三一的理念暗合了老子的天道。

程冠军：不难看出，三一的起爆点主要是从"工程机械"这个战略思想的导入。这也是符合国家的产业政策，顺应时代发展的。这个战略是如何形成的？

何真临：三一的胜出主要是战略思想的导入，三一最重要的战略就是选择了工程机械。选择工程机械是向文波的建议。当然，三一最可圈可点的，主要在我的 11 个解读里面，在这解读里，战略制胜是排在首位的。如果没有选择一个与共和国共同高速增长的产业，如果没有选择工程机械，三一也可能会有神奇出现，但是绝不可能有今天这样的神奇。产业选择是在战略选择中至关重要的一个。这就是中国人讲的"男怕选错行，女怕嫁错郎"，就是这么一回事。行业选错了，事倍功半；行业选对了，事半功倍。向文波被"封"为三一的"战略第一人"，是董事长梁稳根当着大家的面"加封"的。

程冠军：三一有三个"第一人"，向文波是战略第一人，唐修国是管理第一人，易小刚是技术第一人。您能详细介绍一下这三个第一人背后的故事吗？除了战略选择之外，三一的资产选择也很有意思，三一这么大的企业竟然是一个轻资产的企业。这是为什么？

何真临：三个第一人中，不仅向文波有很多故事，后面两个第一人也有许多故事。有一次我与梁稳根董事长在一起吃饭，向他提起"战略第一人"这个话题，当时唐总和易总都在。这时候，梁稳根就提出了后面的两个第一人："唐修国是我们的管理第一人，易小刚是我们的技术第一人"。我们虽然是重工，其实我们是一个轻资产的企业，这就是我们三一的神奇治理。在三一模式里面，很重要的一点就是资产的回报率。资本市场看不看好，不是看你赚不赚钱，而是看你如何用少钱赚多钱。你赚钱，轻资产是一个很难得的选择，这是三一又一个在选择上的奇妙之处。当初三一为什么没有选择汽车行业？试想，如果我们当时选择了汽车，到哪儿去赚那么多钱。我们的优势就是选择了一个轻资产的行业。因此，我认为三一在产业选择的时候，有两个地方可圈可点：一个是时机的选择。任何一个企业，在它时机的选择上，如果过早就是先烈；如果过时，他就会错失机遇。第二个就是产权的选择，你选择什么产权，是轻资产还是重资产，如果选择了轻资产就可以避免沉没资本。现在，我们一讲到成本，总是说怎么样节约成本，殊不知成本最重要的不是节约，而是资本。一旦你投错了，就万劫不复。投错了，你是退不出来的，即使退出来也晚了，所以叫沉没资本。其他的你都可以想办法，唯独资本退不出来。

程冠军：对于装备行业尤其是重装来说，资本的固定投入还是很高的，一旦选错方向或选错时机，有可能就会出问题。是这样吗？

何真临：是，资本的投入是一场豪赌。我讲轻资产的理念，主要是说沉没资本，就是要避免沉没资本。这个方面，你一旦失了手，真是万劫不复，你无法挽回资金。我们为什么能够进入世界资本500强，这也是三一在资本选择上的高明之处。资本回报与利润完全不是一回事。三一在这方面是 59.1%，这是非常高的。我们 1 块钱的净资本可以赚 0.59 元，有几个企业可以达到这种水平？因此，我们自豪的是我们资本的动感很高。三一的每一个经济现象，都有可圈可点之处。产业选择、资本选择、时间选择，都充分体现了三一智慧。

程冠军：我觉得信息化手段也是三一的发展利器。如果没有信息化手段，三一市场的占有率、增长率可能都不会有那么迅速。

何真临：你说的这个问题说到了点子上了。在博鳌论坛上，魏家福就提出，近代有三个划时代的革命出现：它们分别是移动互联网、云计算、智能革命。魏家福提出这三个划时代的革命之后，与大家一起讨论什么最重要？很多人都说产业链最重要。当时，我就说，大家讲的都对，但我个人认为，移动互联网最重要。由于移动互联网的出现，我们今天的所有的神奇才能够爆发，传统经济能够两年、三年爆发出一个世界首富吗？想都不敢想！没有几十年的积累怎么会达到世界首富呢？移动互联网是一个平台，它构筑了很多神奇，比如说三一模式的神奇，离开了互联网怎么可能呢？过去，我们都是老老实实的一对一。4P 理论里面，唯一的就是一对一，从买家到卖家；而现在的理论变成了一个人可以对 10个人，对 100 个人。这就是互联网对传统理论的彻底颠覆。因此，信息化在三一已经被提到一个很重要的地位，我们的 ERP 就是中国最好的，我们的数字化工程也是做得最好的。

程冠军：现在，有许多美国的工程师、德国的工程师，都给三一打工。这也是令三一十分自豪的事情，这种自豪当然也体现在中国企业身上。在这方面您怎么看？

何真临：我们可以用一个欧美的工程师，带动 10 个中国的工程师，这就革命性地降低了成本。所谓革命性，靠的就是互联网手段。社会上有很多新事物也是如此，比如快乐女生，就是没有成本的。试想，如果没有互联网，会有这些东西吗？快乐女生这个品牌，造就了源源不断的未来收入，这在过去是不可能的。所以，我在博鳌论坛提出移动互联网最重要这个概念之后，魏家福非常赞同。我们今天所讲的一切，离开了移动互联网都不复存在。云计算不就是因为移动互联网才出现的吗？否则你怎么计算得了，统计得了？如果不能远程传输的话，这个也没价值。所以真正划时代的革命是信息革命，信息革命改变了我们这个时代。今天，很多人是网络发家的，如马云、马化腾等，好像突然一下冒出来的。而梁稳根却要经过二十几年的打拼，好在我们在后期借助了互联网，所以传统行业不可能那么快的。今天，如果你选择了一个好的产业，借助移动互联网说不准搞一两年，你就是中国首富了。梁稳根当选首富为什么让人们感到神奇，因为他不是网络发家，也不是房地产暴富。宗庆后也非常有智慧，卖水成了中国首富。

程冠军：中国的企业很多年以前就提出要叫响中国制造，并且提出要从中国制造到中国创造。我认为，梁稳根就是中国制造和中国创造的代表人物。

何真临：中国制造是支撑一个国家、一个民族的最根本的动力，是民族的脊梁。为什么大家对梁稳根当选中国首富都很佩服？因为他是靠制造业起家的。IT业靠的是时代机遇，卖水靠的是渠道智慧，大部分房地产商靠的是利益寻租，而梁稳根靠的则是中国智慧，他用中国智慧实现了中国制造。

三一的中国智慧集中体现就是创新，具体说是商业模式的创新，再具体些就是集成创新。我讲文化的时候，讲过一个别人没讲过的概念。这就是——中国是集成创新的最佳之地。三一也得益于这一点。三一主要是集成创新，三一的产品创新其实很少。苹果的乔布斯从某种意义上是一种模式的创新。现在很多人都认为乔布斯的成功靠的就是 Iphone 和 ipad，其实这种认识错了，这不是他赚钱的根本。乔布斯赚钱的法宝主要有两个：第一，他用软件无偿地给你提供平台，你无偿地给他提供软件，然后再分成本，再上市。第二个就是融入歌曲，他有1500万首歌曲，它每年的下载量达到43亿首，他是靠这个赚钱的。iPhone和ipad只不过是表面现象而已。所以说现在的商业智慧就是隐藏在表象的盈利之后，是你看不见的东西。它不要一分钱的资本，就可以把世界最优秀的软件融资全部集合来了，然后开始上市，这就是无本生利。乔布斯的聪明就在这里。所以大家都认为现在的世界就是技术创新的增长，错了！现在的社会，创新的增长只占了40%，还有60%是商业模式创新的增长。乔布斯实际上是模式创新。这都是由于移动互联网的出现。所以那天我说，你们讲的都对，但是如果没有移动互联网，一切都不成为可能。魏家福就非常欣赏我的话。所以在博鳌亚洲论坛上，当我讲了这个观点之后，几十家媒体放弃那么多名流不去围堵，而是围住我这个副总裁长达一个多小时。

# 对话何真临 5：三一梦，中国梦

🎙 **精彩语录**

　　三一能够以自己的核心竞争力，去整合世界的优势资源为我所用。这就是三一的商业智慧。我们这些年为世界创造了那么多廉价而物超所值的产品，满足了物质需求。我们用我们辛辛苦苦赚来的血汗钱，又借给这些欧美的"发神子"（长沙俚语，意为败家子）超前消费。结果我们换来了什么？换来了欧美对我们的反倾销。所以，三一提出，国际发展思路不完全是出口，更重要的是供应链的国际化，这也说明三一的高瞻远瞩。

——何真临

　　**程冠军**：习近平总书记提出了中国梦的伟大号召，三一其实一直是一个有梦想的企业。您怎么看待企业的梦想？

　　**何真临**：去年，我在上海的 GE 有个演讲，演讲的题目是"GE 的神奇与梁稳根的梦"，在这次演讲中，我把 GE 与梁稳根和三一结合起来。GE 毕竟是我们学习的榜样，我敢在这个处于世界第 11 强地位的企业面前高谈阔论，去预见未来的三一，也是需要勇气的。所以，我就用了"GE 的神奇与梁稳根的梦"，巧妙地把今天的三一，与已经功成名就的 GE 有机地结合起来。这个演讲，我主要是谈文化，谈文化的力量及其本源。重点谈了三个方面：文化的环境学本源、文化的哲学本源、文化的心理学本源。很多人从哲学的本源谈文化，但很少有人从心理学的角度谈文化。我从心理学的角度谈到文化与很多领域的关系，比如说与创新的关系。我就提出，为什么三一的集成创新会走在世界的前面，这就是文化的原因。

**程冠军**：如何看待企业文化对于企业经营管理的作用？如何看待文化学与管理学之间的辩证关系？

**何真临**：一个人是否聪明，是否智慧，关键是他能不能把各门学问打通。企业也是如此，世界上最伟大的企业，他们的文化是相通的。乔布斯跟梁稳根是相通的。三一提出的"品质改变世界"，与所有有责任的企业就是相通的。经济学和哲学是可以打通的，为什么？企业文化是价值观，是行为准则。经济学搞的再好，没有明确的价值取向，没有凝聚人的理念、使命、愿景、精神，这个经济学就是没用的。所以陆游说"功夫在诗外"。写诗不是简单的语句的运用，还包括文学、社会、民生、哲学等方方面面，包括对鸟鱼虫草的洞察，对每一个细节都细心观察，才能成诗。经济学也是这样，其实它的功夫也是在经济之外的，尤其是要懂得文化学、人才学、领导学。不懂文化学，怎么凝聚人？不懂人才学，怎么领导人？不懂领导学，又怎么组织资源？因此，学问都是相通的。比如，在人格理论、文化理论里面，我认为，要把弗洛伊德、马斯洛，把哲学的真善美和驭世之道等全部打通。如果不打通，你的学问依然是迷茫的。

搞经济一定要把政治学、心理学、管理学打通。打通以后你才会知道，中国的真正的政治是什么。学问是互通的，它只不过是从不同的角度去研究社会的一个层面而已，最后它肯定是相通的。经济学里的亚当·斯密就是这样一个人，除了对经济学的巨大贡献之外，他还写过《道德情操论》。

文化是指引企业的最核心的东西。中国人的思维是系统、全面的思维，是高屋建瓴的思维。所以它能够吸取世界的精华为我所用，它那种博大包容的胸怀，能够把别人最先进、最美好的东西化为己有。佛教本来是印度向我们传播的，结果，现在中国的佛教成了世界最大的佛教，就是因为中国人有一颗包容的心。它不像西方文化，西方文化是局部的，而中国文化是整体的，它构筑一个很大的框架体系。文化的发展已经证明，未来世界的文化绝对是东方文化。事实上，整个世界就是一个模糊的，中国文化从根本上道出了世界的奥妙。中国的文化的本身最能够呼应集成创新，但中国文化也有其弱点，就是它很难呼应原始创新。

程冠军：我认为任何一种模式都是阶段性的，再过十年二十年，可能就出现了新的变化，甚至演变为新的模式，模式可以改变，但智慧却是永远拥有，智慧实际上就是文化。您怎么看三一的文化和智慧？

何真临：今年的三一节，董事长梁稳根的讲话，是"相信三一"。我认为他还是讲的智慧。比如说他讲的我们的融资，我们的服务，我们的购并，都是用战略和营销，这些都是智慧。所以我今天提出企业智慧。我曾经在一本内部的刊物上发表过我对文化的解读。这也是我一生最深刻的一次文化解读，这一次文化解读与我讲的是文化的力量及本源又有所不同。什么叫文化，文化是集体人格。人格是对个人而言的，而文化是对集体而言的，它是一种集体人格。很多人在讲文化的时候，没有从心理学的角度去论述，只会论述心理学与哲学的关系、文化与哲学的关系、文化与环境的关系，但是没有人会论述文化与心理学的关系。人格与集体人格的关系在哪里，应该怎么去塑造？这是一个十分关键的问题。文化不是万能的，文化是文而化之，它的力量是有限的，但是它的力量又是除了自然力之外的第二大力量。那么，为此我就提出了一个新的理论：如果你要打造一个企业的文化，比如说三一文化，首先要看我们的目标是什么，我们目标如果是要超越德国，我们就用德国的集体人格，用德国人的严谨、科学、一丝不苟的条件去选人，选来这些人之后，我再来文而化之，我才可能超越德国。如果我们只是笼统的文而化之，是不能解决根本问题的。不同的人有不同的性格，如果不是文而化之，他为什么会服从你呢！

**程冠军：**您经常在各种场合讲三一，讲三一的文化，在我看来，您就是三一文化的一名布道者。

**何真临：**自夸地说，我是厚积薄发。在机关和国企工作的时候是积，在三一是发。因为现在在三一，我的舞台更大了。在三一这个舞台上，我面对的，都是中国一流的企业家、一流的学者，我可以和他们同台论道。到三一来，是我的性格决定的。三一是一个世界级的企业，一个伟大的品牌，我作为三一的副总裁就会有很多的自信和机会。比如，与一些著名学者同台论道的时候，我很自信。我会自负地想：你们讲的好，有三一做得好吗？而面对一些知名企业家，我的想法是：你们做得好，有我讲的好吗？我就是借助三一，讲解三一。因此，从某种意义上讲，我肩负着一个神圣的历史使命和时代重托。我希望我的每一次的演讲，都为三一添光加彩。我这几年，从没有"砸"过三一的牌子。我曾经跟共和国四大演讲家曲啸、彭清一、李燕杰、刘吉同台论道。我讲三一和三一的文化，主要是力求不辜负三一对我的期待。在三一，不但是我一个人如此，董事长梁稳根、总裁向文波都是很有激情的演讲家，他们都很有思想，很有锋芒。

**程冠军：**您有一个苹果，我有一个苹果，交换以后，我们各得一个苹果；您有一种思想，我有一种思想，交换以后就是各得两种思想。今天您给了我很多启迪。我发现，您一直在不断地总结三一的文化，并对其进行诠释。确切说，您是卖三一文化的，您一张口，可能就多卖几十台三一的设备。这就是文化的力量。

何真临：唐修国先生认为我是在不停地悟道，在悟三一之道。我的每一次的演讲，都是把三一作为舞台，而且所举的案例也都是三一。在对三一的解读中，我还会加进我的很多经济学的思维、管理学的思维、人才学的思维、商业智慧的思维、文化学的思维等。实际上，我的每一次演讲，都会提升三一品牌的知名度、美誉度。这就是我的工作，所以我说，别人都是卖挖机的、卖压路机的、卖混凝土机械的，我是卖嘴皮子的。我每年几乎都要做三四十次的演讲。我很注重演讲的效果。优秀的企业文化演讲要具备三要素：第一要素是诗情，就是要有诗情画意，语言要美。第二要素是哲理，要有高度，有深度，有学术性。第三要素是激情，只有激情，才能够使你的听众与你高度的互动，才能真正取得演讲所应该取得的效果。

激情、哲理、诗意是演讲的三要素，所有的演讲都跳不出这三个东西。三个都通了，你就是最高水平的演讲家。演讲要有哲理，文以载道，道无文，其行不远。没有文化是走不远的，因为它不能传播。如果你有文无道，空洞无物，不能给别人启迪；你有文有道，没有激情，不能文质彬彬也不行。孔子说："质胜文则野，文胜质则史。文质彬彬，然后君子。"演讲要实现水乳交融。我只要发现五个人以上躁动了，我肯定会转换话题，因为你会觉得没有打动他。我所追求的就是，大家都聚精会神地瞪大了眼睛在看着你。在演讲的时候，我十分注重用目光跟观众交流，不断地扫视全场。演讲可以培养一个人的影响力。演讲，从某种意义上，它既是一门学问，它也是一种天赋。演讲，从佛教的角度叫法布施。佛教讲究布施，很多人都以为财布施就是布施，其实这是最低的，法布施是传播真理。

我曾经应邀到 GE 演讲。那次演讲，一直到演讲前，我才把题目想好，即"GE 的神奇与梁稳根的梦"。GE 太伟大了，GE 是全世界第 14 名，全球 500 强的第 11 名，是我们三一永远学习的榜样。在这个活动上我怎么介绍三一呢？一直到临上讲台，我才突然悟出，GE 这几年，创造了很多神奇，那我们做了一个 GE 的神奇与梁稳根的梦。因为 GE 的神奇正好是梁稳根的梦，那就是三一的明天就是 GE，就是我们憧憬的。GE 曾经为人类文明创造的三大神奇，第一是爱迪生的发明，使人类告别了黑暗，迎来了光明，这是一种很大的神奇；第二个神奇是它造就了一个世界 CEO 的教父——杰克·韦尔奇；第三，杰克·韦尔奇和现在的斯梅尔达共同成就写成书以后，留给了人们许多神奇的、有价值的思想。梁稳根在大学时代有三大梦想，第一，他认为中国没有一个伟大的企业；第二，他认为中国没有一个伟大的企业家；第三，他认为中国没有一本受到世界推崇的关于企业家思想的鸿篇巨制。他的这三个梦，GE 全部都实现了。所以我那次演讲，讲了一个半小时，GE 的人包围我两个小时，提了很多很多的问题。

程冠军：三一现象很神奇，它为什么发展这么快，大家都试图揭开三一的神秘的面纱。所有探访三一的人，都会提出这样的问题——"三一为什么"？或者说"为什么是三一"？

何真临：我们有些东西是用了 GE 的，它是我们的采购方，是我们的供应链。GE 在很多领域它都是世界第一。三一的整个生产线的控制系统，大部分是自己研发出来的。但是中国企业的原始创新与世界发达国家相比还是落后的。三一的痛是什么呢？就是在核心原部件上，三一仍然落后于世界最先进水平。我们的液压件，用的是力士德的；我们的重卡是奔驰、五十铃的；我们的柴油机用的是康明斯、帕金斯的。应该看到，中国人的最大的智慧就是集成，是"拿来"。鲁迅当年不是讲了拿来主义嘛！拿来为我所用。中国首席谈判代表龙永图先生视察三一时，看到我们的主流产品配制了大量的力士德的液压件、奔驰的底盘，大加称赞。当然，拿来是我们应该做的。那么，反过来，也许有人会问，为什么不是中国的？那么，这就提出了一个尖锐的问题，国际化的本质到底是什么？

程冠军：我个人认为，中国制造，即使不能实现所有的东西都是我的，最起码核心东西要是我的。

何真临：对，这是一种标准。但是，我们还应该看到，世界是平的，世界是有分工的，也是有比较优势的。自力更生是毛泽东时代的观念。因为那时候国与国之间的封锁，世界的优势资源不能共享。现在时代变了，我们必须有时代的思维，如果我还在研究液压件，我还在研究重钢，那么三一早就不知道排世界的几千名了，为什么我们能够跃入到世界的前50强的第几名里面，这是最关键的。三一能够以自己的核心竞争力，去整合世界的优势资源为我所用。这就是三一的商业智慧。我们这些年为世界创造了那么多廉价而物超所值的产品，满足了物质需求。我们用我们辛辛苦苦赚来的血汗钱，又借给这些欧美的"发神子"（长沙俚语，意为败家子）超前消费。结果我们换来了什么？换来了欧美对我们的反倾销。所以，三一提出，国际发展思路不完全是出口，更重要的是供应链的国际化，这也说明三一的高瞻远瞩。

# 理论篇
## THEORY

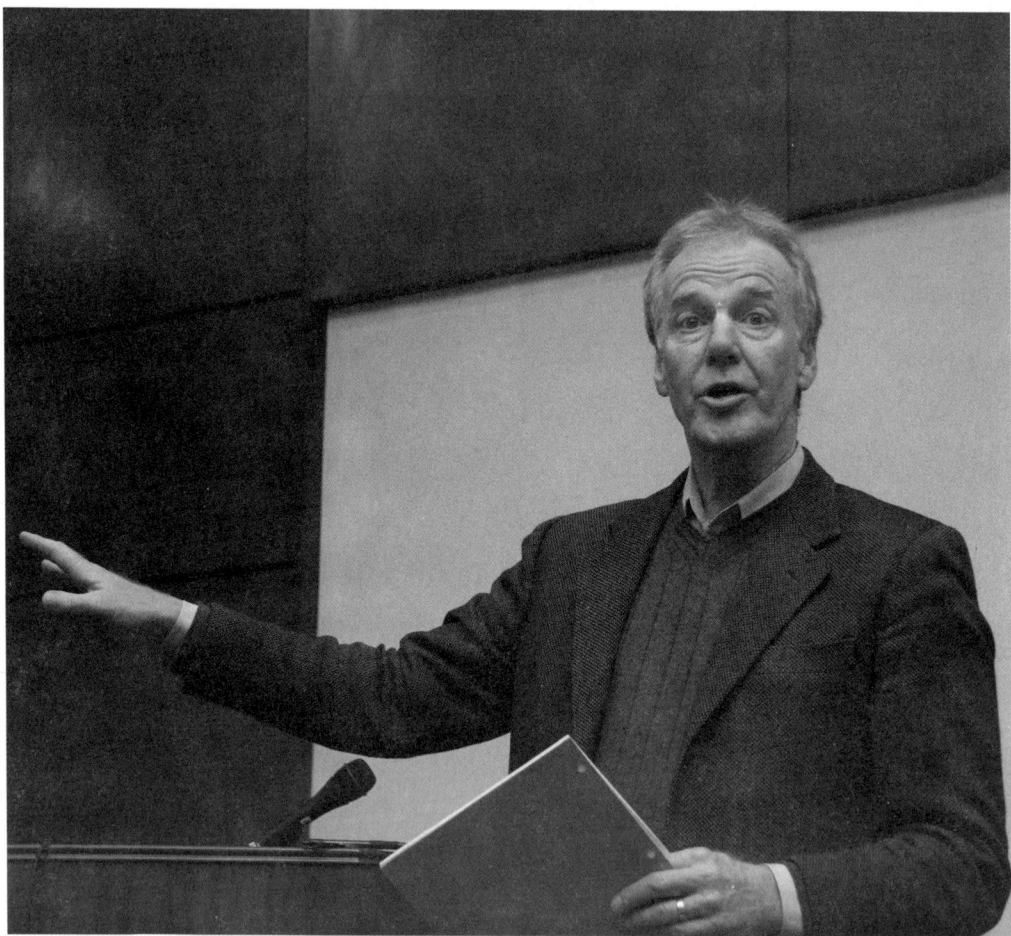

　　"五项修炼"就像一个板凳的三条腿。自我超越、共同愿景是第一条腿，首先要激起你的热望。这就好比小孩子为什么要学骑自行车一样。这是一种动力。在组织当中我们要使大家有动力去做事。系统思考是理解复杂性，这也是一条腿。中间一条是反思，大家一起挑战自己的思考，以看清自己的心智模式就是问题的部分，这样就可以促成集体模式的开放，让大家敞开心扉，这就是改善心智模式和团队学习，其中包括深度会谈。三条腿，少了哪一条腿也站不起来。

——彼得·圣吉

# 对话彼得·圣吉：学习型组织与学习型政党

**编者按**：彼得·圣吉，20 世纪全球前 10 名管理学思想家、"学习型组织"理论的提出者、《第五项修炼》作者，美国麻省理工学院教授，也是该学院"组织学习与变革"团队成员，以及"组织学习协会"（SOL）主席。《第五项修炼》荣获世界企业学会最高荣誉的开拓者奖。

2010 年 10 月 18 日，被誉为"学习型组织理论之父"的美国麻省理工学院著名学者彼得·圣吉先生应邀到中央党校举行演讲会。演讲会上，彼得·圣吉先生演讲和回答了有关学习型组织理论和世界学习型组织发展中的一些问题，就学习型政党的若干问题和与会者进行了对话，并回答了记者的提问。

**程冠军**：中国历来是一个重视学习的国度，传统意义上，我们理解的学习是一种以增长知识为目的的学习；而学习型组织所倡导的学习则是以解决问题为目的的学习，是以开放的思维使人们获得一种行动的能力的学习。可以这样理解吗？

彼得·圣吉：学习型组织理论的概念感觉很抽象，好像是管理学的一种哲学，但问题的关键不是哲学，而是应用。学习型组织理论更关心的是为什么做这件事。比如说用学习的方法去实践、去工作，不这样做的区别又是什么？学习型组织一个最根本的问题是，人在人群里面如何面对不确定性。这就像怎么来抚养孩子是没有现成答案的，你必须与孩子生活在一起，没有现成的答案和唯一正确的方式可以教你一定可以教育好孩子。学校里的学习有正确的和错误的答案，但生活当中却不是这样。学习是开放的，不仅仅是被动地接受。

人类的好奇心很容易被伤害。你去尝试一件事很可能会失败，这就好比学走路，学走路是没有正确答案的，每个人走路方式都是不一样的。学习的精神实质就是在自己不知道的地方去尝试。学习型组织精神实质要用好奇心去探索，允许犯错误，学习需要建立一种反馈的机制。我们可以想象，小孩学步时你一直扶着他会怎样？这样，孩子永远也学不会走路。怎么办？就鼓励孩子"你可以走"。当然，演示走路也非常重要，孩子必须看到大人走路他才可以学会走，所以在学习中有一个模仿的问题。

如果前人从来没有人做过的事情，我们做了，那就叫发明了。学习是要试验，要有鼓励的。管理一个组织，必须鼓励、关爱，必须有反馈机制。这当然需要开放型的管理，也需要管理者自己开放。一个组织建立这样一种行动能力，不是一件容易的事情。很多人成为领导专家之后，就会自我膨胀，一个学习型组织的领导首先自己必须开放。知识的增长当然也是一种学习，但要小心，这里所说的"知识"到底指什么。一本书，我们看了就知道它的内容，这里我们得到的只是信息，大多数学生在学校里学的都是信息。而我们更重要的学习是需要得到一种行动的能力。

程冠军：学习型组织当中，特别强调的一个理念是"团队学习"。您能解释一下"团队学习"吗？

彼得·圣吉：从实践的角度讲，团队如何工作是学习型组织的关键。团队的定义是解决问题而相互需要的人的组织。学习团队与实际工作中的团队还不一样，团队学习最终是集体智慧。几乎每个人一生当中都有过这样一种经历：参加了一个集体，让你感觉你在这个团队里，成就了一件事，很自豪。试想，当你的这个团队刚凑在一起的时候，大家就都具备成就业绩时的能力吗？肯定是没有。这就是团队学习。这种团队的经历就是学习型组织的一种体验。

我了解，在中央党校学习的领导干部也都要建立党支部，这就是团队学习。大家在一个支部里可以互相帮助学习，每个人的能力都能提高。人类都是在团队中学习进步的，在团队中互相帮助是学习的关键问题。

程冠军：您对中国共产党提出的建设学习型政党的战略有何了解和认识，您认为建设学习型政党关键要解决什么问题？您对"学习型组织"在中国的发展以及对中国的学习型社会建设有何建议？

彼得·圣吉：我没有资格在这里发号施令。但我认为，学习最好的方式是向实践学习。现在，中国已经成为我的第二故乡，过去二三十年，中国最关心的问题是怎么回到世界的主流，包括加入 WTO，包括主办奥运。这些，如今都已经成功了。现在又有了新的问题，就是中国如何为社会做贡献。20 世纪是美国的世纪，当时的美国是经济和技术的创新国家。21 世纪，世界上最有影响力的国家将是中国和印度。世界发展到今天，需要用文化来解决如何更好地发展的问题，这在西方文化里没有答案。但我也不是说中国和印度的东方文化给了我们一个现成的答案，这还需要有识之士的不懈努力。

彼得·圣吉：我对中国的政党比较无知，但我知道，真正的学习是为国家、为社会和人类做贡献。我了解到，十年前，中国的学习型组织推广大部分都是组织内部的学习，多数是企业，后来转向学校、机关、社区乃至家庭。运用到具体的事物中，如处理水、能源、废弃物、解决贫富差距等，学习型组织可以把不同类型组织在一起，如有一个学习实验，叫"食品试验室"。全世界贫困的原因主要是食品系统，因为全球食品产业渗透到每个角落。西方工业化以来，全世界可耕土地损失50%。工业化之前农民是知道怎么来爱护土地的，但今天大的跨国食品公司为逐利而不择手段，以至于造成了人类生存与环境保护的严重失衡。

我们如何才能帮助人类社会建立一个优先选项的机制？实际上目前大多数国家都在一味地强调经济发展，盲目追求GDP。什么样的发展对社会才有真正的意义？很多人认为，企业的第一目标就是赚钱。对企业来说，利润当然很重要，但赚钱只是为了喘气吗？发展经济只为了GDP这将意味着什么？我们看经济这个词，希腊语的基本含义是一个家庭对资源的利用管理，不是浪费而是有效地利用好资源。

现在，全世界可能都面临这样一个问题，如果按照现有的方式继续下去的话，这个地球是不能支撑我们的生活的。我们要深刻反思：到底什么样的发展才是有意义？如果没有一个反思机制，我们就会陷入不断赚钱消费、消费赚钱，再赚钱消费。学习型政党就是如何让政党和社会不断地反思，到底什么才是优先选项？在学习型组织当中，这就叫共同愿景，我们共同的愿景到底是什么？知道了是什么，接下来就是怎么做。如教育、卫生、食品等问题都要很好地去解决。这就要求我们必须适应形势的发展变化，不断地调整、改变。学习型政党就是不断地反思，不断地调整和改变。

程冠军：彼得·圣吉先生，中国共产党和中国政府提出的和谐社会与科学发展观理念是对中国社会乃至世界发展的巨大贡献。中共十八大又提出了经济、政治、文化、社会、生态文明五位一体的发展总布局。对此，您怎么看？

彼得·圣吉：我认为科学发展观的一个重要精神就是可持续发展。什么样的发展才是可持续发展呢？就是怎么样使人类与大自然和谐共存。可持续发展重要的是要看整体，如果把问题看成部分或者局部的话，是不科学的，也是不可持续的。世界就是一个大的体系，每个环节都是相互关联的。如经济体、文化体、生物体等。就像看待一个企业家，不能光看他的财富，不能光是赚钱，而是在赚钱的过程中负起社会责任。一言以蔽之，这也就是我说的系统思考。

程冠军：请您详细介绍一下您的专著《第五项修炼》中，"五项修炼"之间的辩证关系好吗？

彼得·圣吉：五项修炼就像一个板凳的三条腿。自我超越、共同愿景是第一条腿，首先要激起你的热望。这就好比小孩子为什么要学骑自行车一样。这是一种动力。在组织当中我们要使大家有动力去做事。系统思考是理解复杂性，这也是一条腿。中间一条是反思，大家一起挑战自己的思考，以看清自己的心智模式就是问题的部分，这样就可以促成集体模式的开放，让大家敞开心扉，这就是

🔺作者三会彼得·圣吉

改善心智模式和团队学习，其中包括深度会谈。三条腿，少了哪一条腿也站不起来。

程冠军：在中国传统文化中，古代思想家老子关于道的思想、传统的中医理论等都是系统思考的典范。特别是当今，中国共产党提出的科学发展观、转变经济发展方式、节能减排、保障民生等思想都体现了系统思考。您所说的系统思考与中国文化中的系统思考是一回事吗？

彼得·圣吉：五项修炼中的系统思考是我自己的发现，但是我认识到在中国文化元素里有很多系统思考的东西。如果说我的系统思考有中国文化的元素，那只是我潜意识的理解。我认为，系统思考要有意识地选择一个边界，不能把宇宙的所有事情放在一起思考。今日世界有很多问题，我们关注 GDP，水的问题怎么办？用化学原料增长 GDP 的结果将是什么？全世界和中国的领导人都在进行这样的思考。

据我了解，中共的十七届五中全会对未来五年的 GDP 有不同的阶段指标，这件事情不容易！因为这在挑战我们的系统思考，挑战我们的心智模式。我同意以中国文化为代表的东方文化中有系统思考的元素，但随着工业化的发展，人们越来越脱离自然的时候，就会忘记这些基本的东西。这关乎我们跟自然的关系，这不光关乎人类，它关乎自然界所有的生命。中国的做法对于现代人怎样建立一种新的与自然相联系的发展模式，这就是一种学习的挑战，一种最重要的学习挑战。我认为中国的做法可能会帮助世界系统思考。

**相关链接：**

彼得·圣吉先生是学习型组织理论的代表人物，国际组织学习协会（SOL）创始人、主席，是美国《商业周刊》评出的"有史以来世界十大管理大师"之一。他最有影响的成就是提出学习型组织的"五项修炼"模式，即自我超越、改善心智模式、建立共同愿景、团体学习、系统思考。这一模式在全球具有广泛影响，其代表作《第五项修炼》被译成多种文字，在许多国家畅销，被媒体誉为"21世纪的管理圣经""20世纪屈指可数的几本管理经典""世界上影响最深远的管理书籍之一"。另有《变革之舞》《必要的革命》《体悟当下》等著作问世。

真正的创新是由爱开始的。只有你真正站在对方的角度感受这个东西的时候，你愿意这样做的时候，你才能够去创新。这个爱也可以说是"同理心"，或者说换位思考。你首先是需要停止内在的噪声，真正去听你面对的这个人在说什么。实质上这也是一个熔化边界的过程。

——奥托·夏莫

# 对话奥托·夏莫：
# U 型理论让学习逾越精神的鸿沟

编者按：2012 年，浙江省委组织部与清华大学联合举办了一期领导干部培训班，主题是 U 型理论。U 型理论是美国麻省理工学院的奥托·夏莫博士与学习型组织的创始人彼得·圣吉教授对学习型组织进行研究试验时，发现并开创的一个新的学习理论。在清华大学，作者与 U 型理论的创始人奥托·夏莫博士进行了深度对话。

## 为改变而学习

程冠军：我们看到，浙江省委组织部与清华大学联合举办的领导干部 U 型理论培训班收到了非常好的效果。您与彼得·圣吉先生专程来参加结业典礼，足见您对这个培训班非常重视。为什么会举办这个培训班？U 型理论是不是学习型组织的升级版？

奥托·夏莫：浙江省委组织部与清华大学联合举办的这个领导干部 U 型理论培训班，是 U 型理论第一次在中国进行试点。起因是前不久，我在印度尼西亚搞了一个试点培训班，非常成功。新加坡佳通轮胎集团的林美金女士对这个项目十分推崇，她是在参加了印尼的学习之后，感觉收获非常大，才决定把这个项目介绍到中国的。U 型理论在非洲、欧洲、南美、印度尼西亚、美国等 50 多个非营利组织里都做过测试，均取得了非常满意的效果。U 型理论可以说是学习型组织的深化和扩展版，它不但包含了学习型组织的内容，而且还有更深更广层面的东西。U 型理论在更深的层面上深入到一个人的觉察和意识，在这个层面上去讲，一个有效的领导人必须打开思维，打开心灵和打开意志。U 型理论是让我们从更广的层面上进行跨界合作，解决社会的系统问题。

这次在清华设立浙江干部的培训班的确是一个创举。我们这次培训整个课程的编排也是一个 U 型，我们先是在清华启动了整个项目，然后深入与麻省理工学院的世界顶级科学家和专家们进行了座谈，再到中国的普陀山沉淀，进行独处之旅，最后就是面临的社会问题开展原型项目。整个四个月的探索之旅，目的是让学员在新的环境里去聆听，去换位思考，然后进行个人反思。每个学员改变都很大，都发挥了自己的创新的勇气，发挥了自己的执行力和领导力。因此在这次课堂里播下的种子也一定会生根发芽，成长壮大。

领导力需要联结头脑的智慧与心灵的智慧——打开思维，打开心灵，打开意志。我们这次对浙江干部的培训，学员们一共做了五个案例，都是用 U 型理论来解决问题的，试验结果表明很成功。现在，我们在浙江的临安建立了一个观测点，我们将继续检测、跟踪。

# U 型理论的提出

程冠军：您的 U 型理论提出来有多少年了？U 型理论与彼得·圣吉先生的《第五项修炼》有什么不同？一个团队组织，是不是可以先导入学习型组织的理念，然后再加上 U 型理论？

奥托·夏莫：U 型理论真正提出来是 1999 年。我本来是德国人，33 岁的时候移民到美国。我研究 U 型理论是从零开始，一步一步建立系统，然后是实验、调研、实践、应用、培训等。首先是共同设立，换位思考、聆听，然后把这些东西综合起来，然后在当下去冥想、静思，之后建立原型，建立原型之后，先在小范围内测试，然后再到大范围推广，这样才会产生有创意的思想。

U 型理论与学习型组织理论是互补的。我是在彼得·圣吉《第五项修炼》的基础上进行了创新。如果学习者本来就已经知道《第五项修炼》了，那更好。如果他们不知道《第五项修炼》，就从 U 型理论开始也 OK，因为 U 型理论是一个独立完整的系统。U 型理论更多的是关于怎样创新及系统创新。关于 U 型理论，我有两本书，第一本是和彼得·圣吉合著的《第五项修炼·心灵篇（Presencing）》，另外一本是我自己写的《U 型理论》。现在已经在中国出版，但翻译方面有待改进，现正在做第二版的翻译，会很快与读者见面。

18 年前，在学习型组织刚刚开始发展的时候，我在麻省理工学院参加了彼得·圣吉创建的学习中心。那时，我就发现彼得·圣吉在做案例应用的时候，有些案例很成功，也有一些不成功。这时我突然想，一样的工具，为什么有些组织就能成功，有些组织就不成功呢？答案是：一个领导者，如果他想做出改变就会成功，否则就不会成功。一个领导者能否创新，也是取决于他的内在。一说到领导者的领导力，我们就说这个领导做了什么，怎么做的？U 型理论不是看做什么，

▲U 型理论课堂上的图表

怎么做？而是让我们进入更深层次的"源头"去怎么做。彼得·圣吉和我在过去几年所做的研究发现：学习是从两个点产生的。不同的源头也就产生了两种不同的学习过程。这两个源头一个是过去，一个是未来，也就是说一类的学习是从过去的学习，一类是从未来的学习。学习型组织的学习是向过去学习，经验式地学习。面对当今的挑战，只是从过去学习是不够的。所以过去 15 年里面，我所研究的课题是如何在未来呈现的时候，从未来学习，来解决未来的问题。

## U 型理论的四个层面

**程冠军：**我有一个疑问，未来是还没有发生的事物，我们怎么可以向没有发生的事物学习呢？是不是让我们通过学习发现未来？这是不是属于未来学的范畴？

奥托·夏莫：未来是还没有呈现的东西，我们怎么从未来学习呢？我在调研150多位当今世界上的创新家、思想家们的时候，他们都问了同样的问题。在对他们的调研当中我发现，这些成功者不只是从过去的经验学习，更重要的是他们会在未来趋势初露端倪的时候去感悟，然后再做出决定。

U型理论不是发现未来，而是去感知未来。你必须停下脑子里旧有的模式、经验，然后沉浸到现在的"场"里，观察、观察、再观察。当你一个想法的火花迸发出来的时候，你快速行动去做一个原型，去检验、修改，检验、修改，再检验、修改。从检验、修改的过程中得到反馈。未来学是从过去延展到未来，U型理论是和"当下"连接，然后再对突发的事情去做出决定。U型理论有多个利益相关者，它能够使你进入到一个更深层次的反思，然后再有所创新地做出决定。

我们一般解决问题的方法，是出现了问题，马上想以前的经验是什么，然后做决定。思维是从A到B一条直线。U型理论则不然，一旦情况出现，你先沉静下来观察，和自己的内在联系、反思，然后再去做决定。这就是为什么叫U型的原因，U不是一个直线，是先沉淀再上升。

U型理论中有关于改变的四个层面。第一层是被动反应(re-acting)。我们的习惯性思维是由固有的架构产生的。一个人如果保持习惯性思维，就没有真正的思考和改变。通过观察，你开始去看外边真正发生什么了，了解你的利益相关者真正需要的是什么？你学会观察，然后开放思维。你进到观察这个层次，你才可以看到新的东西，因为你开放了你的思维，你看到了之前你不知道的东西，才能进入到第二个阶段。第二层是改变系统（re-framing）。如果打破原来的系统和架构，重新设计一个系统，结果就不同。改变系统比经验主义进了一步，但是还不能彻底改变思维，还是外在的，依然是表象。这就需要我们重新改变视角，换框，重新生成。第三层是改变框架（re-framing）。彼得·圣吉就提出来改变改善心智模式，这也就是"第五项修炼"之一。我认为改变这个还不行，还要改变框架。第四层是重新生成（re-framing），也就是去联结"源"。《第五项修炼》里没有进入到第四层"源"。

U型理论还有一个"场"的概念，当我们进入到四个不同层面的时候，其实有四种不同的"场"。在现实中，我们绝大多数的改变都是在一、二、三层。习惯停留在"下载"层面，只看到自己想看到的，只允许自己看到旧有的东西，包括彼得·圣吉的学习型组织理念，也只是到三层就停止了。我们只有进入第四层，才可能实现创新。"苹果"公司的创新，就是从第四层来的。我们要应对当今复杂的挑战，成败就在于你是否能真正改变，是不是打开了意志（Open Will）。改变不仅要打开心灵，还要打开意志。评价领导力的指标不仅仅是看他的心灵和头脑，而是看他是否可以改变意志。

## 打开心灵和意志

程冠军：我们很多时候是停留在经验主义的思维模式里。中国在搞改革开放的时候，先是有真理标准讨论，才有了拨乱反正和改革开放。由此可见，要想实现改革开放，首先是要让思想冲破牢笼。

奥托·夏莫：冲破牢笼，简直太完美了！通常，我们看到的现状，往往是外在的表象。过去我们是一个下载的状态，我们已经习惯像电脑"下载"这样机械的思维。就好像给自己设立一个牢笼一样，局限在这个圈里，有了东西你就条件反射一样开始了。那么这个组织就像牢笼一样，把你圈得死死的。然后，你就在这么一个小圈里面就去反映。就这样一种下载状态。下一个层面是什么？你必须要停止这种条件反射一样的"下载"。当你面临一个挑战、一个问题的时候，你要

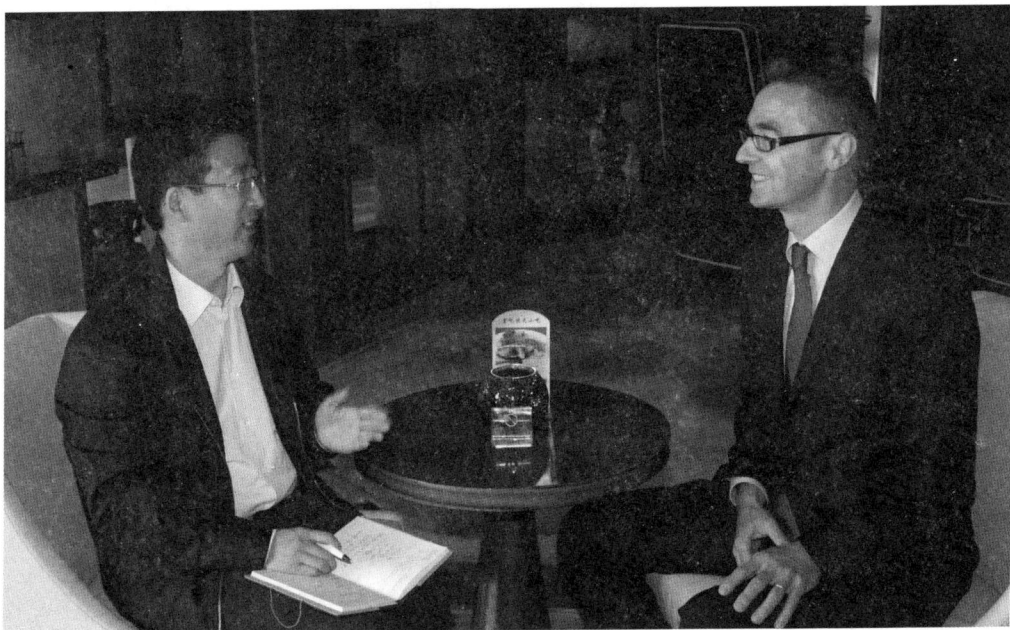

⏺作者与奥托·夏莫博士对话

先定下来，进入到当下，然后去反思，去观察、观察，然后反思，然后你去做出一个决定再上来。当你去观察、观察、观察的时候，你其实去到这个系统里所有的点，你和所有的利益相关者去谈，包括以前被忽略的东西。

一个优秀的领导人必须学会聆听，用同理心去聆听。通过四个层次的聆听，打开你的心灵，这样你的思维就开放了。原来你只是去观察，没有真正把心打开。现在，你进入到对方的角色换位思考，再去看待这个事情。这时你会考虑你的客户。比如说你要解决的是用电的问题，你首先要从老百姓角度去看一下，或者从弱势企业的角度看用电的问题。所以我们必须开放自己的心灵，然后用同理心去聆听，让思想冲破牢笼。

程冠军：我们是不是可以用一个灯泡来比喻，一个灯泡突然不亮了，我们的习惯思维是从表层即从灯泡的玻璃、钨丝、电线这三个层面去检查，结果都查不出原因。实际上，我们忘记了源头，电源是否有电？所有的问题都解决了，没有电，等于零。

奥托·夏莫：您这个比喻太形象了！学习型组织并没有真正分清楚三、四层的区别是什么。但是 U 型理论把三、四层区别开，直接和源头连接，这就有力量了。第四层其实就是从当下去知道正在生成的未来是什么，就是感知未来。比如，一个很好的老师是怎么看待自己的学生呢？并不是看他的过去，而是看这个学生生成的未来是什么，这才是一个好的老师。所以，我们要学会与正在生成的未来去连接，与这个无所不知的源头在连接。

真正的创新是由爱开始的。只有你真正站在对方的角度感受这个东西的时候，你愿意这样做的时候，你才能够去创新。这个爱也可以说是"同理心"，或者说换位思考。你首先是需要停止内在的噪声，真正去听你面对的这个人在说什么。实质上这也是一个熔化边界的过程。边界没有熔化之前，你是你，我是我，熔化边界之后，大家就进入一个共同的"场"里。熔化边界的前提是你必须开放心灵，消除边界障碍，去同理对方，放下你过去的一些经验，放下你过去的一些想法，在当下，和源头连接。你只有在当下，才能和这个无比丰富源头去连接。

可以说，在现实社会里，任何工作、任何职位都有多个利益相关者。基本上所有问题的解决，都和诸多的利益相关者有联系，任何决定的产生也都是由这个关系决定的。如果真正地想要去解决问题，就必须要能够去感受，去同理到对方在想什么，即使你和对方的想法是不一致的。如果不了解对方的感受，就不可能在这么多利益相关者当中做出一个很好的决定。如果你想做一个非常好的决定，即使你不喜欢对方，也必须有能力去感受对方。

# 寻找事物的本源

程冠军：我觉得 U 型理论是透过现象看本质，它和中国的"道"联系非常密切。老子说，道生一，一生二，二生三，三生万物。道就是"本源"或"源头"。中央党校研究学习型组织的专家钟国兴教授提出"裸面学习"的概念，他认为我们每个人都戴着面具，比如说您是一个企业的董事长，我是部门经理，你的面具就是董事长，我的面具就是部门经理，那么，我们两个人之间就很难达到自由沟通，要说一些虚伪的假话。把我们两个人的面具都摘掉了，我们就可以达到心灵的沟通。

奥托·夏莫：我赞同钟国兴先生的观点。可以说，U 型理论的实质就是中国文化——透过现象看本质。但是这个本质是一个深层次的本质，并不是容易发现的。在 U 型理论里面，有一个词——源头，源头其实就和道一样，它是从中国的道中来的。我去过很多国家，与很多不同文化、不同行业、不同层次的人去沟通，大家都有共识。第四层是什么呢？感知周围，感知周围，再感知周围，然后回到你的中心。然后从这儿开始做出一个决定，这个决定可能和原来的相反。但这一切都是从中心的"源"而来，可能这个结果和第一层完全相反。但这是外面的信息进来之后，然后再到中心"源"之后你再做的决定。

U 型理论有三个显著特点。第一，它是一个理论架构，这个架构是让我们学会从问题的第四层、从源头去看问题，而不是从原来的经验里去看问题。第二，它是一个方法论。无论是个人、团队、组织，或者一个系统，怎么连接第四层源头然后去做决定，很关键。第三，它是一个人的存在。U 型理论教给我们怎样去打开思维，打开心灵，打开意志，做一个真我。

在一个团队小组里，你说的话并不是你真正想的，而是对方想听的。你问我

"你好吗?"我回答说: "我很好!"这个回答并不是发自内心的。在企业里,员工所说的话都是老板想听的。老板问员工好不好? 员工当然说好。这样的员工就能够通过考试,就能够升级。这对个人来说是 OK 的,但是对于整个组织来说是无益的。所以,我们要鼓励团队组织的成员讲真话,要有争论。你就好像在一个乐队或在一个体育队里,不只是你一个人,你是在一个场里面。进入了这个场,就进入到了这个源头。当你到这个源头的时候,你是感觉到了这个正在生成的未来是什么,然后你就可以去做决定。总之,U 型理论是建立在和本源的连接基础上的,当每个人都和这个源头连接的时候,创新的一种新型架构就出现了。U 型理论架构实际上是 5 个小迷你 U 组成的一个大 U。操作方法是把所有利益相关者召集到一起,设立一个场,看看大家需要问什么,然后共同设立一个项目,建立一个原型。

## 逾越精神的鸿沟

程冠军:您在 U 型理论里经常使用"原型"这个词。您能解释一下"原型"这个词吗? 另外,我感觉"U"本身就像一个微笑曲线,5 个小的"迷你 U"再组成一个大的微笑曲线,很有启发。是不是可以这样说,一个团队组织实现了 U 型思维之后就可以微笑了?

奥托·夏莫:原型这个词,我们现在的英文翻译是 Prototype 原型、雏形、蓝本。原型最重要是时间过程。试点改良,再试点改良,再试点再改良,然后推广。对于中国人来说,原型是个比较新的概念。中国人更多的是悟,我坐在这儿想明白再做,这不是一个实干的做法,原型则注重实干。从这个意义上讲,原型更像一个特定词。这个原型是什么呢,原型就是你在动手的过程中学习,创造并且去适应、去改良，创造改良，再创造改良，这样你才能够很快得到反馈。原型就是你原来有一个设想，然后再去测试、调研，然后改良。然后再测试，再调研，再改良。最后出现一个 U 型才是你比较满意的，然后你再试点推广。比如说，我想改变社会的医疗系统，我不会马上出台政策改变整个系统，而是找一个小的地方做试点，得到反馈后再与医疗保险的受益者、医院和保险方以及所有的利益相关者去讨论、去调研。这样，我再得到的反馈，可能会把原来的想法颠覆了。然而这个试点就是原型。原型是改变几次之后形成的一个成熟的东西，然后我们再把它推广开来。

您把迷你 U 比喻成微笑曲线，太形象了。U 型理论的核心是：共同开始，共同感知。共同感知是用融合的方式来实现的。社会好比一个大剧院或剧场，在这个"场"里你的感受是什么，你要站在不同的利益相关者的角度去感知。在这一环，怎么样聆听很重要。不聆听，你就无法打开自己的心灵，打开自己的意志，从而你就不能有一个真正的新的生成。聆听是在 U 的最底部，然后和源头去连接，去反思当下。比如，我们在这次浙江干部的培训班设立了一个关于老年人养老问题的试验。过去，我们的做法可能只是政府和企业在做，老年人只是站在边上。用了 U 型理论以后，你就可以进入到场里，去聆听老年人想要的是什么，站在老年人的角度去感受问题，然后再进入到当下，感受这个源头。在这个场里，每个人都扮演一个角色，自己进入到这里面感受对方。进入到场之后，组织形状就变了。政府要换位思考，老年人感觉到自己在这个场的中间。这样得出的养老问题的解决方案就是一个成功的方案。

U 型理论所倡导的是横向沟通、跨界合作的共创精神。当今世界，各个国家民族文化都在面临三个挑战：①生态鸿沟的挑战：日趋严重的生态破坏（自我与自然的分离）。②社会鸿沟的挑战：社会分配不公，两极分化（自我与他人的分离）。③精神鸿沟的挑战：财富并不代表幸福（自我与自我的分离）。

两千五百年前，中国有孔子和老子，印度有释迦牟尼，之后的柏拉图和亚里士多德奠定了西方文化的基础。这个时期叫作轴心时代。我相信我们今天又迎来了一个新的轴心时代，一个旧时代即将结束，一个新时代已经开始。正在结束的旧时代是由西方的简单现代化衍生出的分裂工作的时代；正在开始的是一个由分到合，横向沟通，跨界合作的时代。和谐社会的建立需要我们逾越鸿沟，建立桥梁。我认为这只能通过融合西方科学、东方智慧和深层次的组织创新来实现。

**相关链接：**

奥托·夏莫，《U型理论》创始人，麻省理工学院斯隆管理学院高级讲师，组织学习运动先驱，在当下研究所的创始主席。同时也是赫尔辛基经济学院创新与知识研究中心客座教授。奥托·夏莫博士是学习型组织之父——彼得·圣吉的合作伙伴，他与彼得·圣吉合著的《第五项修炼·心灵篇》一书，深受业内人士好评。曾为戴姆勒、普华永道、富士通等公司合作设计并实施了一系列广受好评的领导力项目。

《对话奥托·夏莫：U型理论让学习逾越精神的鸿沟》一文在采访当中得到了新版《U型理论》一书的审校著名培训师徐莉俐女士的热情帮助。本文曾发表在《学习时报》，并被收入浙江人民出版社出版的新版《U型理论》一书。

　　学习型组织的目的是升级。学习型组织要解决什么问题？有人说，要解决学习的问题，这个回答是过于表面。因为学习不是目的，而是一种手段。学习是为了什么？为了每个人乃至整个组织的能力达到一个更高的层次，这就是升级。

——钟国兴

# 对话钟国兴：学习的目的是升级

**编者按**：钟国兴，中央党校报刊社总编辑、博士生导师，"升级理论"创始人，中国学习型组织、学习型政党、学习型城市、学习型企业、学习型社会首席专家。著有《社会选择论》《重画世界》《升级才能生存》《带着问题学》《链式学习法》《找点》等多部专著。为了准确无误地理解学习型政党和学习型组织，作者采访了钟国兴教授。

**程冠军**：近年来，学习型政党和学习型组织已经成为社会广泛关注的热门话题，各地争相创建学习型组织、学习型党组织。您早就被社会上称为"钟学习"，我想首先请您谈谈什么是学习型政党和什么是真正的学习型组织？

**钟国兴**：学习型组织是信息化时代的重要理念，在国外已经流行二十多年，在中国也流行了十几年。党的十七届四中全会进一步强调"建设马克思主义学习型政党"，并且将其作为"重大而紧迫的战略问题"之后，人们更加关心这个问题。后来中央又对这个问题一再强调。它需要我们明确的回答，真正弄清楚。

　　要弄清楚什么是学习型政党，就必须弄清楚什么是学习型组织。学习型组织是一个新的理念。从 20 世纪中期起，西方管理学界就对组织学习进行研究，在这一基础上，1990 年美国学者彼得·圣吉出版了《第五项修炼——学习型组织的艺术与实务》一书，此书的畅销使得学习型组织理念在世界上得到了广泛传播。其实学习型组织也叫组织化学习，两个是一回事，这涉及一系列学者和管理学家研究的理论和操作模式。由于彼得·圣吉这本书用了"学习型组织"这个词，所以后来叫作学习型组织。许多人以为学习型组织就是《第五项修炼》，这就像是把汉堡当成了全部西餐一样，是一种狭隘的理解。

　　程冠军：我发现，您在讲学习型政党和学习型组织的时候，常常把它们与全球化、信息化联系在一起。学习型组织这一新的理念的产生与全球化信息化有什么样的内在联系？

　　钟国兴：学习型组织的研究和传播同信息化发展是同步的。学习型组织这一理念其实是信息化的产物。因为信息化一方面使得知识更新加快，另一方面信息化及与其密切相关的全球化使得每个组织每天都面临新的问题挑战，这两个因素使得人类的学习在发生全面的转型。转型之一是以书本为中心的学习转向以问题为中心的学习，因为学习必须是为解决问题而进行的；转型之二是以提高素质为目标的学习转向以提高能力为目标的学习，因为要解决问题仅仅有高素质是不够的，还要转化为高能力；转型之三是个人化学习转向组织化学习，因为整个组织面临的问题需要大家的群体智慧来解决；转型之四是灌输式学习转向研讨式学习，因为灌输式学习无法达到解决问题的目的；转型之五是人生的一个阶段的学习转向终生学习，因为仅仅一个阶段的学习已经不够了。所以，代表这种转型趋势的组织化学习（后来称之为学习型组织）的理念和理论应信息化之运而生。离开信息化带来的学习大转型，就不可能真正理解学习型组织这一新理念的实质。就像是离开气候，你就无法理解我们为什么要穿短袖衫一样。

不理解学习型组织理念的实质，也就无法准确理解学习型政党这一理念的新意，因为学习型政党的理念是中国共产党以开放的胸怀接受的信息化背景下的世界先进理念，是运用学习型组织理念创造性地提出的党的建设理念。也就是说，学习型政党是学习型组织的一种，它在三个方面和学习型组织是根本一致的：时代背景一致，基本理念一致，围绕问题的组织化、研讨式学习方式一致。也就是说，信息化潮流对于组织学习的基本要求我们都不能不具有。尽管学习型政党具有很强的政治特性，但是我们不要因为政治的特性而忽视或否认其一般的学习型组织实质。如果建设学习型政党名不副实，不是真正的学习型组织，那么对于中国整个学习型社会建设的负面影响将是巨大的。

**程冠军**：学习型组织理论自传入中国之后已经持续了近20余年的时间，随着学习型政党理论的提出，学习热持续升温。您认为这种学习热还会持续多久？

**钟国兴**：学习型组织理念能够风靡全球，持久不衰，并不是因为有关理论多么完善，甚至也不是因为它在实践上已经多么有效，更不是仅仅因为政治家、管理学家重视和提倡，而最根本的原因在于这是一个必须学习和创新的时代，必须改造传统学习方式的、必须进行组织化学习的时代。学习型组织的生命力在于信息化和全球化，这一理念反映了后者的根本要求。因此只要信息化、全球化持续发展和深化，学习型组织及其相关理念就会受到人们重视，就会有无限的生命力。

现阶段，学习型组织的生命力刚刚焕发出来。创建学习型组织，而且创建之后还要发展学习型组织，促进学习型组织成长，不断经营学习型组织，这是时代的潮流。这个潮流刚刚开始，它永远不会有结束，更不会草草结束，除非它被伪学习型组织的滥竽充数搞得令人厌恶了，可能会出现暂时的低潮。

**程冠军：**您在研究彼得·圣吉学习型组织和其他组织学习理论的基础上提出了升级理论，出版了专著《升级才能生存》等一系列著作，在社会上产生较大反响，请您谈谈升级和学习型组织之间的关系。

**钟国兴：**学习型组织的目的是升级。学习型组织要解决什么问题？有人说，要解决学习的问题。这个回答是过于表面。因为学习不是目的，而是一种手段。学习是为了什么？为了每个人乃至整个组织的能力达到一个更高的层次，这就是升级。

许多人以为企业之间最剧烈的竞争是产品质量的竞争，是市场占有率的竞争，其实都不是。21世纪最剧烈、最残酷的竞争是升级的竞争。例如甲企业和乙企业都是生产电脑的。甲企业生产的是"奔4"产品，乙企业生产的是"4核"产品，那么甲企业的产品做得质量再好，也竞争不过乙企业。因为人家是升级产品。其实企业之间不仅仅是产品升级的竞争，还有技术、人才、经营、管理、组织模式等方面升级的竞争。仅仅有升级的产品，而没有其他方面的升级，最后也不能形成整体竞争力，在竞争中也会被淘汰。其实何止企业和军队，其他组织以及小到个人、大到国家，不是也存在着这样的升级竞争或升级问题吗？在世界军事竞争中，人家的军队装备升级了而你没有升级，那么在战争中你很可能会失败。但是如果仅仅装备升级了，你的指挥系统、战略、作战方式上没有升级，也会在战争中落败。大而言之，我们国家进行现代化建设、全面建设小康社会，也是要实现国家能力和人民生活水平的升级，中国共产党强调提高执政能力、与时俱进也是要在先进性、执政能力和执政方式上升级。从哲学上说，升级是这个时代的核心问题、核心理念。把升级作为一个21世纪最为具有时代特点的核心问题，重视它、研究它，才能让一个人、企业、政治组织、社会组织、政党乃至国家，立于不败之地。

信息化、全球化时代，任何组织都要不断在竞争中自我提升，从一个低层次达到高层次，否则就无法生存，更不可能在竞争中形成和保持优势。这种从低层次到高层次的过程称为升级。只有一个组织不断实现各个方面的升级，提高效率、效能，经济组织才能创造更高的利润，政治组织才能实现政治目的，社会组织才能向社会提供更好的服务。

**程冠军**：彼得·圣吉先生的"系统思考"与您的"升级"理论是否有异曲同工之妙？您提出要提高团队智商，建立自由团队和双型组织，这与"系统思考"有什么内在联系吗？

**钟国兴**：当然有联系，但也有区别。市场经济加信息化、全球化时代，每个人、组织、政党、国家都必须不断地升级。每个人的素质能力要升级，企业的产品、设备、技术乃至经营、管理、组织结构要升级，经济上产业结构、发展方式要升级，国家的现代化，人民生活实现基本小康、全面小康是升级，中国共产党提出与时俱进、先进性，也是要解决自身的升级问题。升级是这个时代的核心理念，不升级就要被淘汰；升级才能生存，只有更快地升级才能更好地生存和发展。升级必须有条件，就是必须学习，必须系统思考，光有学习和系统思考还不够，要提高团队智商，建立自由团队和双型组织。

彼得·圣吉把学习型组织的目的解释为"让每个人活出生命的意义"，其实这也是让每个人释放出生命的能量，推动组织升级。他搞的"世界咖啡"式的研讨，也是我所讲的自由团队的一种。当然，双型组织他没有讲，我觉得学习型组织必须有其"型"，也就是有其组织结构，这就是"双型"结构。

**程冠军**：21世纪是学习的世纪，也是升级的世纪。彼得·圣吉先生的理论是"不学习就死亡"，您的理论则是"不升级就淘汰"。您提出的"升级才能生存"

理念，这个理念连续数年被新浪网和美国《世界经理人》杂志中文网站列为"管理十大关键词"之首。那么怎样才能升级？

钟国兴：学习是升级的前提。只有学习才能创新，才能从低层次到高层次升级，学习是升级的重要途径，所以才必须创建学习型组织。因此，学习的目的是为了升级，创建学习型组织的目的也是为了组织的升级。

学习型组织的实质是什么？学习型组织是一种能够自我学习、自我升级的组织，它能够通过组织化的、互动式和研讨式的学习，以及对学习的科学管理，提高团队智商和团队能力，突破自身和外部障碍，实现自身的不断升级，从而在不断变化的环境中，创造并发展自身的优势的组织。学习型组织是这个时代组织各个方面升级的需要，学习型组织的目标就是组织各个方面的升级。

也许有人会说，学习型组织最终是要提高组织的效率，对于企业来说是创造更高的利润。这种说法并没有错，但是一个组织的各个方面不能及时升级，就谈不上真正的效率，企业也谈不上创造更高的利润。因此升级是学习型组织的直接而重要的目的。只有解决了升级问题，一个组织才更加具有竞争力，才会有更大的成功。如果创建学习型组织不能解决组织各个方面升级问题，那么这种创建活动就是失败的，这种学习型组织就是假的。从这种意义上说，学习型组织必须是升级型组织。当然，我还围绕升级问题提出了一系列理念和方法，这些理念和方法并不局限于学习型组织内容。

彼得·圣吉把学习型组织的目的定义为让每个人活出生命的意义，这样的说法没有错，然而并不是联系信息化、全球化的大背景的阐述，有深度但是不精准，因为并没有准确说出组织本身要达到什么状态，因此还是"升级"更恰当。

程冠军：党的十七届四中全会把建设马克思主义学习型政党作为一项重大而紧迫的战略任务。党的十八大又提出建设学习型、服务型、创新型马克思主义执政党。学习型政党与学习型组织是什么关系？建设学习型政党具有什么样的理念？学习型政党又有哪些主要特征？

钟国兴：学习型政党是一种特殊的学习型组织。学习型政党是政治性的学习型组织，它具备学习型组织的基本特征，又有其特殊性。

进入 21 世纪，党中央提出创建学习型社会之后，又提出了建设学习型政党的理念，中国要创建学习型社会，就必须首先要建设学习型政党。因为在信息化、全球化和市场经济时代里，作为执政党的中国共产党自身不成为学习型组织，就无法应对来自多方面的频繁的问题挑战，更无法领导中国创建学习型社会。

前面已经讲到，建设学习型政党，是中国共产党人以开放的胸怀、全球化的眼光，从国外引进一系列关于"学习型"的理念之后，将其运用于党的建设，提出来的新理念。我们不能把这一理念简单地看作中国共产党自身所固有的，也不能理解成学习型政党要简单地照搬国外学习型组织的理念，包括第五项修炼等。

学习型政党既是一种学习型组织，又是特殊的学习型组织。其特殊之处在于，党是一个政治组织，中国共产党是马克思主义政党。政治性是学习型政党的突出特性，中国共产党建设学习型政党就是为了保持先进性，有其独特的要求和任务，因此十七届四中全会提出建设学习型政党的四条要求"科学理论武装，具有世界眼光，善于把握规律，富有创新精神"，同时提出了四个方面的政治任务。

学习型政党的特殊性在于其政治性，体现在政治目的、政治要求和政治任务上，而不在于其学习方式和方法如何独特。建设学习型政党的政治目的是什么？是提高执政能力；建设学习型政党的要求是什么：四中全会讲得非常明确："科学理论武装，具有世界眼光，善于把握规律，富有创新精神"。第一点是政治理论学习的要求，第二点是信息化、全球化时代学习和把握世界潮流和各种现代知识的要求，第三点是理论、知识和现实相结合，从而把握实际规律的要求，第四点是不断创新从而解决组织升级的精神状态的要求。同时，四中全会还提出了四个方面的政治任务。这些，都不是一般学习型组织所具有的。

对于学习型政党，我们既要重视其学习型组织的一般性，又要特别重视其特殊性。如果只是强调学习型政党的特殊性，而去排斥其学习型组织的一般性，无视时代对于学习方式、方法以及与之相应的团队形式、组织结构的要求，仍然简单地延续传统的学习，也不会建设成为真正的学习型政党；如果忽视其政治特性而把中国共产党当作一般的学习型组织，那么建设学习型政党就会迷失方向。

**程冠军：**《第五项修炼》被誉为21世纪屈指可数的管理类经典书籍之一，并被一些媒体评为过去75年最具影响力的管理类图书。是否一定要符合该书中所谓的五项修炼才是学习型组织？

**钟国兴：**并非符合"五项修炼"的才是学习型组织。《第五项修炼——学习型组织的艺术与实务》一书，是学习型组织的倡导者、美国学者彼得·圣吉的著作。这本书提出的"五项修炼"是：自我超越、改善心智模式、共同愿景、团队学习、系统思考。书名之所以叫作《第五项修炼》，是因为彼得·圣吉认为系统思考是贯穿于其他四项之中的，是最重要的一环，是灵魂。

《第五项修炼》是关于学习型组织一本重要的著作，它第一次系统地阐述了关于学习型组织的主张，而且提出了"五项修炼"这一修炼模式。《第五项修炼》一书出版之后在许多国家都成为畅销书。这本书最成功之处是传播了学习型组织这一理念，从而形成了一股创建学习型组织的世界性潮流，这是其巨大贡献。

有许多传播《第五项修炼》的人，在回答什么是学习型组织问题的时候，总是回答：做到第五项修炼的组织就是学习型组织。这种回答是错误的，至少并不完全正确。因为学习型组织是时代的产物，彼得·圣吉只不过应时代的要求比较系统地阐述了他关于学习型组织的观点，他给出的只不过是关于学习型组织的一种初步的模式。事实上，在他的前后，西方有许多学者，例如佛瑞斯特、阿吉瑞斯、托夫勒等都在研究和倡导组织化学习（也称为组织学习）。而且，有的组织化学习理论比第五项修炼在某些方面更为实用、更能解决问题，如行动学习法、双环学习等。其实学习型组织就是组织化学习，我们不要因为组织化学习后来被称为学习型组织——就以为学习型组织理论只有《第五项修炼》。而且，哪种理论模式比较好，并不在于它如何流行，而在于两个方面：第一，它是否反映了信息化、全球化时代对于学习的革命性的要求；第二，它是否能够实实在在地解决问题，在中国特别是要解决形式主义学习的问题。

学习型组织这个概念提出时间并不很长，而且学习型组织的创建特别是发展，应该是没有终结的，《第五项修炼》之前有很有价值的理论模式，之后也会出现更有价值的理论模式。《第五项修炼》提供的只是一种模式，这种模式肯定是需要发展、修正和完善的，甚至可能某些方面会被淘汰。认为只有按照《第五项修炼》来做的组织才是学习型组织，这等于宣告《第五项修炼》提供的是学习型组织的唯一的、不可改变的模式，学习型组织不需要发展、创新，这样的僵化观念并不是真正的学习型组织的观念。对于马克思主义我们都不能以教条的方式对待，对于《第五项修炼》就更不能这样。那些致力于传播《第五项修炼》的人，对推动中国社会的学习型组织建设做了极为有益的工作，但是其中一些人到处讲它是唯一正确的模式，是极为简单、教条的，从长远看来对推动学习型组织建设有害无益。

对于学习型组织，我们既要承认《第五项修炼》的重大的、创造性的贡献，在把握信息化、全球化背景下学习型组织的实质的基础上，在建设学习型组织、学习型政党的过程中借鉴其有价值的方面，又要破除对它的顶礼膜拜式的迷信，要在广泛引进国外学习型组织的理念、方法，不断解决中国学习上存在的实际问题过程中，寻求学习型组织更有效的模式，实现学习型组织理论和模式的创新。

程冠军：您提出了"团队智商"这个重要理念。其实学习型组织所倡导的学习就是通过团队学习，提高团队智商。一个团队，即使每个成员都是高智商的人，但如果他们的智商相加之和并不高，这个团队就没有战斗力和生命力。是这样吗？

钟国兴：是的，您的比喻很好。一个团队，即使每一个成员的智商都很高，但如果它的团队智商较低的话，就是愚蠢的组织。

其实彼得·圣吉的理论也强调这一点，只不过被翻译为"提高群体智力水平"，这样的翻译是不是很啰唆？所以我把它叫作团队智商。

🔊 作者聆听彼得·圣吉先生、钟国兴教授对话

　　怎样才能提高团队智商呢？那就要建立自由团队和双型组织。当前，管理学界有两种现象：一种是过分地强调绝对执行，认为执行力强才是最好的团队；另一种是强调团队的自由发展，组织没有权威，团队成员有足够的创新空间，这样团队智商高了，执行力却降低了。现在，我们最需要做的就是让二者完美地结合起来，这就是我提出的双型组织。也只有双型组织才可能是一个高智商、高执行力的团队。

　　学习型组织的核心问题是团队智商。学习型组织是信息化、全球化的要求，而信息化、全球化要求经济、政治、社会、军事等各种组织具有更高的团队智商，也就是要团队更加聪明。这是因为：

　　第一，信息化要求提高团队智商。人类自从用计算机网络处理信息之后，一个组织需要处理的信息量成千万倍地增加，没有任何一个人能够完全掌握对组织的全部有效信息，最高领导垄断信息的局面被打破了。因此组织中的每一个人，都可以思考组织的生存和发展问题，整个社会的发展趋势就是各种组织千方百计地提高团队智商。在这种情况下，一个组织如果大多数人的智能不能发挥出来，那么这个组织的智能就无法应对这个时代的要求。

　　第二，环境的剧烈变化要求提高团队智商。信息化、全球化和高科技的发展，使得这个世界变化越来越快、越来越复杂，每天都有新的事物、新的问题出现，任何一个组织要生存和发展，就要对这种迅速的变化和复杂的局面不断地做出恰当而迅速的反映。要做到这一点，仅仅靠组织中少数人的研究和应对问题是不够的，必须发挥每一个人的智慧，进行全方位的应对。

　　第三，信息化、全球化使整个世界联系更加紧密化、快速化，各个方面的竞争更加激烈。许多昨天还如日中天的组织，今天可能忽然意识到自己已经被淘汰。这种前所未有的激烈竞争，仅仅以传统的少数人智慧来应对已经远远不够了，也要求提高团队智商。

总之，在这个时代里，低智商组织将被迅速淘汰，高智商的组织才能够抓住机遇，不断发展和进步，才能不断升级。

不重视团队智商的不是学习型组织。团队智商在学习型组织理论中，按照逻辑应该是整个理论的核心问题。但是许多人以为学习型组织的核心问题是学习，其实这种观点是错误的。因为学习任何时候都需要，问题是学习的直接目的是什么？学习如果是为了更好地服从权威，如果仅仅是提高效率，那么这种学习并不是信息化、全球化时代所要求的学习。在信息化、全球化时代，学习是为了提高整个团队智商，让整个组织变为一个智慧的组织。离开这一点，搞学习型组织就一定会南辕北辙。

因此，建设和发展学习型组织，一定要紧紧地围绕提高团队智商展开。低智商的团队，无论学习活动开展多少，也绝对不是学习型组织。

近些年党的文件反复强调加强党内民主，这是和建设学习型政党相一致的。试想，如果我们在学习和研究问题上，都不能实行真正的民主，那么党内民主建设还能做到什么呢？就会成为一句空话。加强党内民主，就要从建设学习型政党做起。

程冠军：有些专家一谈学习就是读书、看报，通过学习提高自己的知识面。这种认识曲解了学习型组织的本义？您认为学习型组织的学习与我们传统意义的学习有什么不同？或者说学习型组织开展学习的切入点或起点是什么？

钟国兴：学习型组织的起点是找问题。信息化时代学习的特点是什么？是研究问题和解决问题。一般的学习型组织如此，学习型政党更是如此。因为作为执政党的中国共产党，每天都面对大量问题的挑战，建设学习型政党就是要解决这些问题，并且领导整个社会来解决问题。

要研究和解决问题就应该首先找到问题，因此找问题是创建学习型组织的第一个关键性环节。世界上许多组织的学习都是从找问题开始的，例如搞学习型组织最早的美国通用电气公司，在韦尔奇时代就是这样做的。韦尔奇针对旗下各个企业存在的问题以及管理层的官僚主义冷漠，让员工组成"研讨团"，找出企业存在的问题，整理出问题的清单来，然后让员工组成"小组"研讨。

《第五项修炼》以及学习型组织理论诞生于美国，是受美国企业实践启发的产物。但是，彼得·圣吉在书中并没有将美国的学习型组织的关键东西表达足够清楚。在美国，搞学习和创新比较成功的、也深得彼得·圣吉推崇的是韦尔奇时代的通用电气公司。那么通用电气公司是怎样组织员工学习和创新的呢？

韦尔奇的贡献还在于，他将通用电气公司庞大的组织结构划分为众多充满活力的小团队。这些小团队之间始终保持着一种非常简单而直接的关系。韦尔奇还通过建立一种"无边界"（Ron Ashkenas，1996）的组织，来鼓励全体员工为了公司长远发展而集思广益、群策群力，这一措施有效地激活了通用公司的内部活力，使得这位跨国巨人重新焕发出小企业般的灵活性。

在通用公司，授予员工必要的决策权，这样，在公司定期召开的研讨会上，便可以真正做到群策群力。管理高层负责从公司中挑选出 40 名至 100 名员工，组成研讨团。然后让他们自行分成几个小组，每组由一名会议协调员带领，进行为期一天的讨论。在第三天，会议再要求每组的代表发言，代表的发言可以有三种结果：被同意、被否决、进一步研讨。正是这样的团队，给通用电气公司注入了无限的生机与活力，使得通用这个大象能够灵活地跳出美妙的舞步。

通用电气公司的学习的团队并没有局限于几十人的研讨团，而是进一步围绕问题成立小组，即"创新产品小组"。这样的小组并不是现成的班组、车间这样的团队，而是根据企业需要以及人们的兴趣组成学习、研究的小团队。值得重视的是，这样的小组和行政的团队是大不一样的，前者可以自由地、深入地研究问题，而后者会把学习和研究搞成"例行公事"，弄成形式主义的东西。事实上西方国家的许多企业都有类似的组织，例如福特、朗讯、英特尔等。

程冠军：近年来我们国家不少地方学习型组织搞得很见成效，他们是否也是从找问题入手？你还提出了一个"裸面学习"的概念，这个概念很新颖很形象，所以许多人都在使用。为什么要"裸面学习"？

钟国兴：从中国情况来看，机关和企业创建学习型组织，无论是从传统的运动式学习开始的，还是从套用"五项修炼"模式开始的，只要是最后实实在在地搞起学习型组织并且持续开展下去的，无不是从找到组织存在的问题，去围绕问题学习的才真正找到起点的。例如长春市纪委、莱钢等无不如此。反之，那些始终没有找到问题、没有围绕问题学习的，很难避免把学习搞成形式主义，包括引进西方模式的也是如此。

学习型组织的一个重要理念是"学习工作化、工作学习化"，而要做到这一点就必须找到工作中的问题，如果连工作中的问题都不知道，学习和工作怎么能够结合？中国共产党的思想路线是实事求是，那么如何落实这一思想路线呢？如果我们在学习上、在研究问题上都不能面对问题，那么还能在哪些方面做到实事求是呢？恐怕实事求是无从谈起。要落实实事求是，就要找到一个具体办法，那么办法就是找问题，然后去研究，带着问题去学习。2009 年，本人出了一本学习型组织的书《带着问题学——裸面学习法》，讲的就是这方面问题。为什么要"裸面学习"？因为中国的许多学习是形式主义的，而形式主义学习就像戴着面具的、回避问题的一种表演，真正的学习要把面具摘下来，摘下面具的状态就是裸面。当然，要做到这一点需要一系列条件和方法。

程冠军：学习型组织以找问题为起点，围绕问题学习，直至解决问题，到实现创新，这一整套的学习提高过程您把它精辟地总结为"链式学习"，请您谈谈"链式学习"的概念。

钟国兴：好的。"学习型"关键是"链式学习"。学习并不是一个简单的事情，例如通用电气公司在韦尔奇时代开展的学习，大体上有这样几个环节：第一是让大家找问题；第二是让大家按照问题自愿成立小组来平等地研讨（研讨小组，韦尔奇称为产品创新小组）；第三是在研讨中有问题需要弄清楚，就每个人自主地去学习；第四是学习之后小组的成员知识共享；第五是大家在知识共享之后深入研讨；第六是大家在深入研究基础上解决问题、实现创新。真正的学习型组织的学习要经过这样六个环节：找到问题—小组研讨—自主学习—知识共享—深入研讨—实现创新。这六个环节是不断循环的。这是一环连着一环的，对此我给它起了个名字，称为"链式学习"。

值得高度注意的是，我们社会上的运动式学习把这种本来应该是六个环节循环升级的学习简单化了，首先是简化为只有"学习"一个环节，其余都不要；然后是把学习简化为读文件、读书。这样的简化确实方便易做了，但是因此也就远离了问题及其研讨，纯粹表面化了，成为一种简单的相互表演。这样的表演很难真正调动人们的学习积极性，更不利于解决问题。

尽管在西方已有的学习型组织理论中并没有"链式学习"这个概念，但是这确实是我个人对国内外学习型组织问题及其先进经验的总结。我认为，离开"链式学习"就不会有真正的学习型组织。

值得关注的是，西方的行动学习法与链式学习的理念相近。行动学习法出现较早，而且在西方欧美有一定影响。行动学习法是由英国管理学思想家雷吉·雷文斯在1940年创造的，又称为"干中学"，主要内容是在一个专门以学习为目标的背景环境中，以组织面临的重要问题作载体，学习者通过对实际工作中的问题、任务、项目等进行研讨和处理，从而达到开发人力资源和发展组织的目的。行动学习法的目的不仅是为了促进某一具体项目或个人的学习发展，更致力于推动组织变革，将组织全面转化成"一个学习系统"。行动学习法的一般步骤包括：①说明主题；②成立小组；③分析问题；④说明问题；⑤问题重组；⑥确立目标；⑦制定战略；⑧采取行动；⑨工作循环；⑩见缝插针等。

相对于其他理论来说，行动学习法比较务实，特别是从问题出发、突出小组研讨的学习方式，不但具有很强的可操作性，而且对于中国以往形成的形式主义学习习惯也有一定的针对性和突破性，因此日渐受到中国有关部门重视。不过，西方的这套理论有的说法很模糊，不够明确，一些方面不太适合中国人的思维。我的"链式学习"模式，就是在行动学习法和第五项修炼等理论模式基础之上，在总结国内外学习型组织成功经验基础之上，总结的一套适合中国人的学习模式。

学习型政党是一种特殊的政治性的学习型组织，而学习型组织的学习及其管理方式必须科学化，学习型政党更应该如此。因此，"链式学习"是应该成为学习型政党的主要的、基本的学习方式。

程冠军：由您的升级理论我联想到一个词语——"破壳"。无论什么组织和团队，要想"升级"，都必须经过这样一个过程：学习—破壳—升级。综观自然界的万千生灵，飞行类动物的繁衍与进化靠的是破壳，爬行类动物的繁衍与进化靠的也是破壳，昆虫类动物的繁衍与进化靠的依然是破壳。然而，破壳并不是一蹴而就的。我们从昆虫学家法布尔的《昆虫记》里可以知道，蝉的幼虫要在黑暗的地底下生活成长三年，才能蜕变成知了，即蝉的成虫。因此，我们说：每一次新生都要经过艰难的孕育和瞬间的阵痛！

钟国兴：对，升级过程就是一个不断"破壳"的过程。我非常赞成"破壳"

的说法。因为人每一次成功都要创造一种模式，无论是否意识到，你都生存在一种模式之中。这种模式是由经验、行为习惯、稳定的关系、既定的观念等组成的。这些曾经为一个人、一个组织的成功提供条件和保障的模式，在你需要继续升级的时候，就会成为一种限制和障碍。因此人或组织的这种自我模式很像鸟类的蛋壳，它是生命赖以生长发育的条件，却又是到一定阶段不能不突破的限制，只有突破它才能升级。一个升级型的人才，就要不断地"破壳"。然而，"破壳"不是一件简单的事。因为要"破壳"，就必须知道"壳"——自我模式存在什么问题，知道突破自我模式之后向什么方向发展，知道从什么地方去突破。也就是说，你必须能够找到一个一个的关键点。用我在《升级才能生存》一书中的语言来讲，一个组织要实现不断升级，就要不断去寻找六个点：问题点——通过寻找问题，列出问题清单；症结点——找出各种问题背后在制造问题的问题；未来点——准确地确定未来目标，而不止是一种笼统的"愿景"；升级点——明确要通过哪些具体的环节逐步实现升级；突破点——寻找投入最少、最能引起连锁反应的点进行突破；操作点——把战略的思路具体化为一个一个可以操作的点，并具体去操作。对此我称为点式思维、点式管理。事实上凡是能够不断突破自我模式取得成功的人，都是能够进行这种点式思维、点式管理的人。一个不断"破壳"的人，必定是一个善于学习的人。一个人能够不断"破壳"的人，他一定是一个具备开放人格的人。

程冠军：我看到媒体报道，您刚才讲的六个点，被工商系统的有的单位叫作"六点学习法"，使用起来很有效啊。您的《找点》一书出版之后，有的媒体认为"中国进入找点时代"。

钟国兴：只能说我们应该进入"找点时代"，说进入了找点时代还为时过早。这需要许多条件，需要多方面的努力。

　　浙江民营企业的技术创新重点正在从模仿创新向自主创新转变，企业更加重视掌握关键核心技术，专利申请数量和授权专利数量持续明显上升，部分企业已具备自主研发产品核心技术和设备核心技术的能力。

——程惠芳

# 对话程惠芳：向浙商学智慧

编者按：程惠芳教授是著名金融学家、经济学家、浙商问题研究专家，博士生导师，也是作者尊敬的一位大姐。她曾任浙江工业大学经贸管理学院院长、第十一届全国人大代表。享受国务院政府特殊津贴，现任全球浙商发展研究院院长、全球浙商信息中心主任，浙江省政府经济建设咨询委员会委员，中国金融学会金融工程专业委员会副主任，浙江省金融工程学会理事长，浙江省民营企业国际合作促进会会长。程惠芳教授以全球视野长期致力于浙商问题研究，主持编著的《浙江工业龙头企业创新发展与转型升级案例》系列丛书以150家浙江省工业龙头骨干企业为研究对象，探讨企业创新发展和转型升级的路径和规律，成为浙商转型升级和创新发展的经典范例。该系列案例受到习近平、李克强、张德江等中央领导同志的称赞。

为了更好地了解浙商，学习浙商的创业精神和经营智慧，作者在美丽的西子湖畔采访了程惠芳教授。

# 正泰的智慧

做企业如同爬山，刚开始以为很简单，当你越爬越高，也就是企业越做越大，碰到困难的时候，你会发觉上不着天，下不着地，但却不能回头。

——正泰董事长南存辉

**程冠军：** 在浙江乐清纪念改革开放 30 年的大会上，我见到了昔日的"八大王"，同时也见到了正泰集团董事长南存辉，我认为改革开放 30 余年来，从昔日的"八大王"到今天的南存辉，浙商已经实现了脱胎换骨的转变。您怎么看正泰和南存辉这个人？

**程惠芳：** 企业是企业家的心血，企业家的风格影响着企业的个性。正泰董事长南存辉从一个修鞋匠投身于低压电器事业，近 30 年的摸爬滚打，锻造了其外柔内刚、正直踏实的品质，也在正泰身上留下了同样的烙印。风风雨雨近 30 载，造就了南存辉的企业家精神，更升华为正泰的企业文化。

视质量为生命，是南存辉和他的企业在众多企业中脱颖而出的重要因素。改革开放之初，百废待兴，柳市搞低压电器的厂家大大小小不下千家，很多厂家利欲熏心，乱投乱产，市场秩序混乱不堪。早年的修鞋经历教会了南存辉正直做人，诚信待人。面对竞争无序的局面，即使损失几十万元，南存辉也不让一件略有瑕疵的产品出现在市面上。正是这种理念铸造了"正泰"这一质量过硬的品牌。南存辉坚持忍耐，正泰则"让电尽其所能"。企业大了、强了，人心也就活了，想干点其他的事。这是大多数民营企业家的想法，他们在成功之后开始不断地进行扩张，搞多元化经营。对此，南存辉却不为所动，坚持守着自己的"一亩三分地"，从低压电到高压电、输变电等，几十年来一直都跟电打交道。他深知

⬤ 正泰集团董事长南存辉

唯有坚持隐忍，才能厚积薄发，烧开自己的"那壶水"，最终换来的是正泰成为国内低压电器的领跑者，实践着自己"让电尽其所能"的梦想。

走自己的路还是合并之路是很多民营企业发展到一定阶段必须考虑的问题。早在 1998 年，正泰已经成为国内低压电器的品牌产品，但是与刚刚涌入中国的诸如通用电气、西门子、施奈德国际大牌相比，竞争力依旧不强。当时大牌有意与正泰合作，正泰亦有意相迎，希望借此机会向这些大公司学习先进技术经验。但当得知大牌们均是冲着收购正泰而来时，拥有爱国情怀的南存辉，断然拒绝与他们的合作。尤其是面对施奈德的全球封杀，正泰主动出击，告倒了傲慢的跨国公司，显示了打造民族品牌的决心。2007 年，"风云浙商"的颁奖词给南存辉做了最好的注脚："佩剑是一位骑士的尊严。曾经他手无寸铁，面对国际大鳄一次次的觊觎与刺探，他隐忍坚守。十年韬光养晦，十年卧薪尝胆，他以气血铸就自已的创新之剑。当对手再次袭来，骑士已拥有平等对决的利器。扬眉剑出鞘，剑光闪闪，那光芒，正是民族制造的精魂。"

经历了近30多年的坚守与积累，正泰快速发展的机会来了。南存辉肩负起大企业的责任，主动响应政府号召，积极推动转型升级，提出由"制造商"向"系统解决方案供应商"、由"传统产业"向"节能环保型产业"、由"卖产品"向"卖服务"、由"企业经营"向"经营企业"四大方向进行转型升级。技术创新促进正泰持续发展，生产协作和企业制度创新为正泰插上了翅膀，南存辉沉稳大气与超强的商业敏感性给正泰注入了灵魂。这是一种大企业家的胸襟，更是一种中国民族企业成为世界著名企业的发展动力。

## 德力西的创新力

经营一个企业，就如同做人一样，必须具备真诚的信誉和良好的自身素质，同时还要有量体裁衣的眼界。这样，你的生活不仅有灿烂的阳光，重要的是还能赢得世人的口碑。"

——德力西集团董事长胡成中

**程冠军**：说到正泰就不能不说德力西，这两个企业可以说是创造了中国的民营企业由合伙到分家的成功范例。1991年，由于经营理念的不同，胡成中与南存辉和平分手，胡成中开办"德力西"，取意"德报天下，力超西门子"。今天的德力西已经与正泰一样成为同行业翘楚。一般而言，企业合伙人分手之后要么闹僵，要么两败俱伤，而正泰和德力西却成为中国民营企业的并蒂莲花，这不能不说是个奇迹。您能谈谈德力西的情况吗？

程惠芳：1984 年，德力西老总胡成中和正泰老总南存辉及他们各自几个兄弟姐妹共同出资 5 万元，开办了"求精开关厂"。改革开放初期，柳市电气行业竞争无序，质量参差不齐，企业倒了一茬又一茬。凭借着过硬的质量及对技术的重视，胡成中和南存辉开办的开关厂却生意红火，到 1990 年，开关厂资产达到了千万元。1991 年，由于经营理念的不同，胡成中与南存辉和平分手，胡成中开办"德力西"，取意"德报天下，力超西门子"，彰显其壮志。

中外合资温州德力西电器有限公司于 1992 年成立，随后在 1993 年更名为浙江德力西电器实业公司，经过一年的集团化改造于 1994 年建立浙江德力西集团，随后几年不断地在主业上做大做强，将产业从低压电器延伸至高压输变电、工业自动化等产业链上游。2000 年德力西集团开始进行重新定位与整合，开始尝试多元化经营，以多元化发展支持制造主业发展，顺利使其扭亏为盈。响应政府号召，积极实施"西部大开发"战略，并盘活多家国企，赢得业界好评。随着 2006 年其与施耐德组建的德力西电气股份有限公司成立，德力西顺利进入国家化阶段。目前，德力西已经成为管理先进、创新型的多元化综合控股集团。

德力西企业文化的形成却要归功于德力西掌门人胡成中鲜明的品质，胡成中重视质量，具有创新精神，敢为天下先，又同时重经世致用，德行天下，造就了德力西的开拓进取、德行兼备、力创未来的企业文化。经过近 30 多年的精心打磨，企业家精神上升定格为德力西的企业文化。改革开放，让胡成中有了一展拳脚的机会；西部大开发，让胡成中懂得企业越大责任越大；"神舟"上天，让胡成中找到了报国之门。

正是基于企业文化这一内核，德力西的转型升级水到渠成。德力西起步时叫作"乐清开关厂"，1991 年壮大成为"温州德力西"，1994 年继续发展叫作"浙江德力西"，到了 2009 年正式更名为"中国德力西"，从乐清一步步走向全国，勾勒出德力西清晰的扩张路线。2006年，德力西与施耐德合资，走向世界，即使不为外界看好，但永远不要低估一颗未来跨国公司的心。

在经营上，胡成中量体裁衣，步步为营。企业成立之初，德力西以产品经营为主，大打价格牌，德力西的产品质量比一般企业好，价格却比一般企业便宜，使其迅速崛起。崛起之后，凭借长期产品积累的声誉及持续的技术创新，着重打造"德力西"这一品牌，利用技术优势，成为中国低压电气行业领导者。企业再成长需要大量的资本投入，德力西开始并购西子集团，试水资本运作，大获全胜，以资本经营获得的收益支持主业，形成了产品经营、品牌经营、资本运营三者良性互动的经营格局，更具战略意义。金融危机之后，德力西"以人为本"，从被动经营向主动经营转型，以求提升整个集团的品牌力。

在产品产业上，德力西在企业发展过程一直进行着转型升级，从最初只能在低压电器领域，生产少数如低压开关之类的低压电器，到现在多行业、多产品发展，以最大限度规避风险。德力西多元化发展的同时却并非平均给力，而是有所侧重，在巩固原先产业的基础上，打造先进制造业、高科技产业、能源矿产业为其三大核心产业，并兼顾发展其他产业。

作为国内低压电器两大巨头德力西与正泰，从创立初到现在，不断地互相超越，一直难分胜负。2010年，正泰电器上市，成为温州首批上市的民营企业。德力西与跨国公司施耐德合资后，保持沉默了三年。施耐德的入局，给德力西带来了先进的管理经验与技术，滋养了柳市整个低压电气行业，行业内产品的质量提高了，整个行业也很快从危机中恢复过来。合资公司德力西电器带来的"鲶鱼效应"和示范效应十分明显。面对合资带来的好处，胡成中说："现在利润率大概增了一倍，每年销售额都有25%~30%增长。""以前施耐德也是德力西的竞争对手，我们还打过官司，如今成为合作伙伴，从竞争变为竞合，只有一字之变，收效却是差之千里。"

# 横店：横看成岭侧成峰

共创、共有、共富、共享为宗旨的横店社团所有制。

——横店集团创始人、原董事长徐文荣

**程冠军：**在浙商队伍中，我与老资格的企业家宗庆后、鲁冠球有过多次的交谈，但在老资格的浙商中还有一位比较传奇的浙商，他就是横店的徐文荣。我只与徐文荣见过一面，但却没有会谈的机会。据悉您多次深入横店集团调研，对横店模式很有研究。请您解读一下徐文荣和他创造的横店模式。

**程惠芳：**徐文荣是横店集团的创始人，也是横店集团的总设计师，没有徐文荣就没有今天的横店集团。虽然徐文荣拥有一大堆显耀的头衔——高级经济师、高级政工师，中国乡镇企业协会副会长、北京大学经济管理学院客座教授等，但是这位潇洒而谦逊的老人在自我介绍时用得最多的一句话就是"我只是一个农民"。徐文荣的这句大白话也道出了一代浙商的心声——农民的出身给了他们"穷则思变"的动力，农民的直率造就了他们百无禁忌的改革理念和胆量，农民的坚韧给了他们"天不怕地不怕"的底气。

早在20世纪90年代初，徐文荣就产生了要从事文化产业的想法，他在参观了无锡唐城之后发现，旅游的经济带动性很大，是一条能带动整个地区一起致富的捷径。徐文荣凭着一股热血，硬是在短短十几年时间里，在横店这片一无所有的土地上建成了被称为"东方好莱坞"的横店影视城。徐文荣这份豪情壮志激励着一批批的横店人的艰苦创业，他言出必行的做事风格更是将"脚踏实地"的种子播撒在了每个横店人的心里，他的那股流淌在农民血液里的坚忍不拔的精神成为横店人不断进取的不竭动力。

ⓐ 横店集团创始人徐文荣

　　徐文荣以敢闯、敢冒险的精神，演绎了社会主义初级阶段市场经济第一批创业者的风采，他用极具前瞻性的眼光引导着横店集团成为今天民营企业500强中的前三甲，他始终怀抱着一颗服务横店人民的心，为横店居民带来丰衣足食的好生活，他在不断地奋斗过程中为横店人撑起了一片天。

　　横店集团发展的最大的特点就是走在改革开放发展的前端，无论做什么都先于别的企业一步：最早实行政企分开，最早完善产权体制，最早一批进军高科技行业，最早进入文化产业……这体现了横店集团所做的决策规划具有无与伦比的前瞻性与战略性，能及时发现新的增长点。换句话说，横店集团对企业转型期的时机把握非常到位，能根据市场的需求及时实行转型，这就是横店集团能取得今天的成绩的最大原因。

　　一直以来，横店集团从未放松过对企业技术创新及管理创新等核心竞争力的培养。技术创新是企业保持前进的原始动力，管理创新则是保证企业有效运作的重要前提，这两者是企业能够立足市场、拓展市场的根本。横店集团在实施多元化、资本运作、制度改革等战略时，始终保持着对技术和管理的巨大投入，并且维持逐年递增的趋势，使横店集团的核心竞争力得到不断的加强。

　　一直以来，横店集团不断地培养自己的文化。这个"文化"有两层次含义。一是横店影视城的影视艺术文化，通过20多年的积累，终于破茧成蝶，成为享誉全球的旅游胜地，为横店集团带来了巨大的经济收入，同时形成了强大的品牌效应，吸引了一批批高素质的人才来到横店集团，为横店集团的下一步发展奠定了扎实的基础。二是横店集团的公司文化，徐文荣身体力行的模范作用加上集团每年的人才培训，将横店集团"锲而不舍，永不言败"的精神深深扎根到每个员工的心里，真正塑造了一批具有开拓能力的横店人。

　　今天的横店，已经顺利实现了新老交接，当徐文荣的儿子徐永安从父亲手中接过横店集团的时候，横店集团便进入了一个崭新的发展阶段，新的战略规划、新的管理方法、新的发展模式，横店集团迎来了历史上最大的一次变革。如果换成其他企业，也许等待的将是一个漫长的阵痛期，但是横店集团——这个视变革为家常便饭的企业又何时害怕过变革，每一次的变革都是横店集团飞跃的契机，每一次的变革都酝酿着一个新的奇迹。

# 传化：两代人抒写传奇

做人，赚钱不是唯一目的；办企业，赚钱更不是唯一目的。因为物质的追求是有限的、初级的，而精神追求才是无止境的。

——传化集团董事长徐冠巨

**程冠军**：浙江传化集团董事长徐冠巨是浙商中的佼佼者。他在担任浙江省工商联合会会长、浙江省政协副主席期间曾经到中央党校学习，他也因此被媒体誉为"民企高官第一人"。传化集团的创立是徐冠巨的父亲徐传化白手起家，经过父子两代人20多年的奋力拼搏和不断创新，传化集团现已形成了精细化工、日用化工、现代农业、物流商贸四大产业为核心，资本运营与实业经营互动发展的现代企业集团，客户遍及全球数十个国家，拥有5000多名员工，资产、营业收入正形成双双超百亿元的规模，利税超10亿元，品牌价值达62.79亿元。传化是靠什么秘诀书写如此传奇的？

**程慧芳**：传化走过的路和其他的浙商不同，它是一部"逼上梁山"的创业史，因此更具有传奇色彩。

1986年，正在杭州某公司财务部当会计的徐冠巨，突然染上治愈希望渺茫的溶血性贫血，徐家债台高筑。父亲徐传化被"逼上梁山"，决定靠做生意背水一战，他东拼西凑借来2000块钱，用一口大缸、一口铁锅和几个水桶，再加上一位师傅做指导，生产当时十分紧俏的液体肥皂。没想到液体肥皂大获成功，第二年的销售额就达到了33万元，盈利3万元，徐家还掉了所有的债务。徐冠巨病情也有所好转，他辞去了原来公司的职务，回家帮父亲一起打理家庭作坊。

虽然当时"徐氏作坊"的经济效益不错，但是苦于没有技术，要靠从外面请来的"星期天工程师"才能生产出走俏的液体肥皂。徐家痛定思痛，以全部家当2000元买下了"星期天工程师"调配肥皂剂的秘密，让徐家吃惊的是：高深莫测的东西，实际上就是自己天天都要用的、再普通不过的一勺食盐。2000元买了一勺盐，让徐家父子痛感挫折，被父亲骂"花钱供你们读书有什么用"的徐冠巨，开始刻苦自学化学知识，由此徐冠巨就成了自家企业的研发经理兼唯一的研发人员，许多液体皂的配方都由徐冠巨调制。

真正让传化日益壮大的源泉是徐冠巨花了两年时间研制出的"901特效去油灵"。1990年，国内去污能力强的印染洗涤助剂市场几乎完全被外资企业占据，徐传化和徐冠巨决定开发去污能力强的洗涤助剂，打造自己的"拳头产品"。经过1000多次试验，徐冠巨发明了"901特效去油灵"。这成为当时传化集团的"拳头产品"，即使是今天，也没有能超越或替代这项技术的同类产品。自主研发的"901特效去油灵"使传化集团跨入纺织助剂及精细化工领域，并在纺织助剂产品上树立了自己不可撼动的霸主地位。

"2000元买一勺盐"事件同时也坚定了徐冠巨引入技术人才的决心，从1992年开始，徐冠巨就开始引入大学生和社会人才，建立自己的实验室。

传化集团是较早打破家族化的企业。其表现特征：一是率先实现用人的社会化。1992年开始，传化集团开始从社会引进人才，1995年公司首次大规模引进应届大学生。二是较早实现管理的社会化。1998年，传化集团建立了绝大多数非家族成员组成的企业决策机构——管理委员会，开始决策程序化。三是资本社会化。除去控股传化股份、新安化工股份外，传化集团还以投资参股、吸纳社会股份等形式，使得资本具有更广泛的社会性。从家族企业到人才、管理、资本的社会化，传化集团比较早地突破了自我，以开放的心态融入社会。

外人对于徐冠巨的评价是低调、务实、稳健。而徐冠巨自己说的稳健是这样的：稳健不等于不动，为稳健而稳健是最大的不稳健，只有不断投入、不断发展才有真正的稳健。的确，徐冠巨远不是个循规蹈矩的人，他同样也具备一切商人该有的野心和冒险精神。"我是死过一次的人，所以更加珍惜生命的可贵，更加珍惜在有限的时间内做我想做的事情。"徐冠巨曾多次这样说。

传化集团过去的荣耀更多地属于徐传化，但自 2000 年从父亲那里正式接手传化集团以来，徐冠巨则开辟了传化集团的新天地，铸就了传化集团另一个传奇。重铸农业产业链，进军资本市场，打造物流帝国，这些硕果累累的战绩都是徐冠巨亲手打下的。

作为一位出色的民营企业家，徐冠巨身价数亿。然而，他十分强调"财富品德"。他说："做人，赚钱不是唯一目的；办企业，赚钱更不是唯一目的。因为物质的追求是有限的、初级的，而精神追求才是无止境的。""对于民营企业家来说，自身必须树立良好的经营理念。民营企业家要注重'财富品德'的培养和塑造，要以诚信守法的方式创造财富；以健康向上的'阳光心态'对待生活；以'财富即责任'的使命回馈社会。在全社会要营造一种良好氛围，推动民营企业家道德操守的不断完善，思想境界的不断提升，实现物质与精神的协调发展。"

传化集团的转型升级之路是漫长的而又短暂的。之所以漫长，是因为传化集团从 1986 年办起小作坊的那一年起就一直在思考如何创新。研发新技术从而掌握市场的话语权，多元化战略从而扩大企业规模，这是传化集团成功的两大重要因素。之所以说短暂，是因为传化集团从单一的化工行业发展到四大产业互动发展的多元化格局历时不到 10 年。

# 吉利：野鸡变成金凤凰

造汽车没什么神秘的，无非就是四个轮子加一个方向盘再加一个动员机。世界汽车产业已经形成了非常成熟的技巧，完全可为我所用，只要有钱，就可以买来技巧，买来零配件，请别人设计出好的产品。

——吉利集团董事长李书福

程冠军：2011年3月5日，吉利集团的董事长李书福把瑞典驻中国大使罗瑞德请到天安门广场，两个人共同在这个全世界瞩目的广场上共同试乘了两会服务用车——沃尔沃。作者有幸见证了这个历史瞬间。这一幕如果不是亲眼所见，人们做梦也不会想到，一个农民出身的"土包子"，一个长着一副娃娃脸的"汽车疯子"，竟然会成为国际品牌的买家，并且一举获得成功。不仅如此，吉利收购

▲作者与李书福在天安门广场

沃尔沃之后，自己也由野鸡变成了金凤凰。吉利和李书福是个谜。这个谜底我想请您给我们揭开。

程惠芳：揭开吉利谜底首先要谈沃尔沃收购事件。2010 年 3 月 28 日晚，瑞典哥德堡沃尔沃汽车公司总部，随着浙江吉利控股集团有限公司（简称吉利集团）董事长李书福的笔尖在并购协议书上轻轻划过，历时两年多的"吉利收购沃尔沃事件"终于尘埃落定。

正当全世界媒体都在热议"吉利收购沃尔沃"的时候，吉利集团却闪电出手将 DSI 公司收入囊中，DSI 公司是全球知名的高端汽车自动变速器供应商，2009 年年初，由于福特汽车公司在澳大利亚的整车企业减产和韩国双龙汽车公司倒闭，DSI 公司进入破产程序，普华永道紧急为其寻找合适的买家，吉利集团收到了邀请。坚持技术优先的策略让吉利果断出手，全额收购 DSI 公司，一举获取逐渐占主流地位的 DCT 变速箱技术。李书福表示，吉利集团收购 DSI 公司是一个双

⬤"汽车狂人"李书福看上去很温柔

赢的局面，具有雄厚技术实力的 DSI 公司与广阔的中国市场结合后将摆脱困境，同时，吉利集团也将通过对 DSI 公司的收购迅速提升核心技术水平和竞争力。

在国内汽车企业纷纷与外国企业合资的时候，吉利集团走上了一条自主造车之路。1984 年吉利集团的创始人李书福用经营照相馆所得的 2000 元钱开办了黄岩县制冷元件厂（吉利集团的前身），生产电冰箱配件。1991 年，李书福回到台州创立了吉利建筑装饰材料厂，生产出中国第一块镁铝曲板和铝塑板。1994 年，吉利集团决定进入摩托车生产行业。1997 年李书福 34 岁，他在浙江台州的临海与几个私企老板合建了一间汽车工厂，主要设备全是国产的，生产线大部分是自制的；靠集体智慧，吉利集团研发出第一款两厢车，取名为"豪情"。1998 年 8 月"豪情"下线，刚好赶上家用轿车的好时光。那时最便宜的家用轿车是"赛欧"，宣称 10 万元但总不上市。吉利"豪情"车在车市上的对手只有"夏利"两厢车，卖得相当好。"豪情"车以低于"夏利"车的销售价格，结果一炮打响，在 1999 年就销了几千辆。接着，吉利集团又在宁波开了一间工厂，生产"美日"和"优利欧"两个品牌的汽车，产品供不应求。2001 年国家放松汽车生产管制，改目录管理制为公告制，吉利集团因之取得轿车生产资格。2003 年，吉利集团开始从家族制企业向现代股份制企业转型，正式成立吉利控股集团。

经过锲而不舍的探索，凭借灵活的经营机制和持续的自主创新，吉利终于从一家被人嘲笑的、怀着"造车梦"的摩托车生产厂商，成为中国汽车用油最具影响的自主品牌企业。目前，吉利集团是中国汽车行业十强中唯一一家民营轿车生产经营企业，在汽车、摩托车、汽车发动机、变速器、汽车电子电气及汽车零部件方面都取得了辉煌业绩。总结吉利集团转型升级成功经验，我认为主要有 5点：成本战略低廉化、品牌认知大众化、研发体系自主化、技术合作国际化、人才储备多元化。正是靠这 5 个秘诀，吉利才由野鸡变成了金凤凰。

日本很多企业家，特别是中小企业家，他们一辈子追求什么？就是看谁的产品品质能达到最好。他们每个企业都有自己的核心技术，他们不求做大，而是以小为美。这一点，我觉得中国企业要静下心来调整，首先不应该把做大跟做强画等号，大不等于强，也不等于美。我们要追求小而强，小而美。

——李 克

# 对话李克：
# 中国企业应该向日本企业学什么

**编者按**：李克，日本大学商学院 EMBA 课程终身正教授，日中管理学院院长、理事长，美国圣约瑟夫大学经济学系讲座教授，北京大学中国经济研究中心客座教授，香港城市大学金融与经济学系客座教授，中国人民大学经济学院讲座教授，《亚太经济评论》主编，美国经济学会会员，亚洲开发银行研究员（外聘），中国企业家协会常务理事（海外），日本亚盛投资集团公司（日本上市公司）特别顾问，日本三菱化学（Mitsubishi Chemical）战略顾问。

为了让中国企业更好地了解日本企业，在对比中学习，在对比中进步，作者与李克先生进行了对话。

**程冠军**：李克教授您好！我拜读了您的专著《经济转型与产业升级》，您这本专著出版非常及时。当前，中国经济特别是中国企业遇到了严峻挑战，请您谈谈这些挑战主要是什么？

**李克：**中国经济特别是中国企业遇到的严峻挑战就是经济转型与产业升级。中国经济 30 年来一直是上升通道，30 年来，我们最大的成就是开放，是跟国际接轨，特别是加入 WTO。2000 年以后我们成为世界工厂。世界工厂这个模式本身没有错，如果把它作为一个长期战略，就出问题了。竞争的优势关键在软实力，软实力就是核心竞争力，核心竞争力的关键在研发。我分析中国企业的竞争力发现，中国企业从 20 世纪 90 年代至 2000 年，和 2000 年以后的 10 年相比，研发的投入绝对数值增加了，但占销售额的百分比却是下降的。越是大企业下降的幅度越大。近 10 年来，中国 GDP 上升很快，今年中国超过日本 GDP 居全球老二，这个当然值得高兴，也是中国人自豪的事情，这是我们 30 年努力的成果。但是也不要太高兴了，即使第二也就是中国"一战"以前的水平。1913 年、1914 年中国的 GDP 当时总量还占全球第二，你再过十几年超过美国，也就是恢复到 1820 年，即嘉庆年间晚年的水平。嘉庆末年，GDP 占全球 34%。GDP 上去了，贸易额上去了，我把它叫作后发劣势。前面是后发优势，就是各种要素的低成本优势，在推动中国经济的快速增长；但是现在的阶段，等于是后发劣势基本上持平了，我把它叫作关键的结点，如果处理不好，后发劣势就越来越明显，而后发优势越来越没有了。

**程冠军：**当苹果事业正如日中天的时候，苹果的乔布斯去世了，一个企业家的离世竟然引发了一场世界性的纪念活动，这个问题值得思考。您怎么看乔布斯现象？

**李克：**为什么乔布斯这样有名，因为他引领了第三代手机的方向。但是乔布斯只能在美国出现，在中国就很难出现。因为中国目前还没有这个环境，乔布斯到中国可能就是一个山寨版老板。创新经济，听起来很时髦，但创新经济的成本太大。创新型经济在整个国际创新性领域当中，成功率大概只有10%，10个项目进去，大概只成功一个项目。

今天的中国经济再往前走，不是说新盖几座大楼，新建几个工厂，而是要增强软实力。你有多少你的专利技术，对国际行业有多少影响力，有多少话语权，能不能引领国际某个行业的发展方向和趋势，这才是软实力。创新很难，但一定要搞。关键是要交给市场和企业来搞，政府不能过度参与。我结识浙江萧山的一个企业老板，他是做路由器的，产品比较高端。本人是学电脑工程的，开始在美国的硅谷是做线路板设计，回国之后按他的设计，首先必须打折，他回来五六年了，出来的产品无法与原来的公司比，原因是没有配套的部件。

现代产业高度分工。现在，我们到处都在谈产业集群，这也有误导性，有人认为产业集群就是把企业在地域的概念相对集中，或按行业的概念相对集中，其实根本就不是这么回事。现在行业的产业链在全球范围中打开了，比方说你就哪一个方面做得最好，那么所有的订单都跑到你那儿去了，同一个产品，你像最典型的就是这次iphone5，苹果的第五代手机推迟半年出厂，本来是5月推上市场的，现在也没有出来。什么原因？因为日本东北地震了，生产核心部件的两个生产厂受灾，生产不出来，整个iphone就得等待。

就中国现在的产业特点，把一两个创新型人才引进来是没有用的。把他们放到创新型产业园中，这些创新型人才带回来的技术和产品，大部分没有知识产权，很多产品和技术的所有权是原来的雇主，技术人员跳槽过来，小的时候没有人去管他，真正做大了以后，人家一纸诉状就可以将你告破产，至少赔得稀里哗啦。很多技术属于职务发明，在公司工作时的发明成果，虽然是你做出来的，你也可以发表论文，但是知识产权是属于公司的。因此，全国到处搞创业园，孵化园是没有前途的，而且这种东西本来我就觉得，要交给市场。

程冠军：保护创新成果，首先是建立一个鼓励大家创新的制度环境。在这方面，日本是怎么做的？

李克：转型升级其实就是创新型经济。日本在20世纪70年代跟我们中国一样，也遇到一个非常大的坎儿，因为他们早期的发展思路，是"二战"失败以后所制定的赶超战略。"二战"以后日本就是拼命干。其后的朝鲜战争，首先带动了日本的是轻工业，因为当时很多军需品的是以轻工业为主。朝鲜战争结束之后，日本开始启动产业战略。这就是改造性战略，两头在外，依靠国际市场。这就是后来被包括"亚洲四小龙"在内都竞相学习的"东亚模式"。50年代中期以后，日本的产业政策基调是以重工业为主。第一，重工业从利润上来说比较丰厚；第二，国际市场的需求也比较有刚性。"二战"后的欧洲和亚洲迎来重建热潮，所以需求很大。但是当时大多数国家没有考虑环保、节能。六七十年代日本污染也很厉害，直到现在老百姓还跟政府打官司，产业工人的职业病，当时也非常严重。但是，日本这个民族有他的过人之处，值得我们尊重。一是他们的学习能力非常强；二是他们的适应能力非常强。20世纪70年代世界出现两次大的石油危机，油价飞涨。日本经济两头在外，能源需求量非常大，因此受到的冲击也非常大，所以当时的整个日本从政府到产业界都很悲观。但是，后来日本摸索出来一套非常有效的转型升级办法。转型，发展高附加值的行业，把一些传统的、高能耗的产业淘汰掉，更重要的是日本是通过一种市场化的做法完成这个转变的，这个市场化的法宝是什么？就是日本政府制定的提高整个日本工业的标准。

程冠军：提高整个工业的标准，这的确是个好办法。政府只负责制定标准，而不去直接参与比赛，有所为，有所不为。

李克：正是这样。第一，制定和提高工业标准。为什么说日本货好，它东西好，不是个别公司或者产品，而是整个品质好。为什么？因为它的工业标准高，比国际标准高。你不能达到，自然就要想办法提高，否则就被淘汰。第二，标准制定之后用政策把它固化，固化成日本工业标准。这样，对企业来说就有了一个清晰、量化、数字化的指标，企业才知道能做什么。遵守这个规则就可以生存，不行就被淘汰，这是一方面。当然，我们不能任其自生自灭去。转型升级不能光靠淘汰，必须要把一些有潜力、有发展前景的行业聚集起来，如汽车、电子、精细化工这些行业，这些新型行业发展起来，具体配套的是中小企业，因为中国也是一样，中小企业占的规模非常之大。

程冠军：我们有的地方官员，一谈经济就说做大做强，他们认为只有跟大的企业合作或把小企业做大才会有影响力。据了解，日本的中小企业大概占了90%。

李克：日本的中小企业占99.7%。"二战"以后的日本职工人数超过1000人的企业从来没有超过1000家，如果我没有记错的话现在大概是518家。只有500

⊛李克接受作者专访

多家大型企业人数超过 1000 人，300 人以下的都算中小企业。日本的每个行业都是典型的下包制，就是几家大企业是作为集成商，像索尼、丰田、本田等，集成商把部件集成起来做成最终产品，下面有几百家、几千家中小企业给它做配套。所以在这种情况下，日本政府就意识到，如果说我这些中小企业的品质上不来的话，这个大公司产品也好不了。一两个产品好，或一两个部件好，解决不了产品的根本。必须整个行业、特别是中小企业技术水平提升起来。

日本为了扶持中小企业，在街道和社区建立扶持中小企业的常设机构——中小企业咨询室，帮助中小企业在财务、技术、管理三个层面提高水平。做一个新产品，好多中小企业承受不了，日本政府的做法是给中小企业发补贴。他们在县级区域建了很多研发测试中心，我参观过东京大田的这种专门机构。政府帮中小企业去搞产品开发和技术检验。对一些新型行业，除了资金链上的支持或政策方面的支持之外，还要扶持这些中小企业提升自身的素质。

只看重大企业，这主要是因为他们脑子里还是 GDP 的数字概念。媒体要多呼吁，创业园、科技园不能一哄而上，这样搞下去结果又是 GDP，凭 GDP，凭速度，又回到原来的概念了。政府有所为在什么地方？建立一个良好的制度环境。我不反对谈创新，但是我反对的是把政府资源、国家力量投到创新里去。我们现在考虑转型升级，转型和升级不一定全部是新的，当年日本也没有说全部都是我原创的技术，如电视机就不是日本技术，但是最终日本电视机成为全球老大，而且做得比美国好。

**程冠军：** 照相机最初也不是日本技术，但现在日本已经成为全球老大，德国被甩在了后面。

**李克：** 是啊，还有汽车业，也是如此。因此，我认为转型升级一定要实现一种梯度上升的，无论是从你的质量、品质，你的技术等级，一定真正实现梯度上升，你才能叫作转型和升级。而我们现在很多上上下下的领导谈的转型是什么？还是一种修修补补，在平面上的修修补补，好比原来搞的一些什么企业重组。日本有一个非常优秀的技术官僚的阶层。大家对谁当首相，谁当部长无所谓，从副部长开始，就是技术官僚。这些技术官僚是真正决定产业政策走向的人，就是抓落实。这些技术官僚跟产业有很深的关系，日本百姓对技术官僚非常尊敬。如这次地震以后电力紧张，政府也没有制定什么特别政策，只是提倡节约电力，技术官僚就落实了很多细致的东西，让企业把一些新的节电技术拿出来，他们提出，大公司的节电大概要保证20%，一般社会团体节电要达到15%，然后再到一般家庭和个人。

一直到20世纪90年代末期以前，日本都是强势政府，跟中国一样。因为它搞赶超战略，政府一定是非常强势，把很多社会资源投到里面，这样政府就越来越强势。但90年代日本经济出现问题后，大家开始反思，出了问题的原因是政府不应该过多干预企业。因此，2000年前后，日本已经没有产业政策这个词了，虽然日本是产业政策的老祖宗。日本把原来金字塔式的强势政府的社会结构慢慢转为公民社会，就是把更多的权利交给市场。用更多的NPO和NGO组织取代政府职能。我感觉，近年来有些中国学者对日本的观察和研究不够，整天大谈欧美。

**程冠军：** 改革开放30年造就了浙商和粤商两大商帮，从转型升级来讲，这两个地区的企业走的都比较早，您对他们有进一步的研究吗？

**李克：** 我明显可以感觉到，广东和浙江都是走在全国前列的，特别民营企业，广东主要是外资，港台企业，外资企业东南亚这些企业比较多，也是以这种外向型经济，但代工模式比较典型。但现在我明显感觉到，广东和浙江这两年发展的后劲越来越弱了，而与浙江相邻的江苏的活力却越来越凸显。为什么会出现这种变化？最近浙江出现了一大批"跑路"企业。这反映什么问题？一方面是资金链紧张，另外还有对前景不看好，没信心，不知道怎么做下去了。深层次原因是现在的用工成本越来越高，而整个产业却没有大的提升，利润率越来越薄。原有的模式想改变，要转型升级，就必须有更有优势的产业来取代它。因此，生产模式不转变，升级就永远完成不了。

程冠军：很多中国企业家告诉我，他们之所以向日本企业学习，关键是它管用，有效。您认为转型升级，中国企业应该向日本企业学什么？

李克：最近有很多江浙一带的企业，包括山东的想通过我聘日本的高级工程师和高级技工工作，包括副总，或车间主任，给出的待遇都非常高。这就说明，中国企业有这个需求。日本与中国文化很相似，很接近。比方说你要跟美国人谈忠诚，他绝对笑死。你跟员工谈对公司忠诚，他说，我凭什么忠诚？我与企业的关系是我干多少工作，你付我多少钱，满意我待着，不满意我走人，凭什么对你忠诚！东西方文化的差异非常大，亚洲企业的团队会经常开会，但你要跟美国人开会，他会说，开什么会？我工作做完就完了，下班别管我，做不好可以随时开除我。我们现在动辄就谈欧美，要知道美国模式的特点，中国根本学不了，它是大进大出、高能耗型的，整个地球的能源承受不了两个美国。中国消耗比美国还厉害，如果按这套模式走下去，不要说在中国行不行，世界也不会答应的。再譬如，澳大利亚我们就没办法学，它一共 3000 万人口，700 多万平方公里的土地，中国没有这种条件。

中国企业家跟日本企业家能学什么？我感觉到在今天来讲，至少三个层面的东西可以学：第一是经营理念；第二是企业的执行力；第三是学习日本的企业家精神。执行力是操作层面的东西，理念是一个大的框架，操作方面有很多细节，比如说人事管理，到底怎么管理，奖金怎么定，怎么跟岗位挂钩，怎么跟人挂钩。在激发员工的积极性的同时，还要让员工有忠诚度。日本企业内部特别讲究平均，不让大家觉得悬殊太大。企业家精神不是单靠企业家本身就能解决的问题。现在大的环境很浮躁，金钱至上十分严重。我们对企业家过度地强调利润最大化是个误区。如果单是赚钱，地沟油更赚钱。但赚这样的钱不是丧尽天良吗？企业追求利润没有错，现实中，一个企业有更多的责任。为什么日本的企业家不会追求高利润？如索尼与美国的一些公司相比，它的利润很薄，但索尼员工把索尼当自己的家，不追高利润，追求的是长期发展。企业家除了钱以外还要有更高的追求。现在好的苗头已经有了，有一些企业家开始注重谈企业精神、企业文化，但总体上占的比例还是太小。日本很多企业家，特别是中小企业家，他们一辈子追求什么？就是看谁的产品品质能达到最好。他们每个企业都有自己的核心技术，他们不求做大，而是以小为美。这一点，我觉得中国企业要静下心来调整，首先不应该把做大跟做强画等号，大不等于强，也不等于美。我们要追求小而强，小而美。

最后，我认为日本企业对于员工忠诚度的管理值得我们借鉴。日本社会不鼓励跳槽，跳槽在日本是一个可耻的事情。日本企业有一个普遍的做法，如果员工在企业工作到65岁，或者67岁，退休的时候企业会给他一笔可观的感谢金，叫退休感谢，跟养老金没关系，一个高管大概能拿到130万美元。高管和员工是不一样的，但最普通的员工退休的时候也能拿到5000万到6000万日元。一般在公司工作10年，也能拿一笔10万美元左右的感谢金，工作时间越长，增长的幅度就越高，对于员工来讲，一般是要坚持到退休的。日本企业这种做法既体现了以人为本，同时也形成了一个良好的制约机制。

# "红色管理"铸就"青岛港模式"
## ——来自青岛港集团的调查报告

《学习时报》和理论网记者：程冠军

改革开放 30 余年来，国有企业有没有成功的经验？国有企业党组织建设有没有可以借鉴的模式？应当如何看待国有企业的党组织建设？如今，这些问题在一个老国有企业——青岛港集团找到了答案。

## 青岛港的基本情况

青岛港始建于 1892 年，是具有 117 年历史的国家特大型港口，它包括青岛老港区、黄岛油港区、前湾新港区三大港区。一百多年来，这座海港见证了旧中国历经西方列强蹂躏的屈辱，见证了中华民族争取独立解放的英勇斗争。新中国成立后，这座海港又见证和参与了社会主义建设和波澜壮阔的改革开放。如今，青岛港已经发展成为拥有 2 万多员工的大型国有企业。青岛港由青岛老港区、黄岛油港区、前湾新港区三大港区组成。主要从事集装箱、原油、铁矿石、煤炭、粮食等各类进出口货物的装卸服务和国际国内客运服务，是世界第七大港口，中国第二大外贸港口，与世界上 130 多个国家和地区的 450 多个港口有贸易往来。拥有可停靠 15000TEU 船舶的集装箱码头、可停靠 30 万吨级大船的矿石码头、原油码头、10 万吨级煤炭码头，世界上有多大的船舶，青岛港就有多大的码头。改革开放 30 多年来，青岛港坚持与时俱进，改革创新，一越成为世界第七大港。近 5 年来，青岛港港口外贸吞吐量始终保持全国沿海港口第二位；进口铁矿石始终保持世界第一位；进口原油始终保持全国沿海港口第一位；集装箱继超越日本所有港口之后，又劲超美国和欧洲所有港口。

## 青岛港的基本经验

### 一条根本道路：中国特色社会主义国企之路

青岛港坚持走出了一条中国特色社会主义国企之路。多年来，青岛港坚持"四条工作标准"（对国家的贡献要越来越大，港口发展后劲和竞争实力要越来越强，职工生活质量要越来越高，政治文明、精神文明建设要越搞越好），发扬"三个一代人"（一代人要有一代人的作为，一代人要有一代人的贡献，一代人要有一代人的牺牲）的青岛港精神，践行"三大使命"（精忠报国、服务社会、造福职工），打造"六型港口"（自主创新型、资源节约型、环境友好型、质量效益型、管理精细型、亲情和谐型港口），实现"七大发展"（安全质量发展、节约发展、环保发展、效益发展、建设发展、和谐发展、率先发展）。全力推动国有企业的改革发展，打造了一个世界级强港，走出了一条以人为本、人才强港之路，一条学习创新、科学发展之路。

20 多年来，青岛港正是靠党的坚强领导，咬住发展不放松，与时俱进，立志建设世界级大港。经过 20 多年的拼搏奋斗，改造了一个百年老港，建设了两个现代化新港，在 10 多年前的一片荒沙滩上建成一座崭新的亿吨大港。在全国沿海港口中率先建成了一批世界级的原油、铁矿石、集装箱等大码头。世界上有多大的船舶，青岛港就有多大的码头。港口资产由不足 5 亿元增值裂变到 113.2 亿元，为国家创造了 100 多亿元的优良资产。港口吞吐量从 2000 多万吨增至去年的 1.6 亿吨，翻了三番。集装箱吞吐量由 2 万标准箱一路攀升至去年的 514 万标准箱，跻身区域性国际航运中心之列，居全国沿海港口第 3 位、世界第 14 位。在上海以北的东北亚地区超过了日本所有的港口，仅次于韩国的釜山港，居第 2 位。外贸吞吐量居沿海港口第二位，仅次于上海港。铁矿石进口量居世界港口第一位，原油进口量居全国沿海港口第一位。累计上缴国家各种税费近百亿元。其中仅去年上缴青岛市地税就达 3.85 亿元，居青岛市第一。目前已有七家世界 500 强落户青岛港。

2008 年金融危机发生之后，青岛港受到了严重影响。面对危机，青岛港集团果断提出"科学发展不动摇、增长指标不动摇、造福职工不动摇"的"三个不动摇"，抱团取暖，化危为机，逆势上扬，挺起共和国"长子"的"脊梁"。2009 年 4 月 22 日，胡锦涛总书记来港视察时，鼓励青岛港"在受到金融危机的冲击，我们进出口贸易严重下滑的情况下，你们发扬工人阶级的主人翁精神，迎难而上，克服困难，一季度显然取得了比较好的成绩，来之不易，希望大家要继续努力。"吴邦国委员长在继 2009 年全国"两会"期间高度肯定青岛港之后，2009 年 8 月 27 日，又在关于青岛港科学发展情况的调研报告《一个国企老典型的启示》中亲笔批示"青岛港是我较熟悉的老企业，国企改革使老企业焕发青春，究其成功原因，常德传同志功不可没。改革开放以来，我国港口发展举世瞩目。2008 年吞吐量达 58 亿吨，集装箱达 1.28 亿标准箱，与青岛港的示范作用分不开的。"2009年1月1日，温家宝总理第三次来港视察时，鼓励青岛港"去年是很困难的一年，整个港口增长 13%，不容易，来之不易。"5月26日，国务院副总理张德江来港视察时高度评价："青岛港是百年老港，改革开放以来创造了辉煌，取得了骄人的业绩，积累了宝贵的经验，这些成绩怎么评价都不为过。"全国"两会"期间，温家宝总理在参加山东代表团审议时，再次特别鼓励青岛港"青岛港很重要，而且也出人才。青岛港有着非常好的基础，无论是管理还是工人队伍的素质都非常好。"

刘云山、张高丽、李长春、王兆国等中央省部领导也都做出重要批示，对港口科学发展给予鼓励和鞭策，并充分肯定"青岛港生动的实践回答了在社会主义市场经济条件下，国有企业能不能搞好，怎样搞好的重大问题。"青岛港科学发展模式成为党和国家、社会的宝贵财富；成为国企改革发展的一面旗帜；成为深入学习实践科学发展观的成功典范；成为弘扬社会主义核心价值体系的典型代表。

**一支坚强队伍：打造一支优秀的国企职工队伍**

青岛港打造了一支优秀的国企职工队伍。10 多年来，青岛港始终视职工为企业的主人，讲政治，讲民主，把青岛港建设成为一个充满亲情、和谐美满的港口大家庭。青岛港做决策、办事情都以"职工拥护不拥护、赞成不赞成、高兴不高兴、答应不答应"为出发点和落脚点，全心全意依靠职工搞好国有企业，开通了"冬练三九、夏练三伏"劳动调研，星期六、星期天接待员工日等 18 条民主管理渠道，疏通了干群相互沟通的途径，使广大职工在青岛港有家可当，有主可作。对港口的重大事项，都广泛听取职工意见；对职工的意见建议，总是当作第一信号、第一工作来落实。在 20 多年来的改革过程中，青岛港始终坚持一心为民，造福职工，全面提高生活质量。始终视岗位为职工的命根子，先后转岗分流职工上万人次，不但没有让一名职工下岗回家，而且对 1742 名合同到期的职工也全部续签了合同。年年为近 3 万名职工和离退休老同志提高收入、健康查体、跟踪治疗、赠送生日蛋糕、节日物品等办实事。对此，青岛港董事局主席、总裁常德传同志的认识是：改革的目的是发展国有企业，同时也是要惠及广大职工，这样的改革才会得到职工拥护，才会取得最终的成功。作为一名国有企业的管理者，企业搞不好，不应该让职工下岗，而是自己要先下岗。正是这个理念，使青岛港改革发展的过程中成为一个充满亲情、人气旺盛、幸福和谐的大家庭。广大职工包括 9000 多名农民工，成为改革开放的最大受益者。青岛港视工人阶级为国有企业改革的主体，充分调动了广大职工参与改革、共谋发展的积极性，广大职工自觉地把自己的命运和国家的命运、港口的命运紧紧地连在了一起，形成了共同的理想和追求，具有了共同的价值观和行为规范，海港大家庭正气浓浓，人气旺盛。全港形成了一呼百应、众志成城的强大凝聚力、向心力，铸就了国企发展的强大精神支柱。

10 多年来，青岛港始终坚持以人为本，人才强港，建设育人成才的大熔炉、大学校。年年围绕党的中心工作和港口实际，大力开展"五爱"（爱党、爱国、爱社会主义、爱港口、爱岗位）、"五学"（学政治、学业务、学技术、学文化、学实践）活动，大力弘扬三个"一代人"精神，创新"六个长效机制"（教育、分配、用人、管理、科技、监督），加强班子、队伍建设，高级技工达到全港技术工人的 73%，培养造就了以金牌工人许振超为代表的高素质员工队伍。集装箱桥吊队队长许振超被评为新时期产业工人的杰出代表、全国优秀共产党员，党的十七大主席团成员，十一届全国人代会主席团成员，十一届全国人大常委会委员。农民工徐万年被授予全国五一劳动奖章、全国优秀农民工、山东省优秀党员、劳动模范。农民工皮进军被评为全国十大杰出进城务工青年；技校毕业的邵泽山被国家评为全国优秀青年技师；港口公安局局长隋振坤被评为全国 29 位任长霞式公安局长之一。为了培养更多的"许振超"，青岛港在用人机制上打破"四唯"，坚持"四不唯"（不唯学历，不唯职称，不唯资历，不唯身份），以能力论英雄，谁能干谁干。9500 多名农民工在青岛港生活上受关心、工作上受重用，同工同酬，带薪休假。已有 258 人入了党，1627 人入了团，540 人担任了班长，34 人担任了队长、副队长，成为港口生产新的主力军。自 2004 年以来，习近平、胡锦涛、温家宝、张德江、吴邦国、贾庆林、李长春、贺国强等党和国家领导人先后对新时期产业工人的杰出代表许振超给予极大的关注和鼓励，他们或亲切接见，亲临视察，或亲笔回信，亲情关爱。中央省市各大媒体先后 4 次大规模聚焦青岛港，宣传许振超，宣传青岛港所取得的辉煌成就。广大职工学振超精神，建"三型团队"（学习型、创新型、实干型）、"五好岗位"（爱岗好、学习好、创新好、诚信好、奉献好），练绝活儿，攻难关，创纪录，大比武。已涌现出十大行业专家、十大员工品牌、五好岗位标兵等 3000 多名先进群体，"振超效率" 3 次打破世界纪录，"孙波效率" 4 次刷新世界矿石装卸最好成绩，纸浆作业连续 8 次勇创世界第一，外轮理货"零时间签证"、"青岛港船舶动态监控系统"等行业"品牌"享誉世界，"显新穿针""王啸飞燕"等"绝活儿" 1500 多个。

　　青岛港鲜活的成功经验充分说明，国有企业能不能搞好？一个不可忽视的经验就是：要看这个企业是否有一个好的领导人。只有好的领导人才能带出一支好班子，只有好班子才能带出一支优秀的干部职工队伍。青岛港董事局主席、总裁常德传同志是一个具有共产党人之德和驾驭市场经济之才的优秀企业家，对党的事业和职工充满着深厚的感情，浑身上下充满着旺盛的精气神。常德传同志干起工作来是"拼命三郎","不要命""不怕事""不畏难"。

1981 年，常德传同志开始担任青岛港务局副局长，成为全国沿海港口中最年轻的港务局领导，1984 年担任青岛港党委书记，1988 年实行局长负责制后担任局长。常德传有两个比喻：国有企业是共和国的长子，应该向祖国母亲尽孝道；国有企业的一把手是企业大家庭的长子，要把大家都尽心尽意地照顾好。他言行一致，表里如一，在企业里，他把离退休老人当成自己的老人孝敬，把职工当成兄弟姊妹关心，对于农民工，他动情地说："谁要是看不起农民工就是看不起俺爹俺娘"，他把市里奖励给他的海边别墅让给青岛港代管的老红军，自己住在普通的职工宿舍里。个人应得的 25 万元奖金，他分文不取。

常德传同志的以身作则和率先垂范，带动了干部职工，培养了一个有企业责任、国家责任和社会责任的国有企业优秀群体。面对生死考验，青岛港人从来都是以国家利益为重，不顾个人安危，挺身而出，舍生忘死。青岛港先后组织指挥了"华海一号"油轮、新基轮、北拖 710 舰等十几次海上、陆上港外灭火抢险，次次成功，为保护人民生命和国家财产安全做出了重大贡献。面对抗震救灾和各种援助活动，青岛港人从来都是把人民群众的生命和财产安全放在首位，竭尽全力，慷慨解囊。他们先后捐款 645 万元支援抗击雨雪冰冻灾害，捐款 1826 万元、衣被近 3 万件支援抗震救灾，被青岛市授予突出贡献特等奖。

作为一名国企带头人，一名企业家，常德传在工作中始终"坚持党的基本路线，坚持邓小平理论、三个代表重要思想和科学发展观，坚持一切从实际出发，把青岛港自己的事情办得更好"的指导思想，使青岛港有准确的发展方向和有力的工作着力点，闯出了一条振兴国有企业的成功之路。青岛港成功的关键是常德传同志不照搬照抄，不随波逐流，而是紧密地结合青岛港的实际，将中国传统管理思想的精华、中国共产党的先进管理思想、西方发达国家的现代管理经验有机融合，在长期的发展实践中积累了一套具有中国特色的管理经验，成功地创造出具有中国特色的社会主义企业管理模式——青岛港模式。

在实践中青岛港人认识到，青岛港是社会主义大型国有企业，不能照抄照搬西方国家的企业管理模式，必须从中国的实际出发，创造中国特色的企业管理模式。"青岛港模式"丰富了中国式企业管理的内涵，为国有企业改革与发展闯出了一条成功之路，为中国企业管理水平的提升做出了贡献。20多年来，常德传同志领导青岛港员工追求卓越、勇往直前，创造出了一个又一个崭新的业绩，这些业绩让我们为之振奋，让我们看到了国有企业改革的丰硕成果，更加坚定了国有企业改革必定成功的信心。前不久，常德传同志把自己20多年的企业管理经验和创业感悟进行整理，出版了《常德传论国企》一书。《常德传论国企》是一部来源于实践，又高于实践的国有企业管理专著。常德传的这套管理理论来自青岛港的具体实践，其中既有中国共产党的先进管理思想，同时也借鉴了西方先进的管理理念，并结合了中华文明所积淀的优秀管理文化。正是在这个朴实管用的国有企业管理理论的指导下，青岛港才得以在改革开放的历史进程中始终立于不败之地。青岛港先后获得首届袁宝华企业管理金奖、全国质量管理奖等国家省市多项金奖。1997和1998年作为中央组织的"振兴国有企业报告团"唯一连续三期的成员在全国巡回报告，2000年11月被国家确定为全国5家重点宣传的国有企业典型之一，2004年12月被国家确定为全国10家国有企业重大典型。2009年共和国60华诞前夕，青岛港的管理经验再次被中央领导批示，并被中央宣传部确定为国有企业重大典型进行宣传。

**一部成功经验：从学习型企业到学习型党组织**

善于学习和持续创新是青岛港实现科学发展的力量之源。改革开放30余年来，特别是20余年来，青岛港最重视的是学习，下功夫最大的是学习，体会最深的是学习，收获最多的也是学习。青岛港曾获得首批全国创建学习型组织标兵单位，董事局主席常德传也曾获得全国十大学习型人物荣誉称号。

长期以来，青岛港人按照"干什么，学什么；缺什么，补什么；练什么，精什么"的基本原则，持续开展"创建学习型组织，争做知识型员工"岗位"五学"活动（学政治、学业务、学技术、学文化、学实践），培育和锻造了一支以许振超为代表的高素质的金牌团队。青岛港对农民工兄弟也一视同仁，9500 多名农民工在青岛港受关心、受重用。码头工人队伍中走出的先进典型许振超成为全国产业工人的杰出代表。以徐万年、皮进军等为代表的一大批农民工兄弟也在青岛港成长、成才。一代码头工人脱胎换骨，扬眉吐气，挺起了中国工人阶级的脊梁！

长期以来，青岛港以创建学习型企业为契机，坚持人人学习、全员学习、持续学习。特别是近年来，青岛港大力实施"个十百千"工程，强化员工的理论和技能培训，即建立了 1 个人才培训中心（青岛港湾职业技术学院），创建了 10 个科技创新基地，建立了 100 个职工图书室和学习之家，设立了 1000 个职工学习园地，为广大员工提高技能、建功立业搭建平台、创造条件。青岛港还通过奖励自学成才员工，选派行业拔尖人才和技术骨干走出去学习管理经验和技术技能，邀请院士、专家来港举办现代科技管理、企业管理等各类知识和技能培训班等等，保证了员工知识技能的及时更新换代。

青岛港每年坚持开展技术工人考工晋级和操作技术大比武，鼓励广大员工岗位练兵，岗位节能。全力建设一支德才兼备、又红又专、真才实学的干部队伍，为港口长盛不衰提供强有力的组织保证、思想保证和智力支持。成立了 119 个攻关小组，岗位创造发明了 151 个节能减排工作法。集装箱装卸"振超效率"9 次打破世界纪录，铁矿石卸船"孙波效率"10 次打破世界纪录，集装箱桥吊单耗和矿石卸船机单耗同比分别下降 6.7% 和 9.4%。仅"学良节油法"年节油 1500 余吨。

20 多年来，青岛港持续开展全员脱产大培训、技术工人考工晋级、技术大比武。过去 77% 的员工、12000 多人只有初中以下学历，现变为 5000 多名专业技术人员和 6000 多名高级技术工人为主体的高素质员工队伍，涌现出 290 多个员工品牌和 1500 多个绝活儿。

学习不仅使青岛港成为一支学习型的团队，更建设了一支学习型的党组织。青岛港切实加强党的建设，全面加强干部队伍建设，历练和打造了一支牢记"两个务必"，"讲党性、重品行、作表率"的党员干部队伍。党员干部在各自的岗位上始终坚持"五个面向"（面向基层、面向职工、面向市场、面向货主、面向外部），不仅跑市场，而且跑现场，"冬练三九，夏练三伏"（每年冬天最冷、夏天最热的时候，集中 30 多天到一线跟班劳动调研）。长年坚持周六、周日接待员工，形成了 20 条民主管理渠道。向员工承诺"向我学习，向我看齐"，"5+2"（5 个工作日加上 2 个双休日）、"白加黑"（白天加晚上），带领职工艰苦创业，被中组部和国务院国资委评为"全国国有企业创建'四好'领导班子先进集体"。

学习使青岛港人较早地实施了企业发展方式的转变，他们向改革、管理、科技要效率，走节约型、内涵式发展之路，向科技、管理、技改、信息化、大练兵要能力，开启生产效率"秒时代"，集装箱、铁矿石等装卸效率世界第一，用占全国港口 1.8% 的码头干出了 6.9% 的吞吐量，用 1 亿吨的能力干出了 3 亿吨的业绩，创造了"1>3"的新哥德巴赫猜想。青岛港长年实施"蓝天、绿地、碧水"三大环保工程，港口空中不见黑烟尘，地上不见沙尘土，水中不见漂浮物。被评为全国首批国家环境友好企业，其节能减排经验被交通部三次推广。走出了一条资源节约、环境友好、质量效益型的科学发展之路。"十五"以来，港口年吞吐量增长了近 3 倍，综合能源单耗下降了 29.7%，年均降低 4.1%。用占全国港口

1.8%的码头泊位干出了 6.9%的吞吐量，港口生产同比增长 13.3%，综合能源单耗同比下降 4.4%。最大限度地节约了能源和码头岸线、土地、海洋等资源。

学习是领导干部加强党性修养、坚定理想信念、提升精神境界的重要途径，是领导干部胜任领导工作的必然要求，也是推动学习型政党、学习型社会建设的切实需要。国有企业肩负着崇高的历史使命，是推动学习型政党、学习型社会建设的重要一环。青岛港人正是靠坚持不懈的学习，靠在学习中不断地创新发展，才在长期的实践中积累形成了具有中国特色的国企管理经验。

青岛港的成功经验充分说明，国有企业是能够搞好的，关键是要用心去干。搞好国有企业，不仅在于制度，关键还在于用人。人才培养是最难的，因为它不是一天两天就能见成效的，需要长时间的磨炼。打造一个百年企业，需要一代代、一批批优秀的德才兼备的人才。上述这些，没有什么捷径可以走，靠的就是学习。

2004 年，温家宝同志视察青岛港，看望许振超时指出："振超精神、振超效率成为我们这个时代的强音，成为社会主义现代化建设的精神财富，成为全面建设小康社会的巨大动力。"那么，培养出新时期中国金牌工人的青岛港和青岛港精神、青岛港效率，也会成为国有企业改革创新发展的楷模，成为社会主义现代化建设的精神财富，成为全面建设小康社会的巨大动力。这个精神和动力如何保持和发展？这就是胡锦涛同志对青岛港提出的要求：永不停步，不断创新。

2010 年 5 月 17 日，中宣部、全国总工会、交通运输部、国务院国资委、山东省委宣传部、青岛市委宣传部等联合主办的"学习就是力量——青岛港学习型组织创建模式座谈会"在北京人民大会堂隆重召开。中央党校、中国人民大学、中国社会科学院等有关专家学者对青岛港学习型组织创建模式进行探讨。专家学者一致认为，青岛港重视学习，站得高、看得远，有理念、有信念。青岛港之所以成为全国的创先学习型组织的标杆，首先源于他们对中国特色社会主义的理想信念坚定。青岛港坚持党的基本路线，以科学发展观为统领，一切从实际出发，以学习力打造创新力，解放思想，与时俱进，实现了从社会主义计划经济到社会主义市场经济的成功转轨，以"红色管理"铸就了"青岛港模式"，走出一条科学发展、长盛不衰的新路子。青岛港的这条新路子将会越走越宽广。

## "青岛港模式"引发的思考

### 一、坚持公有制为主体就必须坚定不移地推进国有企业改革

综观 60 余年来社会主义中国的发展历程，特别是改革开放 30 余年来，我们的党坚持、发展、创新马克思主义理论，走出了一条中国特色的社会主义道路，形成了中国特色社会主义理论体系，在这个理论体系的指引下，国有企业也逐步探索一条改革创新和科学发展之路，同时也不可避免地出现了一些问题，近一个时期以来，经济界和理论界有一种对国有企业改革成败的质疑，以偏概全地认为国有企业改革失败了，甚至认为国有企业注定搞不好，只有非公有制企业才能搞好。对于这种错误思潮，青岛港等一批国有企业所取得的成绩已经给出了最好的回答。公有制为主体，多种所有制共同发展，是我国社会主义初级阶段的一项基本经济制度。坚持公有制为主体就必须坚定不移地推进国有企业改革。邓小平同志曾经指出："革命是解放生产力，改革也是解放生产力。"只有大力推进国有企业改革，才能解放和发展生产力。也只有大力推进国有企业改革，才能实现公有制为主体的基本经济制度。

### 二、推进国有企业改革必须坚持中国共产党的领导

从青岛港改革开放 30 余年特别是 20 多年的发展变化可以看出，党建工作一直是推动青岛港改革发展的主动力。长期以来，青岛港坚持把党的政治优势转化

为企业核心竞争力，把党的理想信念转化为企业的凝聚力，把党的纪律作风转化为企业的执行力，从而才实现了党政同心，共谋发展的良好局面。从管理学的角度看问题，党的思想政治工作其实就是中国共产党的优秀管理思想，中国共产党成立 89 年来，正是靠这种优秀的管理思想，才使得这个伟大的团队取得了一个又一个胜利。中国共产党优秀的管理思想应该成为中国式管理的总的指导思想，探索中国式管理，首先应该从党的思想政治工作中借鉴经验，思想政治工作做好了、做到位了，就彻底解决了思想政治工作与企业改革发展两张皮的问题。管住人的行为，不如管住人的思想。管理的最高境界是自主管理，自主管理的精神实质就是发挥思想政治工作的强大优势。

**三、推进国有企业改革必须全心全意依靠工人阶级**

"青岛港模式"告诉我们：国有企业改革要想取得成功，任何时候都要把科学发展作为第一要义；任何时候都必须坚持以人为本，以实现人的全面发展为目标；任何时候都必须坚持和加强党的领导；任何时候都要全心全意地依靠工人阶级，把员工"拥护不拥护，赞成不赞成，高兴不高兴，答应不答应"作为一切事情的出发点和落脚点。2008 年 10 月 21 日胡锦涛同志在与全国总工会新一届领导班子成员和中国工会十五大部分代表座谈时发表重要讲话强调，中国工人阶级是我国先进生产力和生产关系的代表，是我们党最坚实最可靠的阶级基础，是社会主义中国当之无愧的领导阶级，是全面建设小康社会、发展中国特色社会主义的主力军。胡锦涛同志的讲话，不但强调了确立和发挥工人阶级的主人翁地位和精神，同时也阐明了工人阶级是党最可靠的阶级基础。青岛港不但使国有企业的传统职工变为现代新时期国有企业的员工，而且还实现了农民工身份的转换，找到了一条农民工问题的解决之道。青岛港建立了农民工经济待遇持续增长，农民工个人持续发展，农民工利益有效表达的三项机制，农民工实现了由技能匮乏向又红又专的转变，由挣钱吃饭向实现价值的转变，由短期务工向当家做主的转变，由打工者向新时期产业工人的转变"四个根本性转变"，使农民工成为新时期产业工人的生力军。

### 四、推进国有企业改革必须培养一个有较高党性修养的领导班子

国有企业的性质决定了领导班子必须要讲政治、顾大局，必须吃苦在前，享受在后。青岛港的成功之处在于各级领导班子心心相印、开诚布公、坦诚相待。始终做到了目标同向、工作同步、责任同负；始终一个信仰、一个声音、一个劲头；德为重、信得过、靠得住、能干事；特别能吃苦、特别能战斗；定好位、干好活、负好责；坚定忠诚、敢抓敢管、严细实全、吃苦耐劳，兢兢业业带领广大职工干事创业。青岛港领导集体被中组部、国务院国资委党委评为"全国国有企业创建'四好'领导班子先进集体"。当前，面对社会上价值观多元化现象，国有企业改革必须培养造就一个同心同德、干事创业的"四好"领导班子，只有这样才能弘扬正气，肩负使命，服务社会，造福职工；只有这样才能使国有资产保值增值，使国有企业欣欣向荣、兴旺发达，永葆基业长青。

### 五、国有企业要积极创建学习型企业和学习型党组织

党的建设的基本经验告诉我们：过去先进不等于现在先进，现在先进不等于永远先进；过去拥有不等于现在拥有，现在拥有不等于永远拥有。这条基本经验同样也适用于国有企业。怎么才能使我们的党永葆青春？党的十七届四中全会适时提出了建设马克思主义学习型政党、学习型组织的新要求。怎样才能使国有企业持续创新、科学发展、永葆青春？这就是：创建学习型企业和学习型党组织。

学习型组织之父、美国著名管理大师彼得·圣吉曾断言：未来企业的竞争是学习力的竞争。不学习就落后，不学习就会被淘汰，不学习就死亡。近年来国内学习型组织的研究成果表明：偶尔的学习不是学习型组织，跟风式的学习也不是

学习型组织，死读书、读死书式的学习更不是学习型组织，只有人人学习、全员学习、持续学习，带着问题学习才是真正的学习型组织。青岛港正是掌握了学习型组织的精髓，坚持人人学习、全员学习、持续学习，带着问题学习，培育和提升了企业的学习力。在"冬练三九，夏练三伏"的调研活动和岗位"五学"活动中，每一次调研和学习都是带着问题，发现问题，解决问题，全员学习，系统思考，从而实现了持续创新和科学发展。

六、国有企业要努力实践和探索"红色管理"

长期以来，我们一直在探索"中国式管理"，中国传统文化中的管理思想并不能称之为"中国式管理"，西方管理理念当然更不是"中国式管理"，什么才是真正的"中国式管理"？中国共产党成立90年来，积累了许多宝贵财富，中国共产党优秀团队管理思想就是其中之一。青岛港将中国共产党的先进管理思想、西方

中央党校研讨会在青岛港举行

发达国家的现代管理经验和中国传统管理思想的精华有机融合，在长期的发展实践中积累了一套具有中国特色的管理经验，成功地创造出具有中国特色的社会主义企业管理模式——"青岛港模式"。"青岛港模式"概括起来就是：践行"三大使命"(精忠报国、服务社会、造福职工)，传承"三个一代人精神"(一代人要有一代人的作为，一代人要有一代人的贡献，一代人要有一代人的牺牲)，坚持"四抓一树"(抓根本、抓班组、抓交流、抓素质，树形象)，提升"五级管理"(集团为决策层、公司为经营层、队为管理层、班为操作层、车为执行层)，强化"四种力量"(用真理的力量启迪人心、用情感的力量温暖人心、用民主的力量凝聚人心、用人格的力量激励人心)。"青岛港模式"彰显了社会主义市场经济条件下国有企业改革和发展的必由之路，充分体现了中国特色社会主义理论体系指导下的国有企业改革和创新，这些精神和理念代表了新时期国有企业的光荣使命和不懈追求。"青岛港模式"就是"中国式管理"的典型代表,这个模式也可以称为"红色管理"模式。

从20世纪60年代的"鞍钢宪法"，到90年代初的"邯钢经验"，再到20余年不衰的"海尔经验"等，历经60余年的艰辛探索，我们在经济建设中积累了大量鲜活的企业管理经验，这些管理经验都是我们管理企业，发展社会主义市场经济的宝贵财富。与这些管理经验相比较，"青岛港红色管理模式"一个最突出的特点就是它突出了党的领导，实践了具有中国特色的社会主义企业管理模式。从"青岛港红色管理模式"中，我们得出了"中国式管理"的公式：中国式管理＝中华文明所积淀的优秀管理文化＋中国共产党的优秀管理思想＋当今世界先进的管理理念。"中国式管理"就是"红色管理"。

"红色管理"铸就"青岛港模式"。改革开放和解放思想领航青岛港，党的领导和科学管理成就青岛港，持续学习和不断创新发展青岛港。一条根本道路，一支坚强队伍，一部成功经验，绘就了青岛港——这面中国特色社会主义国有企业改革创新发展的鲜艳旗帜。在党组织的坚强领导下，在中国特色社会主义理论的指引下，随着科学发展观实践活动的不断深入，这面旗帜将会傲然挺立、迎风招展，成为引领国有企业改革创新发展的一面高高飘扬的旗帜。

※　（该报告原载理论网，并被新华网等各大媒体转载。感谢青岛港集团杨辉敏女士对本文的贡献）

附录二：

# 三一集团：中国民营企业的一面旗帜

中共中央党校课题组

三一集团的前身为湖南省涟源市特种焊接材料厂，是由梁稳根、唐修国、毛中吾和袁金华4名大学生响应改革开放号召，辞去公职、白手起家，于1989年创立的一家民营企业，1991年正式更名为三一集团。1994年，公司提出"双进"战略，即进入在国家建设中具有重要作用的工程机械行业，将公司总部搬迁至长沙，专门致力于为全球基础设施建设和新能源开发提供高品质的施工设备。20多年来，三一集团秉持为中国改革开放创办一块"试验田"的初衷，坚持学习和践行党的理论、方针和政策，尤其在党的十六大以来，企业以科学发展观为指导，坚定不移地走新型工业化道路，通过技术创新、管理创新，改变了中国工程机械行业的面貌和世界工程机械行业竞争格局，形成了具有国际竞争力的三一品牌。

**一、三一集团是中国非公有制经济发展结出的新成果**

1992年中国开始建立社会主义市场经济体制，中国经济驶入快速增长的轨道，体制和市场环境的转变，为我国非公有制经济提供前所未有的发展机遇。三

◉ 三一品质改变世界

一集团的创业周期和产业选择正好恰逢其时，伴随中国经济发展，三一集团 20 年来保持了高速增长，尤其是在近 10 年达到了年均 62% 以上的增长速度，从而结出了丰硕的成果。

2007 年，三一集团实现销售 135 亿元，成为新中国成立以来湖南省首家销售过百亿的民营企业。2010 年，三一集团销售首次超过 500 亿元。2011 年 6 月，集团总资产达到 789 亿元、净资产达到 258 亿元，市值 1554 亿元，员工总人数达到 6.6 万余人（其中外籍员工 1300 多名），成为中国工程机械行业唯一的世界 500 强的上市公司（全球排名第 431 位）。目前，三一集团在全球其他 100 多个国家和地区设立了营销分支机构，建立了 21 个海外子公司，业务覆盖达到 150 个国家。在美国、德国、印度、巴西和印尼等国建立了海外产业基地，三一集团已经成长为全球最大的混凝土机械制造企业，在挖掘机械、起重机械、桩工机械、煤炭机械等产品领域位居全球前五。

三一集团尽管是一家民营企业，但是为中国的机械工业发展做出了较大贡献。长期以来，我国工程机械等具有战略意义的高技术含量产品80%以上依赖进口。从1994年开始，三一以混凝土输送泵作为其进入工程机械制造企业的"敲门砖"，对混凝土输送泵机械、液压、电气等关键技术进行攻坚，并创造性地把拖泵的新技术应用到泵车等混凝土输送系列产品上，使得三一成为国内混凝土机械品种最多、规格最齐全的品牌。三一混凝土泵送产品的崛起，在中国工程机械制造企业中发动了一场拒洋品牌于国门之外的民族工业保卫战。从2002年起，三一混凝土机械市场占有率稳居国内第一，到2005年已超过50%，成为国内第一品牌。以三一品牌为代表的国产混凝土机械，在短短5年间，改变了原来国内市场85%的混凝土泵及95%的泵车依靠进口的局面。2007年，三一重工微泡沥青水泥砂浆车亮相京津高铁，结束了中国高铁施工中沥青砂浆灌注使用外国设备的历史，打破了德国博格公司独家拥有该项技术的格局。2008年，亚洲最大吨位全液压旋挖钻机在北京三一重机下线；亚洲首台1000吨履带起重机在三一重工研制成功；2010年，三一重工研制出中国最大的1000吨级汽车起重机。2011年9月，三一重工将臂架泵车吉尼斯世界纪录延伸至86米，再次刷新自己创造的世界纪录。

三一凭借强大的研发力量和先进的研发管理平台，自1998年开始承担了4项国家"863"计划项目、1项国家重大装备项目、4项国家重点新产品项目的研究，省部级项目60多项，研发成果转化率100%。"混凝土泵送关键技术研究开发与应用"荣获2005年"国家科学技术进步二等奖"，是混凝土机械行业最高奖项（当年一等奖空缺）；"SCC4000履带起重机"荣获"中国机械工业科学技术一等奖"，"LHZ25沥青混合料转运车"获"中国机械工业科学技术二等奖"，三一产品及其项目共获得省部级奖 50 多项。

三一集团旗下三一重工于 2003 年 7 月 3 日成功在 A 股上市后，于 2005 年率先在上市公司中进行股权分置改革，对所有流通在外的股份，提出了"每十股送 3.5 股，再补偿 8 元人民币"的方案，顺利将国有股转换成流通股，创始团队也开始真正掌握了公司股权与经营权，让三一摆脱了国营民企的包袱。三一重工的股改开启了中国股权分置改革的新纪元。"股改＋现金"的"三一模式"也为后来的股改企业提供了可以借鉴的成功范本，被载入了中国资本市场发展史册。

三一集团的成功发展，引起了国内外的高度关注。2003 年 10 月，中共中央总书记、国家主席胡锦涛视察三一，殷切寄语："你们已经取得了辉煌的过去，希望你们团结一心，有一个更加美好的未来！"温家宝总理先后三次视察三一，亲切嘱托"要把三一办成世界级企业"。贾庆林、曾庆红等党和国家主要领导人也相继视察三一，对三一所做的贡献给予充分肯定。

**二、社会主义市场体制中的现代公司楷模**

作为一个大型现代化的民营企业，随着公司的发展壮大，为使公司内部管理体系有序、高效运作，三一集团以规范的现代公司制度为基础，公司高管层进行了一次次组织架构的调整，一次次流程的梳理，提高每一个环节的工作效率，适应公司快速发展的需要。

自成立之初，三一公司就坚持实施"早餐会""周例会""月例会""部门之间协调函"等现代企业管理制度，其中早餐协调会更是成为三一重工的重要决策工具，它强化了组织内的沟通，提高协调的效率，使管理层在第一时间能够知晓客户与市场的反应，决策层形成的新战略思想与决定，也能够在第一时间传达至各部门的负责人，从而形成了高效的决策机制。公司上市后，三一集团更加规范化建立并完善由股东会、董事会、监事会和经理层构成的现代治理结构，严格按照《公司法》《证券法》的规定运行，成为一个以职业经理人为主的中国国际化民营企业。

三一集团建立了一套完善的绩效考核机制和用人机制。公司成立了技术创新管理委员会，由集团技术总裁担任技术创新管理委员会主任；制定了《专业技术创新管理办法》《非专业技术创新管理办法》，研发人员必须参与技术创新，同时还鼓励非研发人员全面参与技术创新。对每一位提出创新建议的员工给予奖励，创新建议一旦被采纳、实施，根据产生的效益再次进行奖励。三一集团制定《研发项目管理办法》，对研发项目实行"合同式开发"管理；制定《专利奖惩办法》《知识产权管理规定》等对专利的申请和授权阶段分别进行规范和奖励。在实际工作中，三一充分发挥民营企业机制灵活的特点，保留职务上的公平竞争机制，不拘泥于资历与级别，不论资排辈，大胆任用，对有突出才干和突出贡献者进行培养和提拔。每年3月31日是三一科技节，在这个重大的节日里，集团除重奖重大技术创新的项目和个人，还对研发人员进行股权激励。

三一集团建立了一套高效的精益生产组织体系。作为以"工程"为主题的机械装备制造企业，三一是典型的离散型、人员密集型企业，生产周期长、占用资源多（人员、场地、面积、资金等）。随着客户个性化需求的增多，产品品种日趋多样性，市场需求变化快等种种原因，企业的生产面临严峻考验，亟须改变。为切实解决这些问题，在深入研究精益思想与TPS（丰田生产方式）之后，三一引入精益生产用于制造核心能力的变革，建立在SPS（三一生产系统）基础上的SPS标准体系，为从"图纸到产品"的全过程提供标准、方法和流程制度支撑，以确保高效、经济、高质量地制造出满足客户要求的产品，实施"五步卓越"，既三一精益起步、识别价值流、对生产组织进行变革、转变生产方式和精益制造评价体系。三一高效的精益生产体系，使"品质改变世界"的企业使命能够实现，三一的产品成为中国最具成长力自主品牌、中国最具竞争力品牌、中国工程机械行业标志性品牌和亚洲品牌 50 强。

⬤ 三一的生产车间

### 三、新型工业化道路上的自主创新典范

"产业报国"是三一集团最重要的企业精神，发展壮大民族机械工业一直是三一人矢志不渝的追求，通过全面运行信息技术和手段改造提升传统工业，三一集团获得了一大批创新成果，使中国的机械制造进入了全球先进水平。

三一集团运用信息化整合全国以及全球资源，不断增强研发能力。三一总部长沙设立的技术中心 2002 年被评定为国家级技术中心，技术中心设立了整个集团的标准化、项目管理、知识产权、情报信息、翻译协会等组织机构，依托以 PDM 系统为核心的研发信息化集成体系，广泛应用三维设计、虚拟仿真、数字化等手段，实现全球研发数据集中管理、安全共享，支持全球 24 小时的协同研发活动。目前，三一以长沙、上海为中心分别建立了两大产业集群，在人才密集的上海、北京、沈阳、昆山等地设立研究院，就近指导产业园区的生产制造，围绕核心产业进行适当的延伸，共享三一集团研发创新的最新成果。在美国、印度等地设立研究院用以指导当地产业园区的生产销售，做到人才国际化、本土化。

三一集团开发的 ECC 企业控制中心，是一个基于 GPRS 应用技术的服务控制系统，具有智能派工、服务质量的监控与评估、设备运行监控、故障远程报警与诊断、远程指导等功能，彻底改变业界内客户直接求助现场服务工程师的传统模式，使 60% 以上的问题可以通过二线服务工程师远程解决，若故障不能远程解决，二线服务工程师可以进行智能派工，系统根据设备和服务车位置、服务人员技能、设备故障类型等，自动选择匹配的就近一线服务工程师，同时，系统还可将设备故障类型、所需工具、所需备件等信息发送给一线服务工程师的智能移动服务终端，工程师收到电子服务订单后立即通过智能移动服务终端进行订单确认，确保第一时间赶至现场快速解决问题。

三一集团的技术和产品创新，不仅仅是创造世界之最，更重要的是将研发的目光锁定在"安全环保节能"产品的开发上，将可持续发展的理念融入产品，顺应"资源节约型、环境友好型"社会的发展需求。长期以来，机械行业的传统动力控制节能模式不能随着发动机转速的改变实现即时调节，被称作固态节能模式。2008 年三一集团开发的新一代动态节能模式，拥有"全功率自动适应节能技术、高效节能液压技术、冷却系统节能技术"三大核心节能技术，使泵送产品平均节油 20%。2010 年三一重工开发的双动力驱动 SR200D 旋挖钻机，成为全球首台节能环保的旋挖钻机。2011 年研制成功的混合动力挖掘机，集中了混合动力、发动机功率优化控制、电子控制正流量系统、工作装置轻量化等各种节能技术，可有效减少能量消耗，实现能量回收，该产品整机动作协调性好、安全性高，比传统挖掘机节能 30% 以上，作业效率提高 25% 以上。

工业化和信息化的充分结合，使三一集团在自主创新领域实现了一系列突破。截至 2011 年年底，三一集团累计申请中国专利 4141 件，其中发明专利 1440 件，PCT 国际专利申请 189 件，海外专利 65 件。已获授权专利 2211 件，海外授权 10 件，居行业首位。集团总工程师易小刚荣获中国科协首届"十佳全国优秀科技工作者"，是湖南省和工程机械行业唯一获奖者。"三一重工工程机械技术创新平台建设"获 2010 年国家科技进步二等奖，实现工程机械行业和湖南省"企业技术创新工程"类国家科技进步奖零的突破，也是我国工程机械行业获得的国家最高科技奖励。

### 四、企业发展与社会责任的和谐统一

三一集团董事长梁稳根曾在各种场合多次说：我梦想三一所有的员工都过上富足而有尊严的生活。三一的这个"富足而有尊严的生活"理念就是企业与员工共命运、共成长，企业发展与员工共富、共赢、共荣的和谐企业理念。三一在薪酬待遇上善待员工，员工工资领先行业和地区。与许多靠降低成本取胜的制造业企业不同，三一从不将员工工资看作成本，而是一种回报率最高的投资，通过实行有竞争力的薪酬福利制度和中长期奖励措施，三一的员工普遍过上了体面而有尊严的生活。

三一不仅把善待员工当作企业应尽的责任，而且把关爱社会、奉献爱心作为企业始终奉行的宗旨。2008 年 2 月，三一赞助 300 万元支援湖南省抗冰救灾，并先后出动 21 台平地机投入高速公路的破冰行动；2008 年 5 月，三一捐出 1500 万元工程机械设备、300 万元现金，并派出 80 人的三一抗震救灾服务队第一时间奔赴四川地震灾区救援，三一救援突击队的 15 台大型设备先后打通 30 多公里的生命通道，唱响了生命的赞歌。时任湖南省委书记张春贤对三一支援抗震救灾给予了高度赞赏："三一集团在这次支援汶川大地震工作中反应迅速，积极主动，彰

显了企业的社会责任感和人道主义的爱心，谨向同志们致谢！"2010 年 "4·14"
玉树地震后，三一出资 1500 万元成立了 "中国三一灾后孤儿救助基金会"。创立
了中国目前唯一的、也是最新的一个孤儿救助资金。三一孤儿救助基金是针对灾
后（不仅是地震）对孤儿的救助，主要用于孤儿的救助、培训和教育。这个基金
会可以帮助孤儿健康茁壮成长，对他们未来的人生也做了一个相对科学的规划。

大爱无疆，大灾面前无国界。2010 年 8 月 5 日，智利圣何塞铜矿发生矿难，
33 名矿工被困 700 米深的地底。世界各国支持救援，救援工作中使用的 "中国制
造"，即三一集团自主生产的一台可起吊 400 吨重物体的履带起重机。受智利方
面指派，该起重机的售后服务工程师郝恒随队奔赴矿难现场，历时 69 天后，终
于将被困矿工悉数救出，创下了被困地底时间最长且成功生还的 "世界奇迹"。

2011 年 3 月，日本福岛核电站发生核泄漏事故后，日本方面想尽办法，利用
各种先进装备为核电机组注水降温。东京电力公司向三一重工提出需购买 62 米
泵车，以向反应堆注水冷却。三一重工本着人道主义精神，通过中、日红十字会
捐赠了所需泵车，并提供全方位支持。3 月 19 日，三一重工 62 米泵车带着国人
的祝福紧急出发，日夜兼程，于 3 月 27 日到达福岛核电站指挥中心。注水达到
了预期降温效果。中国泵车援救福岛第一核电站的善举，得到日本权威媒体的竞
相报道，并受到日本民众、政府的真诚感谢。日本媒体将这台日本国内有史以来
臂架最长的泵车亲切地称为 "大长颈鹿" 或者 "中国的机械大手"。

## 五、"三个一流" 文化铸就三一品牌

三一的企业文化是在中国特色社会主义理论指引下对现代商业文明探索实践
中产生的，经过多年积累形成了独具特色的体系，决定了三一的发展战略、价值
取向和企业品质。

早在创业之初，三一集团的创业团队就提出 "创建一流企业，造就一流人

才，做出一流贡献"的愿景，"三个一流"的最终目标是为实现产业报国的理想。"品质改变世界"是三一的三大核心文化理念之一，也是企业的使命。"品质改变世界"，也就是要缔造世界最高品质的产品和服务，以高品质的企业文化促进社会文明，以高品质的管理引领企业实践潮流，以高品质的创新推动科学技术进步，以高品质的企业贡献于民族复兴。在三一，品质被视为价值和尊严的起点，是唯一不能妥协的事情。

"公正信实、心存感激"是三一信奉的企业伦理。在三一，爱党爱国、诚实守信被视为第一守则，"先做人，后做事"的核心价值观也深入人心。三一不仅要求自己的员工诚信，更要求管理层对员工诚信、公司对供应商和客户诚信，倡导诚信商业文明。三一讲诚信、重品质，求进步、重共赢的企业文化，积累出一笔宝贵的精神财富，极大地增强了全体员工、供应商和广大客户的凝聚力，成为三一迅速崛起、持续发展的不竭动力。三一看得最重、盯得最牢、做得最好的就是诚信，这不仅体现为对产品和服务品质的无上追求，更体现在对员工的言必信、行必果。

"帮助员工成功"是三一在中央关于"构建和谐社会"思想指引下建立的核心文化理念之一。在这个理念的指引下，三一始终视人才为企业的第一资源，以宽广的舞台发展员工，在企业建立了帮助员工成功，促进创新人才成长的良好机制，让员工干事有舞台、发展有空间。长期以来，三一通过完善的职业培训体系、畅通的员工晋升通道、健全的员工权益保障机制、优于行业水平的薪酬福利制度，公司努力让员工与企业共同成长、共同进步。

三一是个钻研业务、提升技能的大学校，给员工提供素质提升的机会。集团投资 3.5 个亿成立三一大学，并参照传统大学体制，建立了"15 个系、57 个专业、3 个年级"的专业课程体系。为加强年轻员工的培养，三一较早建立了导师

▲ 三一的现场管理

带徒制，并用月度导师津贴和年度优秀导师奖促进帮学关系，目前已认证的导师
2500 余人，年辅导学生 8000 人。为加强中层骨干的培养，三一开发了名校送读、
S1000 人才工程等特色培养项目，每年选派大批管理技术骨干、优秀一线员工到
北大、清华等名校深造，并实行"学费公司出、工资照旧发、岗位长期留"的鼓
励措施。目前已有上千名员工完成学业，大部分获得提拔重用。2010 年，三一又
启动了 S1000 人才工程，每年开班培养 1000 名有理想、有道德、有技能的后备
人才。

三一是个人尽其才、才尽其用的大舞台。针对三一员工比较年轻的特点，集
团一方面加大专业培训力度，一方面，给他们压担子、搭梯子，不遗余力培养青
年成才。集团建设了研发、制造等 15 大体系的专业职称通道，近 3 年就有 5000
多名员工评上职称、能力待遇都有提升，使员工真切感受到"要想富，学技术"。

另一方面，集团每年选派大量年轻员工到管理岗位上轮岗锻炼。目前，三一管理人员队伍平均年龄 34 岁，最年轻的部门经理 24 岁。2010 年提拔的 900 人中，56% 为 80 后的年轻人，形成了人才辈出的繁荣局面。

### 六、"333"党建模式引领企业发展

改革开放 30 多年来，非公经济已经成为发展社会主义市场经济的重要力量，加强这一领域的党建工作，已经成为增强和扩大党的执政基础和群众基础、提高党的社会影响力的迫切需要，也是保护非公经济企业中广大职工合法权益、引导企业健康发展的迫切需要。三一集团以感恩的心态和对党的无比热爱高度重视党建工作，董事长梁稳根同志明确提出"将三一打造成民企党建标杆"的工作目标。

三一集团的员工有 68000 人，党员有 5186 人。在三一的发展中，党建工作已经成为推动企业发展的核心力量，是三一核心竞争力的重要组成部分，是三一实现科学发展的核心因素。三一集团党委成立于 2002 年，下设 3 个分级党委、6 个党总支和 53 个党支部，党员人数 5186 人，占员工总人数的 9%。10 年来，三一集团党委不断创新和积极探索非公企业党建工作，探索形成了独具特色的"333"民营企业党建工作法。

一是"三化"，即党建工作制度化、信息化、国际化。党建工作的制度化，其一是时间制度化，公司规定每月第二周周末必须开展"三会一课"；其二是经费制度化，除了固定的党费以外，集团公司每年还提供了人均不低于 200 元的党务经费，建立了党委楼、企业党校。党建工作的信息化，包括党员动态管理信息化，党员"三会一课"全球视频化，三一党报、党刊信息化，开办党建网站等。党建工作的国际化，就是三一的"业务开展到哪里，党的组织就设置到哪里，党的工作就延伸到哪里"，目前，三一在美国、德国、印度、巴西都建立了海外党

支部，让党旗高高飘扬在世界各地。

二是"三双"，即三一党建工作中的"双培、双推、双促"。"双培"，就是把优秀员工培养成党员、把党员培养成工作骨干；"双推"，就是把优秀党员经营管理者推选为党务工作者，把优秀党务工作者推荐进管理决策层；"双促"，就是以党建促发展、以发展促党建。在三一，获得提拔不一定要是党员，但一定对党要有正确的认识，要递交入党申请书。在 2011 年，集团有近 560 名优秀党员走上了重要工作岗位，占提拔干部总数的 56%。

三是"三结合"。第一个结合是集团各级党组织与经营组织高度结合，各事业部、子公司、职能总部的支部书记兼行政一把手，行政一把手不是党员的，都要配备党员干部担任支部书记兼行政副职，这在组织覆盖的前提下更有利于工作覆盖；第二个结合是党建工作与企业文化建设相结合；第三个结合是年终绩效考评、经营成果与党建成果相结合，公司对于经营单位和管理者的考核，不仅考核经营业绩，同时也要考核党建工作，经营成果主要考核利润、现金流等指标，而党建成果主要考核遵纪守法、诚信和员工满意度等。

通过"三化""三双""三结合"，党组织的政治优势和党员的模范带头作用在三一得到充分激发，并且快速转变成为企业发展的直接推动力量。现在的三一，11 位董事中有 7 位是党员，企业的主要经营岗位上，也有大批党员骨干和积极分子。跟党走、走中国特色社会主义道路，永远感恩党、感恩祖国、感恩人民，已经成为三一的核心理念！在三一，有三个值得思考的现象：一是党建工作好的党员是很好的员工，提拔使用以后，往往取得更大的成绩；二是党建强的组织也是经营绩效好的组织，如三一泵送事业部，已经发展成为全球最大的混凝土机械制造公司；三一巴西事业部，在创立的当年就实现了盈利；三是党建好的时期是经营好的时期，集团党委成立之前的 2001 年，三一的销售额只有 6.2 亿元、利税总额 9600 万元，集团党委成立 10 年来，三一销售额年均复合增长 61%，利税总额年均复合增长 66%，销售额累计增长了 120 倍，利税总额累计增长了 166 倍，三一用 10 多年的时间，完成了许多西方企业用半个多世纪才完成的发展过程。

三一集团积极探索创新民企党建工作的做法得到了中央的肯定。中央党建工作领导小组调研组认为三一集团的党建工作"为企业所重视，为党员所欢迎，为员工群众所拥护，为探索民营企业党建工作、促进企业经济发展树立了典范"。2012 年 3 月 21 日，在习近平同志出席的中央非公有制企业党建工作会议上，三一集团董事长梁稳根在发言中道出了自己的心声："我出身农村，没有党的教育和培养，就没有我个人的成长和事业成功，30 年前，我从农村第一次跨进大学校门，拿到了党提供给我每月 19 元钱的助学金，当时的感动和幸福，至今记忆犹新。如果没有对党的感恩之情，我就不会有'品质改变世界'的理想。"

七、三一集团成功实践的启示

作为非公有制经济的一个典型代表，三一集团之所以在十几年的时间取得了健康成长和高速发展，关键是乘上了共和国高速发展的时代列车，看清了国际化和新型工业化的时代大势，精准地选择了自己的产业定位和国际化的发展方向。三一的成功实践也充分说明：民营企业要想在社会主义市场经济体制下健康快速发展，必须有一位高扬理想旗帜，爱国、爱党、关爱员工、奉献社会，充满人格魅力的领军人物；有一个规范、科学、高效的现代公司治理结构和管理模式；有一个志同道合、优势互补、善于学习、善于创新的核心管理团队；有一支有文化、有理想、有主人翁精神的高素质的员工队伍。更为重要的是，三一的发展也充分印证了中国特色社会主义理论体系中，非公有制经济作为社会主义市场经济的重要组成部分理论的正确性。在社会主义市场经济体制中，非公有制经济大有可为，它不但可以与国有企业共同参与市场竞争，同时还可以走出去，实现中国民族工业的国际化之梦。在社会主义初级阶段，坚持中国特色社会主义道路，就要坚持和完善社会主义市场经济体制，坚持进一步解放思想，转变观念，深化改革，努力营造有利于非公有制经济健康发展的政策环境和舆论氛围，继续大力发展非公有制经济，切实促进非公有制经济转型升级，推动非公有制经济持续健康发展，实现我国经济社会的又好又快发展。

※ （课题执笔人：李鹏、程冠军、潘力。原载《学习时报》，题目系编者所加。）

# 在路上

(代后记)

即便铁流

冰冷成钢轨

坚强的意志

一刻也没有停止过延伸

即便嫉妒、谎言、诋毁、嘲弄

布满征途

生命依然奔腾在

朗朗乾坤

在路上

你并不是孤独的行者

伴你而歌的

有那默默承受的石子
有那敢于担当的枕木
有那锲而不舍的道钉
有那滚滚不息的车轮


在路上
人如风
风如电
电如金


在路上
可尽享
风驰电掣
痛快淋漓
疾风观云


在路上
可尽享
小草的纯真
野卉的清芬
还有那——
不辍的弦歌
天籁的梵音

在路上
思想如海潮
狂奔
狂奔
狂奔

2014 年 5 月
冠军于旅途